02

出版
行思录

刘伯根 著

出版高地

人民出版社

◇ 本卷说明 ◇

　　主要收录作者2005年至2017年的报告、论文、书评、作品序言等，计35篇。内容涉及对编辑与出版、选题与市场规律的总结与把握。如《大力实施图书产品线建设工程》，作者用53页的篇幅全面阐释以发挥品牌优势、集约出版资源为原则的中国出版集团产品线建设，称得上实操手册。

目 录

以高度的社会责任感编纂好、出版好、宣传好
《中国大百科全书》第二版★

　　我曾经是大百科出版社的一名编辑，参加过百科全书的编纂工作，对其中的甘苦有些体会。《中国大百科全书》第二版编纂之时，我们已进入信息时代，各类知识累积的速度、人们获取知识的途径、读者查检百科全书的侧重点和方式，都发生了很大的变化。从这个意义上说，第二版编纂的要求更高、难度更大。另一方面，我们已进入社会主义市场经济时代，与80年代编第一版时相比，我们广大的专家学者所要承担的社会责任和义务更多、更大，能够用来撰稿、编稿的时间更为宝贵；同时，出版单位需要承担的组织协调工作和需要投入的效益成本也更多、更大。这些因素，都对第二版的编纂质量和进度提出了挑战。就以上两个方面的情况而言，编第二版，殊为不易！

　　我谈三点想法，请大家批评指正。

★　2005年2月22日，在中国大百科全书出版社《中国大百科全书》第二版座谈会上的讲话。

一是坚持高标准，保证高质量。《中国大百科全书》第二版是 1995 年 12 月国务院批准立项的、列入国家"十五"重点出版规划的世纪出版工程，是国家文化建设的基础工程，也是中国出版集团的标志性工程。这项工程，在总编委会的运筹、领导下，依靠国家有关部门和众多单位的支持，依靠一流的专家和编辑队伍，投入巨大的人力资源和物力资源，用时 10 年，历经千辛万苦，终于进入统编、发排阶段。在这最后的编纂阶段，我们相信，各方面、各环节能够坚持高标准，保证高质量，使我们的第二版能够充分吸纳古今中外的优秀文化成果，充分反映当代中国科学文化发展的最高水平。

二是争取各方支持，保证早日出版。全书编好之后，能不能按时印制出版，能不能以完美的形象呈现在国内外读者面前，围绕 3000 万的印制经费，还有大量的工作要做。过去 10 年，我们在经济上得到了国家有关部门和各级领导的大力支持。在这一工程即将完工的时候，我们呼吁，国家有关部门、各级领导和各界专家，能够一如既往地给予关注、支持和帮助，争取到必要的财力支持。中国出版集团公司也打算在争取经费方面做出努力，帮助出版社想办法、找财源，推动全书早日面世。

三是争取高效益，作出新贡献。百科全书首先是工具书，而不是收藏品。第二版出版之前，就要尽早开展宣传、推介、市场导入工作，使《中国大百科全书》有更广泛的知名度，不仅要让读书人认可，也要让一般老百姓认知；不仅要为广大国内读者提供释疑、解惑的捷径，也要为尽可能多的海外读者提供了解中国学术文化的桥梁。第二版出版之后，要继续依靠学界专家的支持，做好百科全书系列化、多媒体化和百科资源的再开发工作，让无数专家学者的智慧，通过点点滴滴的工作、多种多样的形式，洒向各层各界，发挥方方面面的作用。这样，我们就可以说，《中国大百科全书》为提高全民族的科学文化水平，为推动国内外的学术文化交流，产生了良好的效益，作出了应有的贡献！

编辑: 古老的职业和鲜活的艺术★
——关于《编辑艺术》的启迪

人类社会自蒙昧阶段、野蛮阶段进入文明时代的主要标志,是文字的发明及其对知识的记录。诚如恩格斯在《家庭、私有制和国家的起源》中所说,人类"从铁矿的冶炼开始,并由于文字的发明及其应用于文献的记录而过渡到文明时代"。人类用于记录知识的文献,原始的有刻石、甲骨、青铜器,稍后则有古代两河流域的泥板书、古埃及的纸草书、古印度的贝叶书,以及古代中国的竹简、木牍和帛书。后来,人类发明了造纸术、印刷术,一般意义上的图书(book)开始大量出版,人类的文化也因此得以广泛传承和积累。再后来,在图书的基础上,有了定期、连续出版的期刊(periodical),包括学术刊物(journal)和大众杂志(magazine);有了以定期、连续、散页方式出版发行的,以刊载新闻和评论为主,兼及传播知识、提供娱乐或社会服务内容的报

★ 《编辑艺术》(杨牧之著,中华书局 2006 年版)书评,载于《中华读书报》2007 年 1 月 31 日。

纸（newspaper）。到了现当代，出版物的内容、制作介质、制作方式、发售方式等，伴随着新技术的不断涌现而快速发展，陆续出现了缩微胶卷、磁带、光盘类音像和电子出版物、网络出版物等新的出版形式和相应的阅读方式，极大地丰富了读者的需求，适应了现代社会知识高速增长和传播的需要，推进了社会经济和科学文化的发展。算起来，人类用刻石、甲骨、青铜器等原始材料记录知识的历史已有四五千年，用泥板、纸草、贝叶、竹简、木牍和帛书等专门材料记录知识的历史已有三千多年，借助纸张和印刷技术大量出版纸质图书的历史也已有一千数百年之久。

数千年来，人类通过刻录、印刷、出版、发行各种载体特别是纸载体的出版物，传递信息、交流知识，传承精神、教化民众，丰富文化生活、推动文明进步。从一定意义上说，人类数千年的文明史，就是一部不断地归纳总结、记录传承自身知识和智慧的出版史。

谁来归纳总结、记录传承人类文明的成果？或者说，谁是出版工作的主体呢？我们认为，是编辑。编辑作为出版工作的主体，从大处说，披沙拣金，遴选作者作品，决定出版物的思想性、科学性、艺术性和知识性；从小处说，琢磨学问，砥砺文章文字，决定出版物的品味、质量、传承效果和效益。出版是一门古老而又年轻的行业，编辑是一门古老而又年轻的职业，编辑工作是一门经久不衰的技能，这早就是业界共识。现在，随着编辑出版业的发展，许多国家的高等院校都开设了编辑专业，教授编辑专业理论，培养编辑专业人才，许多有关编辑学、编辑出版学的专著也相继问世，编辑作为一门学问、学术、学科，也已成为事实。然而，与此同时，编辑也是一门艺术吗？

做过二十余年的编辑工作，又做过十五年的宏观出版管理工作，目前仍在从事现代出版集团经营管理工作的杨牧之同志，是业界公认的编辑出版大家。牧之同志认为："编辑工作是一门艺术。你想想，要让天下的英才在百忙中抛下他务，为你作文；要把文章组织好、安排好，让天下读者爱看你编的书、编的刊物，这没有点'艺术'，做得到吗？要把人类的历史、人类的文明，万千知识，像春雨一样滋润广大读者的心田，在空白版面这一大片'荒芜的土地上'建筑起赏心悦目的'高楼大厦'，没有点'艺术'，做得到吗？"有鉴于此，牧之同志在其专著《编辑艺术》中，以其创办和编辑出版《文史知识》的亲身经历和成功实践为主线，以其数十年的编辑、出版、管理经验作衬托，对编辑的艺术进行了开创性的思考和探讨，为编辑出版同行提供了一条通往编辑大家的途径。

什么叫艺术？如果说，"技术"是经验性的、理性的、可以直接用来再现特定对象的方法和技能，那么，"艺术"就是创造性的、能动性的、不可复制照搬但可参考借鉴用来把握特定对象的规律和能力。编辑人员在其编辑工作中，怎样进行创造性的劳动以体现其艺术性，从而实现其编辑作品即图书、刊物的感染力和影响力呢？《编辑艺术》为我们提供了一份这方面的答案。以读者来衡量，他希望作品的内容要有时代感、针对性和实用性，是他想知道、想看的；文章及图片的设计编排应当清新活泼、美观大方，是他愿意看、喜欢看的；最终，看了要有收获，甚至得到享受，看了不白看。以作者来衡量，他希望写我所学所研、所专所长，是我能写的；是给想看、爱看的读者写，是我愿意写的；是给内行的、会处理的编辑写的，是我能放心交稿的。以编辑自身来衡量，他总是能发现潜在读者，为读者提供最好的作品，获得读者的支持与肯定，在此过程中获得动力、乐此不疲；他总是能发现好题材、好题目，善于觅得好作者、组到好文章，并在与作者的交往、互动中，编写相长，如鱼得水；不仅善于组稿，而且长于编稿，越编越能总结出规律性、发挥出创造性，越编越知道读者需要什么内容、作者能提供什么材料、我能提供什么成品。

如何创造性地、艺术性地开展编辑工作？《编辑艺术》以《文史知识》为解剖对象，从十几个方面进行了深入探讨和系统总结。举凡刊物的宗旨，雅与俗的关系，专门家与无名作者的关系，系统与零散的关系，标题、目录与要目，稿件的整理，版面设计，"专号"设计，主编的定位，主编的经营艺术，编委会的类型，刊物的活动、形象与广告业务，编辑部的活力与凝聚力，等等，均有涉及。

《编辑艺术》告诉我们的是，刊物要应运而生、顺时而立。办刊的宗旨要适应时代的要求、读者的需要，要适应读者的兴趣、口味不断变化的需要。"文革"之后的 20 世纪 80 年代初期，有两本刊物就是应运而生、生当其时，顺时而立、立于今天而不衰的。一为《读书》，创刊于 1980 年，适应了当时读书无禁区、解放思想、大胆探索的需要，出版后相当一段时间，读书界抢购争阅、必欲先睹而后快。一为《文史知识》，创刊于 1981 年，适应了当时读书真有用、重新学习中国历史和传统文化、知古鉴今的需要，出版后为许多读者学习、珍藏，办了三年，居然应读者要求全部重印。这两本刊物，到 2006 年年底，已分别出版了 333 期和 306 期，牢固屹立于读书界，正是其办刊宗旨正确的生动注解。有了好的定位、好的办刊宗旨，还要做好读者的定位、作者的遴选，还要有好的主编、好的编委会和过硬的编辑团队。对于不同文化程度的读者，低者，刊物应助其由"登堂"而"入室"；高者，则助其由某一方面的专门家而成为广泛涉猎的通才。对于作者，要注重物色专家，而专门家可能是人所共知的名家，也可能是虽在某一领域术有专攻但却一时"无名"的作者。以这样的眼界来找作者、找专家，才能让天下的好稿子"尽入我彀中"。更高的境界，当"无名"的作者与刊物共同成长，成为有名的大家之后，作者的优势也就能转化为刊物的优势。对于主编，《编辑艺术》形象地勾勒了"万鸟主编""好心主编""拿来主编""婆婆主编"几种类型，在此基础上阐述了怎样做一个有智慧、有本事、会选稿编稿、懂经营管理的好主编。对于编委会，也归纳了几种，像什么"壮胆编委会""大官编委会""聚餐编委会""实干编委会"等。这样的总结和分析，无疑在今天还有很强的针对性和现实指导意义。一份刊物的出版，大量的工作，最终要落到编辑部的身上。在刊物编辑部这个特定的编辑团队里，如何处理好集体事业与个人发展、刊物的风格与编辑人员的个性的关系，使编辑部既充满活力又具有凝聚力，《编辑艺术》也为我们提供了成功的经验。

刊物通常辟有许多个栏目，栏目之间需要均衡搭配，保证读者各取所需；还要有中心、保重点，形成有机统一的知识系统。刊物要与时俱进，栏目就需要围绕中心不断地求变、求新。刊物由许多"零件"构成：标题好比商店的招牌，应能让顾客"一见钟情"，接触后"表里如一"；目录好比公园的导游图，应能"自相映发"，让读者"应接不暇"；目录又好比一个大拼盘，而封面上的要目就好比点缀其上的"红的樱桃""绿的梅子"，能够挑起食欲。刊物办了一段时间，针对读者在某一方面深入了解的需要，邀集一批作者，集中刊载一个方面的知识，办一个"专号"，这是早期《文史知识》的一大特色。《文史知识》办的专号，有的按时序设计，谓之朝代专号，如"魏晋南北朝专号"，朝代专号出齐了就是一部生动的通史；有的按空序设计，谓之地方专号，如"山东专号"，出齐了就是一幅生动的中华民族"文化地图"；时、空之间，杂以专题专号，如"佛教与中国文化专号"。三类专号，各有侧重，各有要点；专号之内，又有点有面、点面结合，相得益彰。说到稿件的整理，《编辑艺术》分析了四类作者、四类稿件，提出了品评好文章的六条标准、编辑加工的十个方面。说到版面的设计，《编辑艺术》谈到了版面和配图、版头与尾花、空白与补白，提出了"版面建筑师"的要求。有关刊物的纪念活动、形象宣传、广告业务、经营策略等等，《编辑艺术》的作者也都融进了自己的创造，贯穿了自己对于编辑艺术的追求。

《文史知识》至今仍受到读者欢迎的事实说明，当年的主编关于编辑艺术的追求和实践，以及后来人对于这种编辑艺术的继承和弘扬，是成功的。将这样的编辑艺术实践及其对于实践的思考，汇集在《编辑艺术》一书中，图文杂呈，配以多幅诸如茅以升、李一氓、黎澍、邓广铭、金克木、廖沫沙、钟敬文、宋振庭、白寿彝、陈翰笙、陈翰伯、李学勤、杨伯峻、周沙尘、周振甫、李侃等学术大家参加刊物学术座谈会的照片；间以大量的诸如赵朴初、苏步青、费孝通、吴小如、阴法鲁、周祖谟、朱光潜、周谷城、王力、启功、金开诚、刘一秋、周一良、臧克家、范曾、刘炳森等大家的题辞、题字、贺诗；还精心选取了多件主编与作者之间饶有兴味的往来信函，比如程千帆就学术问题与周培源商榷的信，邓广铭答读者沈敬之的信，钱钟书关于不要稿费、也没有收到稿费的函，施蛰存关于约稿太紧、有点"吃不消"的函；此外还选用了董纯才等作者亲笔修改的稿件，白化文、瞿林东等编委填写的"征求意见表"。凡此种种，众多的有关大学者们的印记，跃然纸上，使得《编辑艺术》一书本身就充满很高格调和艺术情趣，让人看着亲切、读着有趣、珍藏有益。

编辑是一门艺术吗？看过杨牧之同志的《编辑艺术》一书，我们或许能找到答案。编辑的艺术，是值得借鉴和弘扬的艺术吗？

当我们知道了《编辑艺术》这本曾经由辽宁人民出版社出版的专著，16 年后的今天，还因为有读者不断索求而由中华书局修订再版，我们或许就可以得出结论：编辑作为一门艺术，依然有着鲜活的生命力。

抓重点以点带面　扬品牌挺拔主业★

中国出版集团新领导班子成立以来，在认真做好当前工作的同时，认真分析了出版业发展的基本态势和集团的基本状况，提出了今后一个时期集团改革发展的主要思路和当前的工作重点以及保障措施。出版主业是集团的主体优势和核心优势，是集团作为出版业"国家队"的立身之本，也是集团最具活力、最具竞争力、可持续发展的核心业务，体现着我们所肩负的社会责任和文化责任。

如何发展出版主业，集团提出了基本要求：一方面，从思想上、制度上，要不断强化导向意识，建立健全出版组织管理体制、出版预警机制、出版保障机制、出版物全流程监管机制、产品评奖和质量检查考评机制、双效业绩考核机制，实行以导向问题一票否决制为主的问责机制；另一方面，从具体的产品生产上，要通过内容创新、品牌创新、载体创新和技术创新这四个创新，守

★　2007 年 7 月 12 日，在 2007 年中国出版集团重点出版项目工作会议上的报告。

正出新、纵横拓展，实施图书产品整合创新工程、标志性出版工程、品牌建设工程、期刊整合工程、多媒体发展工程、数字出版工程、书香工程等一系列重大工程，确保、强化和扩大全集团在出版主业方面的优势。

集团要发展，首先要发展出版主业；出版主业要做大做强，首先要抓住重大工程、重点项目。抓住重点、以点带面，抓住核心、推动全面，弘扬品牌、挺拔主业，这个想法，就是召开这次重点出版项目工作会议的基本出发点。

集团希望通过这次工作会议，把全集团及各家出版社的、各个层次的、各种类型的重点出版项目全面地梳理一下，进一步沟通集团内部的出版信息，加强集团公司对全集团重点出版项目的服务、管理、调控、监督，加强各出版社对重点项目的管理力度、保障力度。大家一起来交流情况、分析问题，切实保证各重点出版项目按时保质完成，落实好发展集团出版主业的基本要求和总体规划，实现以重点项目带动整体业务发展的目标。

下面，从集团重点出版项目的分布情况、实施情况、存在问题、下一步工作的基本要求等四个方面，向大家介绍些情况，供大家讨论。

一、重点出版项目分布情况

集团的重点出版项目主要包括两大类：

第一大类，是积极配合党和国家经济政治文化社会重大活动的重点项目，不妨简称为重大活动项目。比如，2007年迎接党的十七大、庆祝建军80周年、纪念香港回归10周年、迎接北京2008年奥运会、新农村建设等方面的选题项目。

第二大类，是具有重大文化积累与文化创新价值的项目，不妨简称为有重大出版价值的项目。这一大类包括各单位重点出版项目、集团重点出版项目、国家重点出版项目3个层级。这3个层级，下一层对上一层应当是包含关系。各单位重点项目包括本单位承担的国家、集团等各级重点项目及单位自己确定的重点项目。集团重点项目又包括3种情况：集团"十一五"出版规划项目，集团主持、单位承担的重点项目，集团扶持、给予补贴的重点项目。国家重点项目主要包括2种情况：国家"十一五"重点出版规划项目，以及国家古籍整理出版"十一五"规划项目。这次会议，重点关注的是集团重点项目和国家重点项目。除单位重点、集团重点、国家重点3个层级外，还有一类，就是"走出去"重点项目。这类项目，按照2006年集团宣布的政策，凡是签订了版权输出合同，真的"走出去"了，凭合同可到集团公司领取出版补贴。因此，实际上属于集团扶持、给予补贴的集团重点项目，只不过是事后才能获得补贴。这里为便于叙述，不妨把"走出去"重点项目单列为一类。这样说来，有重大出版价值的项目就有四类。

2007年，集团两大类重点项目的总量为2046种。其中，第一大类重大活动项目168种；第二大类有重大出版价值的项目

1878 种。这其中，属于集团扶持、给予补贴的出版项目为 927 种，数量最多，占两类重点项目总量的 45.3%。目前已经出版的重点项目为 602 种，实现率为 29.4%。

就出版社来说，重点项目最多的是世界图书出版公司，为 593 种，占两类重点项目总量的 29.0%；其次为三联书店 215 种，人民文学出版社 206 种，中国大百科全书出版社 186 种，中华书局 185 种，现代出版社 135 种，商务印书馆 102 种。这 7 家单位的项目总数为 1622 种，占集团重点项目总量的 66.5%。其他单位重点项目的数量均在百种以下。

总体上看，集团所属出版社普遍地高度重视重点出版项目的出版工作，从选题的组织策划到具体实施，始终投入饱满的热情，态度积极。由于大家的共同努力，才有了目前所取得的结构较为合理、品种比较丰富、数量形成规模的出版板块，这些都是应当予以充分肯定的，也借这个机会，对大家所付出的劳动表示感谢。

二、重点出版项目实现情况

（一）　重大活动项目（积极配合党和国家经济政治文化社会重大活动的重点项目）实现情况

这类重点项目主要是年度项目，少数是跨年度的。前面介绍了，2007 年此类项目共有 5 类 168 种。

第一类，迎接十七大的项目，共 31 种

分别为中国大百科全书出版社的《中国大百科全书》（第二版），中国对外翻译出版公司的"中国话剧百年剧作选"系列 20 种，东方出版中心的《从"一大"到"十六大"》等 3 种，以及现代教育出版社的"社会主义和谐社会"丛书 7 种。

目前已经出版 21 种（中译 20 种，东方 1 种）。

第二类，庆祝建军 80 周年的项目，共 93 种

分别为中国大百科全书出版社的《中国军事百科全书》系列 87 种，人民美术出版社的《红旗飘飘》，人民音乐出版社的《军歌嘹亮》等 2 种，三联书店的《井冈山斗争实录》，东方出版中心的《粟裕兵法与韬略》，以及世界图书出版公司的英汉对照韵译《毛泽东诗词》。

目前已经出版 22 种（大百科 21 种，东方 1 种）。

第三类，纪念香港回归 10 周年的项目，共 6 种

分别为人民文学出版社的《晚来香港一百年》，人民音乐出版社的交响序曲《御风万里》，东方出版中心的《香港股史》等 4 种。

目前已经出版 4 种（东方 4 种）。

第四类，迎接北京 2008 年奥运会的项目，共 37 种

分别为人民文学出版社的"福娃之超时空任务"系列 6 种，人民音乐出版社的《圣火 2008》，中国对外翻译出版公司的"奥运医疗常用语"系列 8 种，现代教育出版社的《简明奥运会百科》，现代出版社的《奥林匹克歌曲精选》等 8 种，世界图书出版公司

的《古今奥运话沧桑》等12种，以及商务印书馆国际有限公司的《实用经络健身操手册》。

目前已经出版10种（中译公司8种，音乐1种，现代1种）。

第五类，新农村建设的重点项目，只有1种

即人民美术出版社的《水浒传》。这1种，原来是这么报上来的，但算不算新农村建设项目，大可讨论。这类重点项目，应当加强，集团不能在新农村建设中缺位。

（二）有重大出版价值的项目（具有重大文化积累与文化创新价值的重点项目）实现情况

前面说了，这一大类的选题共1878种，又细分为各单位重点项目、集团重点项目、国家重点项目及"走出去"重点项目4类。

第一类，各单位重点项目

此类项目中，剔除国家重点和集团重点项目后，纯粹是各单位自行确定的重点项目，据目前上报的材料统计，共有272种。其中人民文学出版社81种，中华书局1种，中国美术出版总社8种，人民音乐出版社15种，三联书店39种，中国对外翻译出版公司22种，东方出版中心14种，现代教育出版社30种，世界图书出版公司57种，商务印书馆国际有限公司5种。

目前已出版150种。

第二类，集团重点项目

包括集团"十一五"规划项目，集团主持、单位承担的重点项目，集团扶持、给予补贴的重点项目 3 小类。

①第一小类，集团"十一五"规划项目，共 59 种。其中集团公司承担 6 种，人民文学出版社承担 4 种，商务印书馆 14 种，中华书局 6 种，中国大百科全书出版社 6 种，中国美术出版总社 1 种，人民音乐出版社 1 种，三联书店 4 种，中国对外翻译出版公司 2 种，东方出版中心 1 种，现代教育出版社 4 种，现代出版社 3 种，世图 5 种，中科音像 1 种，中图公司信息技术公司 1 种。

②第二小类，集团主持、单位承担的重点出版项目，共 70 种。其中人民文学出版社承担 22 种，商务印书馆和中华书局各 6 种，中国美术出版总社 1 种，人民音乐出版社 1 种，三联书店 30 种，中国对外翻译出版公司 1 种，现代教育出版社 3 种。

目前已经出版 8 种（三联书店 8 种，《中国文库》43 种年内出版）。

③第三小类，2006 ～ 2007 年，集团扶持、给予补贴的项目，共 190 项 800 种。分别为人民文学出版社的《老舍全集（修订版）》等 21 项 53 种，商务印书馆的《古音汇纂》等 5 项 5 种，中华书局的《全明杂剧》等 25 项 59 种，中国大百科全书出版社的《科学发展小百科》等 6 项 54 种，中国美术出版总社的《中国工艺美学史》等 13 项 13 种，人民音乐出版社的《抗日战歌》等 23 项 24 种，三联书店的《万物》等 23 项 67 种，中国对外翻译出版公司的《中华文化博览》等 8 项 9 种，东方出版中心的《马克思国家理论与现时代》等 24 项 30 种，现代教育出版社的《马克

思主义的哲学理论》等 8 项 45 种，现代出版社的"漫画中华英雄"丛书等 8 项 127 种，世界图书出版公司的《经典力学》等 26 项 441 种。

目前已出版 272 种（文学 40 种，中华 8 种，百科、美术各 1 种，音乐 13 种，三联 52 种，中译 2 种，东方 8 种，现代教育 36 种，世图 111 种）。

第三类，国家重点项目

分为国家"十一五"重点出版规划项目与国家古籍整理出版"十一五"规划项目 2 小类。

①第一小类，国家"十一五"重点规划项目，共 45 项 297 种。分别为人民文学出版社的"二十世纪中国文学理论研究资料类编"系列等 3 项 8 种，商务印书馆的"科学与科普系列"等 8 项 66 种，中华书局的《黄侃文集》等 16 项 49 种，中国大百科全书出版社的《中国军事百科全书》等 6 项 111 种（其中 87 种军事百科系列与庆祝建军 80 周年的 87 种重合），中国美术出版总社的《中国工艺美术断代史》等 5 项 5 种，人民音乐出版社的《21 世纪中国音乐学文库》等 1 项 4 种，三联书店的"曹聚仁作品系列"等 3 项 34 种，东方出版中心的《马克思主义经济思想史》等 5 项 5 种，世界图书出版公司的"因卡塔英语词典系列"等 3 项 15 种。

目前已经出版 52 种（商务 19 种，中华 19 种，三联 11 种，百科、美术、音乐各 1 种）。

②第二小类，国家古籍整理出版"十一五"规划项目，共

42 项 48 种。分别为人民文学出版社的《明清上海稀见文献五种》等 9 项 9 种，中华书局的《新编全上古三代秦汉三国六朝文》等 33 项 39 种。

目前已出版 10 种（文学 2 种，中华 8 种）。

第四类，"走出去"重点项目

"走出去"的重点项目共 205 种。分别为人民文学出版社的《中国虎》等 22 种，商务印书馆的"商务馆实用商务汉语系列教材"等 11 种，中华书局的《唐史十二讲》等 25 种，中国大百科全书出版社的《文明起源史话》等 21 种，人民美术出版社的《中国名家绘画》等 8 种，人民音乐出版社的《中国音乐史图鉴（修订版）》等 3 种，三联书店的《明式家具研究》等 40 种，中国对外翻译出版公司的"世界遗产·中国"系列等 13 种，世界图书出版公司的"中国历史文化名镇名村系列画册"系列等 61 种，以及商务印书馆国际有限公司的《当代汉语词典（国际华语版）》。

目前已经出版 36 种（文学 9 种，美术 2 种，音乐 1 种，三联 10 种，世图 14 种）。

三、存在的问题

（一）重大活动项目存在的问题

一是数量仍然偏少。这一大类的 5 类重点项目仅 168 种，平均每社、每类项目仅 2.6 种。其中纪念香港回归的选题仅 6 种；

新农村建设的选题仅 1 种，实际上还算不上；迎接十七大的选题有 31 种，但除去中译公司的"中国话剧百年剧作选"系列 20 种外，其他 12 家单位仅 11 种；庆祝建军 80 周年的项目表面看起来有 93 种，其实除去中国大百科全书出版社的军事百科 87 种之外，其他 12 家单位仅有 6 种。其中，只有大百科、三联和世图 3 家出版单位的项目数量在 10 种以上。这个情况，与集团丰厚的出版资源、优秀的编辑队伍及集团在国内出版业的地位是极不相称的，这与集团在年初各社制定年度选题计划时提出的要求差距还是很大的。

二是选题的针对性不强。许多项目在选题设计的时候没有明确的目标读者与市场预期，没有详细的出版计划与营销计划。上报的不少项目都是从自己已有的出版项目中根据集团要求临时"套"进来的，"削足适履"的多，"量身定做"的少。这些项目到底能落实多少，恐怕有些上报单位自己心中都没有定数。

三是项目设计的思路还不够开阔。不少出版单位都有很好的选题或者出版资源，但没有充分加以利用，项目设计的思路还不够开阔。例如，庆祝建军 80 周年我们就有不少资源，文学方面可以设计军旅题材的作品、军旅作家的作品；文化方面可以设计军事文化的作品，如《〈孙子兵法〉十二讲》《古代著名战例解读》之类的作品等等。尤其是迎接十七大的选题设计，完全可以将本单位具有里程碑性质的优秀作品拿出来，向十七大献礼。集团的几家大社名社，都有很多这样的作品。

　　当然，前面说的硬"套"进来反映了选题的针对性不强。但是，对于重大经济政治文化社会活动，理解过于狭窄也不合适。比如，关于新农村建设的选题，就不能仅仅理解为农民种植养殖、病虫害防治之类的选题，农民读者的阅读兴趣还是非常广泛的，与城市读者的差异可能主要存在于深浅程度的不同上。举个例子，2007年6月底中宣部以"以购代捐"的形式，组织集团向内蒙古地区提供农村读物活动，集团多数出版单位积极参与，上报的图书内容丰富，被部里圈定了890种，以四五折每种购买1000册。这里既有社会效益又有经济效益。而集团内有两家单位没能参与，原因是认为自己社内没有此类读物。这就是个理解上的问题。硬"套"重大活动固然不好，但思路过窄也不行。所以说，集团只有美术总社的《水浒传》一种新农村建设方面的选题，显然与实际不符，显然存在理解和认识上的问题。

　　四是实现率令人担忧。目前此类项目的实现率为25.2%（94/373），不少项目可能已经胎死腹中了。十七大2007年下半年就要召开，目前还有10种图书没有推出；香港回归10周年的庆祝高潮已过，但仍有2种图书未出。选题设计得再好，不能实现，就是无效操作，就是做无用功。而实现率不高与项目设计水平直接相关。

（二）有重大出版价值的项目存在的问题

　　一是许多项目专业性很强，出版周期较长。一方面是由于牵扯的方面比较多，需要做大量的协调工作，如《中国文库》需要20多家出版单位共同制作，《中国大百科全书（第二版）》需要众多专业人士共同合作。另一方面是由于产品规模较大，前期工作耗时较多。这就需要相关单位积极做好协调工作，并制定详细的出版计划，辅以灵活有效的协调机制，尽量提高工作效率。例如《中国大百科全书（第二版）》，已经由预计2005年出版顺延至2006年，然后又由2006年顺延至2007年。集团担心会不会还要顺延下去。这里延缓出版的因素是多方面的，例如质量问题就是其中重要的考虑。但是它所反映的周期过长的问题是非常典型的。质量是产品的生命，必须确保；但战线拖得过长，就会生发出新的问题与负面效应。所以，要注意科学把握出版周期，合理推进项目进展。

二是分布比较集中。集团此类项目主要集中在几家大社名社中，如国家"十一五"重点规划项目，有几家出版单位，如中译公司、现代教育、现代、商务国际一项也没有，有的则有数十种；有些单位确定了不少本单位的标志性项目，有的单位则认识不足，没有明确本单位的标志性项目都有哪些。这固然与出版单位品牌、资源、能力的差异，与集团的战略布局等客观原因有关，但也不乏单位自身的重视不够、积极性不高、针对性不强等主观因素。

三是项目实现率偏低。以集团2006年集团扶持、补贴的项目为例，到2007年6月底为止，项目总体实现率为45.4%。各单位实现情况差异较大,实现率较低的单位有的为33.3%(中译公司,

6 种完成 2 种），最低的仅为 14.3%（中国美术出版总社，7 种完成 1 种）；实现率较高的，有的达到了 74%（文学社，27 种完成 20 种），最高的达到了 85.7%（音乐社，14 种完成 12 种）。

四是"走出去"的项目，随意性很大。不少单位没有制定详细的"走出去"项目实施计划，针对版权输出目标地域的阅读文化专门来组稿、设计的更是做得较少。

四、下一步工作的基本要求

针对目前集团各类重点出版项目的总体情况及其存在的主要问题，集团以及各出版单位下一步要重点抓好以下几个方面的工作。

一是要高度重视。要充分认识重点出版项目的重要意义与价值。重点项目、重大工程是我们出版工作的主干，是打造标志性产品、打造品牌的基础性工作。如果我们不能够不断地推出质量好、影响大、效益高的重点项目、标志性项目，就不能够强化我们的品牌、提高我们的核心竞争力，原来好的品牌也会凋谢。因此，要通过重点项目的设计与实施，贯彻集团发展战略，厘清自身发展思路。出版社的发展必须有中长期计划加以支撑，必须有既定的思路与预期，必须与集团发展思路相协调。重点出版项目是出版社出版特色、出版优势的体现，是出版社发展思路、发展战略的展现，是出版社核心竞争能力的集中体现。出版社要通过重点出版项目的设计与实施，突出发展主线，打造标志性产品，建设、维护和弘扬自己的品牌。

二是要狠抓出版导向和内容质量。重点出版项目是出版社出版能力与出版品质的体现，一定要狠抓内容质量，确保导向方向。要采取有效措施，切实把好审稿、编辑加工、装帧设计、印制等环节的政治关和质量关，对涉及重大选题备案的项目，一定要履行相关手续。

三是要积极组织生产落实。要做到人员、资金、质量、进度四落实，确保按质按时完成各类重点项目。要保证各个重点出版项目的项目负责人，以及选、审、编、校、印、发各个生产环节的人员资质和数量，确保资金足额及时到位，严格掌握项目进度，及时解决实施过程中出现的各种问题。年终，出版社要进行重大出版项目的内部考核，对项目实施情况进行科学评价。

四是要进一步做好宣传营销工作。2006 年的重点出版项目工作会议上曾指出，要认真做好"事件营销"，要将重点出版项目作为一项文化建设工程来认真实施。出版单位要通过策划、组织和利用具有名人效应、新闻价值以及社会影响的人物或事件，吸引媒体、社会团体和读者的兴趣与关注，提高企业或产品的知名度、美誉度，树立良好品牌形象，最终促成产品或服务的销售的手段和方式。作为近年来国内外十分流行的一种公关传播与市场推广手段，事件营销集新闻效应、广告效应、公共关系、形象传播、客户关系于一体，并为新产品推介、品牌展示创造机会，进行品牌识别和品牌定位，形成一种快速提升品牌知名度与美誉度的营销手段。各出版单位要从自身实际出发，结合本单位重点出版项目，认真做好事件营销工作。

五是要为 2008 年的重大活动做好准备，提前规划这类重点选题项目。2008 年是中国改革开放 30 周年，是北京奥运会的举办年，此外还有十一届全国人大和十一届全国政协召开、井冈山会师 80 周年等一系列重大的经济政治文化社会事件，各单位要提前做好选题计划，有针对性地、思路开阔地策划好组织好出版好相应的重大选题，发挥好集团各出版社作为出版国家队和主力军的作用。

六是要加强管理，建立健全全集团的监管机制。

对于重大活动项目，集团要实行"当期奖励制"。集团每年由出版业务部组织评选出质量过硬、双效突出的优秀项目给予适当奖励。

对于有重大出版价值的项目，要在全集团实行"重点项目责任制"（不包括纯粹由各单位自己确定的重点项目）。"重点项目责任制"主要包括 4 项内容——

其一，实行年度报告与验收制度，每年年终，集团出版业务部要根据与各单位签订的出版合同，检查、考核各单位重点项目的进展及完成情况，奖掖先进，督促后进；

其二，将重点项目完成情况纳入全集团的"双效业绩考核体系"，将其作为业务管理能力和绩效的重要体现；

其三，将出版专项资金的补贴扶持力度与项目的质量进度挂钩，部分地实行"先出后补"，这主要针对短线产品；

其四，将对重点出版项目的奖励与两个效益及质量进度挂钩，即对重点项目部分地实行"以奖代补"，这主要是针对长线产品。

通过机制的建立与完善，逐步形成权责分明、管理有效、效益明显的管理与考核机制，切实加强重点出版项目的生产管理工作，从而有力地带动整个出版工作。

《中国历代名画珍品》序★

　　中华文化，源远流长，博大精深，众芳竞妍。个中，中国传统绘画堪称一朵奇葩。其悠久历史，如从已知的独幅战国帛画算起，已有两千余年；如从北方各地的原始岩画及 1986 年发现于甘肃秦安大地湾的原始地画算起，则可上溯至五千年前。至明末，西画传入中国，后人遂以"中国画"指称中国传统绘画。如同武术和京剧，中国画亦是中华文化中的精品，是名副其实的国粹。

　　一种艺术，只有当其内涵与总体风格可以作为一种文化的标识并与该文化相互制约时，此种艺术才可能以特定的文化或产生该文化的区域来称谓。希腊雕塑如此，法国服饰如此，中国画亦如此。

　　中国画在世界美术之林中自成体系。特殊的工具材料、自成一体的技法、颇具特色的理论、相对集中的题材、牢固稳定的面貌等特征，使得中国画在许多接受西方绘画法式的人看来，是较

★ 《中国历代名画珍品》（《中国历代名画珍品》编写组编，中国对外翻译出版公司 2007 年版）序。

难理解的绘画之一。然而，中国画既是中华文化的标识，更是中华文化的重要组成部分。对生长于中国文化背景下的广大华夏子民而言，中国画并不陌生。借助中国画这个特殊体系所反映的各方面的特征，我们可以轻松愉悦地鉴赏、玩味，从中得到精神上的巨大享受。

一般说来，中国画有人物、山水、界画、花鸟、走兽、虫鱼等画科，有工笔、写意、勾勒、没骨、设色、水墨等技法形式，有皴擦点染、干湿浓淡、虚实疏密、阴阳向背、留白等表现手法，有六法六要、三品三病、三远六长十二忌等理论形态，有壁、屏、卷、册、扇等画幅式样，有笔、墨、砚、纸、绢等工具材料，有诗、书、印等相应的衬托方式，还有宫廷画、民间画、文人画三大功用系统。凡此种种，都是中国画的总体特征在各方面的具体体现。

中国画强调"外师造化，中得心源"，其观察方法，充分体现了中国人善于缘物寄情的审美习惯；她要求"本于立意"，"意存笔先，画尽意在"，着眼于"披图可鉴"的认识作用，"恶以诫世，善以示后"的教育作用，以及悦愉情性的审美作用。我们在鉴赏中国画时应当特别关注的，也许正是中国画本身所极力追求的。

随着中国综合国力的增强和国际影响力的扩大，中华文化愈益引起前所未有的关注，中国画尤其是中国名画也愈益为中外雅人韵士所追企。为便于广大读者鉴赏、收藏中国古代名画，我们约请有关专家，从千百年来的浩瀚真迹中，披沙拣金，精心采撷，缀辑了这部《中国古代名画珍品》。上自东晋顾恺之的《女史箴图》，下讫清末民初吴昌硕的《四友图》，凡 180 幅。相信，读者诸君能从这部画集中，从中国画有关笔、墨、气、韵、意、趣、神、势、情、境等特殊的审美范畴中，获得真正高品位的精神享受。

坚持导向　突出重点　弘扬品牌　挺拔主业★

　　2007 年上半年，对集团公司来说具有特殊的意义。一方面，经过 5 年的实践，集团公司在出版主业的管理、服务和经营方面，在出版规划、业务布局和品牌维护创新方面，在坚持出版导向、保持市场优势和发展两个效益方面，等等，都积累了深厚的基础。另一方面，集团公司新一届领导班子成立后，集团的改革发展进入了新的发展阶段，各方面的工作都呈现出新的气象、新的发展势头，出版主业也取得了新的成绩，当然也面临着新的发展挑战机遇。

　　我的报告分三个部分，第一部分是 2007 年上半年出版主业生产经营的基本情况；第二部分是出版主业方面所做的重点工作；第三部分是 2007 年下半年出版主业方面的工作安排。

★　2007 年 8 月 9 日，在中国出版集团 2007 年上半年工作会议上的出版工作报告。

第一部分　2007年上半年出版主业生产经营的基本情况

2007年1～7月，图书生产方面，全集团共出版图书4800种，同比增长13.2%。其中，新书品种1886种，同比下降5.2%；重印再版书2914种，同比增长29.3%；重印再版率60.7%，同比增加7.5个百分点。

期刊报纸方面，期刊44种（中间略有变化）共出版244期，用纸2887令，总印数3493万册，造货总码洋7903万元，发行总码洋7220万元。报纸3种共出版148期，用纸438令，印数417万册，造货总码洋619万元。

电子音像出版物方面，出版669种，复制量617万盒（张），造货总码洋1801万元。

版权贸易方面，引进版权321项，输出版权33项。

2007年1～7月份，出版物生产方面总的态势是：

首先，图书出版品种有望完成集团公司"十一五"期间年均增幅的任务。集团公司对"十一五"期间年均图书增幅的预期为6%，而2007年上半年高达13.2%的增幅，高出年均增幅的2倍，似乎显得过热，但实际上造成增幅的主要原因在于重印再版书增加较快，而新书品种同比则下降了5.2%，这是一种良性增长。

其次，重印再版书与新书的升降对比，显示出集团公司的出版结构进一步趋向科学、良性。重印再版书与新书之间的结构比例，同比增加了 7.5 个百分点。

再次，图书重印再版率的大幅提升，不仅降低了生产成本，比如图书的用纸量，就同比下降 25.6%，由 2006 年同期的 67.99 万令降为 54.11 万令；而且改善并提高了整体效益，比如总码洋同比增长 10.8%，由 2006 年同期的 11.1 亿元提高到 12.3 亿元。尤其是大量的重印再版书，获得了很高的比较效益，比如重印再版书品种（2914 种）是新书（1886 种）的 1.5 倍，总码洋（8.1 亿元）则是新书（4.2 亿元）的 1.9 倍，印量（4134 万册）达到新书（1384 万册）的 2.99 倍。

由此可以看出，再通过下半年的努力，我们可以顺利完成集团公司年出版图书品种 8000 种的任务；我们更可以通过不断提高图书质量、增加重印再版书的比例，继续保持又快又好的发展态势。

第二部分　2007 年上半年出版主业方面所做的重点工作

重点工作，主要是 4 个方面：抓导向，抓重点项目，抓"走出去"选题，抓品牌推广和市场营销。

（一）抓导向——坚持正确的出版导向，强化出版管理

1. 通过经常化、制度化管理，保证出版方向和导向

2007 年 1～7 月，集团公司在坚持出版导向方面，做得不错，基本上未发生问题。主要原因：一方面，集团上下对导向工作高

度重视，对导向管理常抓不懈；另一方面，集团积极配合党和国家重大政治文化活动，出版了一批导向良好、双效益良好出版物，起到了示范、引导作用。

具体来说，年初，集团公司通过组织出版单位的年度选题计划研讨会、论证会，对各单位选题的出版导向进行了审议和评价，从选题源头把好导向关；半年之时（7月份），集团公司通过年度重点选题工作会议，检查各单位选题落实情况，在年度选题操作过程中进行导向监督；年底，集团公司还将通过双效业绩考核，对出版导向方面、社会效益做出评价。

此外，集团公司还坚持经常性的出版通气会制度。1～7月共召开了7次通气会，分别通过出版社负责人、总编室等不同"管道"，及时传达中宣部及集团公司关于出版方面的新动向、新问题，核心的要求是强化预警管理。

在具体出版物方面，从3月份开始，集团公司积极组织开展了出版物质量全面检查工作，出版导向方面的检查结果状态良好；集团公司先后办理了89项重大选题备案，严格履行了出版管理程序。

上述这些管理措施和管理实践，构成了集团公司导向管理机制的基本内容。

目前，集团公司有关部门正在建设出版信息管理平台，建立健全信息化出版导向管理制度和办法，力求更及时、更严密地反映、呈现集团及各出版单位的出版业务情况，提高出版管理的效率，实现导向管理的及时性和准确性。

2. 通过组织参加中宣部和新闻出版总署的重大出版活动，突出集团坚持正确出版导向的表率作用

坚持导向，不仅是不出错，更重要的是要出彩。2007 年，在中宣部"五个一工程奖"评选活动中，集团公司组织申报了《长征》《笨花》《藏獒》和《中国动脉》等 4 种图书。现在结果已经公示，成绩喜人：《长征》《笨花》《藏獒》入选主体奖，占全部文艺奖主体奖的 3/8；《中国动脉》入选提名奖。在新闻出版总署组织的建设"社会主义和谐文化"和迎接党的十七大重点出版活动中，集团公司分别申报了 61 种和 18 种出版物。在新闻出版总署组织的庆祝建军 80 周年重点出版物及选题活动中，集团公司申报了 46 种图书。在新闻出版总署组织的"百种优秀期刊进连队"活动中，集团公司申报了 12 种期刊。在新闻出版总署组织的"向青少年推荐优秀出版物书目"中，集团公司有 12 种入选。在中宣部组织的"万村书库"活动中，集团公司入选图书 821 种，不仅社会效益突出，而且有 830 万元的销售实洋。目前，集团公司正在组织各单位申报新闻出版总署主持的"农村书屋"项目。

3. 通过表彰先进等方式，强化出版导向的评价性管理

2007 年 7 月，集团公司对 2006 年度在党和国家重大活动中表现突出的 21 种出版物进行了表彰，试行"以奖代补"措施。这些出版物包括：人民文学出版社的《长征》，中国大百科全书出版社的《中央红军长征纪实》，中国美术出版总社的《地球的

红飘带》（连环画），人民音乐出版社的《红军不怕远征难——长征组歌》，三联书店的《红军长征重大决策见证录》，东方出版中心的《红一方面军长征日志》，现代教育出版社的《忆长征》，现代出版社的"长征沿线旅游指南"丛书，世界图书出版公司的《社会主义荣辱观理论教程》等。

4月份，集团公司举办了第二届"中国出版集团报纸期刊奖"颁奖会议，对2006年评出的《当代》《英语世界》《文史知识》等23种报刊进行了表彰。集团领导对出版业务及其与之相关的工作，明确提出了要加强"评价性管理"的重要理念和工作要求。通过评奖，通过实施评价性管理，抓导向、抓质量、促效益、促发展，推进精品出版物和优秀出版人才不断涌现，推动出版工作的繁荣、出版物质量的提高和两个效益的增长。

（二）抓重点——抓好重点出版项目和重大出版工程

重点出版项目、重大出版工程特别是其中的标志性出版工程，是集团公司拉动出版主业发展的重要抓手，也是巩固并弘扬集团公司及成员单位品牌的重要方式。2007年，集团公司配合党和国家重大活动的重点出版项目有168种，包括向十七大献礼重点项目33项，迎接香港回归6项，庆祝建军80周年97项，服务奥运33项。集团公司列入国家"十一五"规划重点的76项，列入国家古籍整理"十一五"规划的39项。集团公司给予各单位专项补贴的图书品种有927种。

在各层级的重点出版项目中，集团公司突出抓好《中国文库》等标志性出版工程。目前，《中国文库》（第三辑）已经进入发稿阶段。参与出版《中国文库》（第三辑）的出版单位共有31家，包括人民文学出版社、商务印书馆、中华书局、中国美术出版总社、人民音乐出版社、三联书店、中国对外翻译出版公司、现代教育出版社、世界图书出版公司等9家集团公司内的出版社，还包括中央文献出版社等22家集团外出版单位。集团外参加"文库"的出版单位，第一辑只有2家，第二辑13家，第三辑达到22家，参加单位的大幅度递增，反映出"文库"在出版业内产生了广泛的影响力，已经成为我国出版业内的标志性出版工程。《中国文库》（第三辑）作为十七大献礼图书，将在年内全部出齐。

2007年上半年，除《中国文库》，集团公司主持的出版项目还包括：①集团公司与中国生态道德促进会合作的《和谐中华文库》，首先启动的《和谐中华文库·人与自然》系列将作为十七大献礼图书，由商务印书馆具体出版。②中宣部主持的"民族精神史诗"出版工程项目，由中华书局具体承担其中的《文史中国》，中国大百科全书出版社承担《人物中国》，三联书店承担《视觉中国》。③中宣部主导的"哲学社会科学经典总汇"大型出版工程。集团公司作为该出版工程的出版主体，已对这项工程进行了方案规划、设计、初步论证、体例构建以及书目选择等前期筹备工作，并将组织出版单位承担具体图书的出版。

集团公司高度关注并大力支持各出版单位抓好自己的重点出

版项目和标志性出版工程。这些项目主要包括：人民文学出版社的"中国当代长篇小说藏本丛书"（已经出版 32 种，正在策划第二辑 25 种）、"中国当代名家长篇小说代表作"（已经出版 35 种），商务印书馆的《汉译世界学术名著丛书》和"哈佛商学院经管图书"，中国大百科全书出版社的《中国大百科全书（第二版）》《中国军事百科全书（第二版）》《不列颠百科全书（国际中文版之修订版）》，中华书局的"'二十四史'及《清史稿》修订工程"，中国美术出版总社的《中国美术百科全书》《荣宝斋画谱》，人民音乐出版社的《中国当代作曲家曲库》《21 世纪中国音乐文库》，三联书店的《中国古典文学图志》丛书、"Lonely Planent 旅游指南"系列，中国对外翻译出版公司的《中亚文明史》《聆听先哲·中华传统文化读本（双语版）》，东方出版中心的《中国馆藏满铁资料联合目录》，现代教育出版社的"地方教材"系列，现代出版社的"动漫"系列，世界图书出版公司的"世界医学经典文库""图说中国传统文化黄金书架"，商务印书馆国际有限公司主要面向海外读者的"学生双语词典"系列，等等。

为抓好这些重点出版项目和重大出版工程，集团公司在 7 月份召开了 2007 年重点出版项目工作会议，对各家出版社的、各个层次的、各种类型的重点出版项目进行了全面梳理，进一步加强了集团公司对全集团重点出版项目的服务、管理、调控和监督，要求各出版社进一步加强对重点项目的管理力度、保障力度，在 2008 年专项资金初步方案中给予这些项目重点支持，以切实保证各重点出版项目按时保质完成，落实好发展集团公司出版主业的基本要求和总体规划，实现以重点项目带动整体业务发展的基本目标。

（三）抓"走出去"选题——积极组织策划"走出去"选题，为实施"走出去"战略做好"源头性"开发工作

2007 年以来，集团公司组织策划的"走出去"重点出版项目有 205 种。其中包括：人民文学出版社的《中国虎》等 22 种，商务印书馆的"商务馆实用商务汉语系列教材"等 11 种，中华书局的《唐史十二讲》等 25 种，中国大百科全书出版社的《中国西藏》等 21 种，人民美术出版社的《中国名家绘画》等 8 种，人民音乐出版社的《中国音乐史图鉴（修订版）》等 3 种，三联书店的《明式家具研究》等 40 种，中国对外翻译出版公司的"世界遗产·中国"系列等 13 种，世界图书出版公司的"中国历史文化名镇名村系列画册"系列等 61 种，以及商务印书馆国际有限公司的《当代汉语词典（国际华语版）》等。

积极策划外向型选题，是集团实施"走出去"战略的重要基础。外向型选题的质量和数量，影响着出版物"走出去"的基础和成效。目前，集团面临的"走出去"的任务还很艰巨，压力还很大。集团公司有关部门及各出版单位，还要在选题的针对性、适合性，以及"走出去"的方式方法等方面多下功夫。

（四）抓品牌推广和市场营销——推动品牌延伸，强化集团公司的市场影响力

全集团的出版业务是一个整体，既要抓体现集团品牌优势和专业特色的社会效益突出的重点出版业务，履行党和国家赋予中国出版集团的重要使命和任务，也要抓出版物全结构、全品种，重点要抓好一般读物和专业出版物的市场推广和品牌延伸工作。两个"效益"都不松手，两手都能不软。2007年上半年，集团公司通过完善"双推计划"、创新书业展会，大力支持成员单位做好重点出版物的市场营销推广活动，进一步扩大集团公司在市场上的品牌影响力。

1. 做好"双推计划"

畅销书和常销书，是书业市场结构的两个主要组成部分，也是一个出版企业内部调整出版结构、寻求市场突破的主攻方向。

2006年4月，集团公司从发挥集团影响力、塑造集团品牌、强化集约经营以及调整出版结构出发，首先发起了"中国出版集团公司畅销书推广计划"。这 "计划"在当前我国的33家出版集团公司（总社）中属于首创。实施一年来，在业界产生了良好的影响，对集团公司出版单位的出版工作产生了很好的推动作用。在2007年1月份的北京图书订货会上，北京开卷公司以及全国20多家大书城的代表，给予"中国出版集团公司畅销书推广计划"很高的评价。在此基础上，集团公司评出了2006年度表现突出的"16佳"图书，并给予奖励。其中，《于丹〈论语〉心得》《明

亡清兴六十年》《笨花》《长征》等，在 2006 年中国图书市场上成了很好的畅销书。

2007 年 4 月，集团公司又启动了"中国出版集团公司常销书推荐计划"，主要向公众推荐集团各出版单位出版的充分体现各单位品牌特色、具有突出的社会学术文化价值、动销潜力突出的专业类图书。集团拥有一批历史悠久、品牌优良、影响深远的著名出版机构，积累了数量丰厚、品质优秀的常销图书，构成了集团及所属出版机构优势品牌的主要内涵。从某种意义上看，中国出版集团未来在出版主业方面能否实现可持续发展，常销图书业务的成功与否将具有根本性、决定性的意义。"常销书推荐计划"既是对集团优势的极大发挥，又是发挥集团作为新型市场主体的作用，开展创新性集约经营的重要举措。

至此，两个"计划"相互呼应，共同推动集团公司及各出版单位科学调整出版结构，扩大出版品牌及出版物的市场影响力。集团公司将继续实施好"双推计划"，力求成为出版业内有突出影响的品牌性的市场推广模式。

2. 创新国内各类重大书展的参展工作

重大书展是我国出版业的一个重要的市场行为，也是一大特色，是展示我国出版业整体形象、推广出版品牌、扩大出版物销售、推动全民阅读的重要平台，一直受到新闻出版总署、地方政府以及各出版单位的高度重视。作为我国出版业内的"国家队"，对于这些展会，集团公司服从大局、积极参展，实事求是、重视效益。2007年以来，集团公司积极参加了北京春季图书订货会、第十七届全国书市（重庆市）、第三届中国国际音像电子博览会、第二届"中国数字出版博览会"、"首届中国国际封面文化博览会"等大型展会。

集团公司在组织参加这些会展过程中，一方面积极展示整体形象，受到业界的高度关注和上级领导部门的赞赏；另一方面积极探索创新，力求将参展转化成提升集团公司品牌形象和出版物"落地生根"的重要机会。在4月份的第十七届全国书市（重庆市）上，集团公司举办了一系列活动，尤其是集团牵头举办的"读新书"征文颁奖活动，产生了深远的影响。"读新书"征文启事于2月底分别在《重庆商报》、《重庆时报》、《重庆日报》、重庆人民广播电台新闻频率和重庆市作家协会《作家视野》报播发，重庆新华书店集团公司也同期在重庆书城电子屏播放征文启事。4月26日，集团公司在重庆会展中心举行了"读新书"征文颁奖典礼，集团公司及所属各出版单位领导、重庆市作协等重庆各级领导，以及著名作家、重庆当地著名演员、50余名获奖作者和全国20余家媒体记者到会。征文活动在重庆读者以及重庆市民中间产生了广泛的影响，集团公司及所属成员单位的品牌得到了很好的宣传、推广。

3. 大力支持成员单位举行推广品牌的重大活动

这些活动包括：商务印书馆就110周年纪念开展系列活动；中华书局就95周年纪念出版系列珍藏图书；中国大百科全书出

版社举行"《不列颠百科全书（国际中文版之修订版）》发行座谈会"；人民音乐出版社就《中国当代作曲家曲库》举办大型演奏会，探索实施"乐谱出版—演出—乐谱租赁"经营模式的系列活动；三联书店就生活书店成立75周年分别在上海、北京举办座谈会；新华书店总店举行"图书馆馆配行业联盟筹备成立大会"；中图公司与第29届奥组委正式签署合作备忘录，取得了2008年奥运赛时书报亭服务项目的独家授权。

第三部分　2007年下半年出版主业方面的工作安排

2007年下半年，集团出版主业要在上半年工作成绩的基础上，继续坚持导向、保证质量，抓住重点、带动一般，积极做好出版主业的生产和营销工作，为完成集团全年的生产经营任务提供基本保证。现在看来，时间相当紧，任务也相当重。下半年，集团公司和各出版单位要共同努力，进一步把工作做得更好。下面谈一下下半年出版业务工作的重点方面和重点任务。

（一）下半年出版业务工作的几个重点方面

1. 坚持正确导向，强化导向管理，全面落实出版责任制

下半年，十七大召开，2008年奥运会日益迫近，党和国家还有其他方面的大事。我们中国出版集团公司作为出版的"国家队"，一定要全面贯彻落实6月5日全国宣传部长座谈会的精神，为迎

接党的十七大胜利召开，为营造良好的理论氛围、舆论氛围、文化氛围和社会思想氛围作出贡献。首先，要坚持正确导向不放松，进一步提高管理工作水平。导向问题是集团公司工作的生命线和职责所在，各单位要继续高度重视导向问题。要敏锐把握敏感选题，从选题策划、三审制度落实、重点选题备案，到编校印制、发行销售全程把关，全面落实出版责任制。其次，要以极大的热情和使命感，保质保量保时间进度，完成重大活动方面的出版项目，产生良好的社会影响，为迎接十七大胜利召开，作出应有贡献。

2. 提高重点出版项目的"实现率"，建立重点出版项目评价和管理机制

集团公司要发展好出版主业，抓住重大出版工程、重点出版项目是关键。我们已经对集团公司 2006 ～ 2007 年的重点出版项目进行了梳理：重点出版项目呈现出数量多、品种全和策划质量高的优势，但也存在着出版周期长、项目实现率低、分布不够均衡、管理不够到位等问题。这些问题的关键，在于重点出版项目的评价和认定机制不健全，在于重点出版项目落实措施不到位。今后，集团将组织专家对重点出版项目进行评定，分级分层次进行管理，做到出版责任人、出版资金、出版质量、出版进度、出版效益落实到位，集团则定期对重点出版项目进行检查验收，从而建立起重点出版项目的评价和管理机制。

3. 充分调动集团公司上下研究开发选题的积极性，深入开展年度选题计划制定工作

实践证明，集团公司与各单位深入开展年度选题计划研讨会和论证会，对集团公司坚持导向、弘扬品牌、科学调整出版结构有很大的益处，应该继续坚持下去。2007 年下半年，集团公司及各单位要高度重视 2008 年度的选题计划制定工作，领导班子要亲自组织召开研讨会和论证会，充分调动专家和全社编辑、出版、发行等方面的积极性，充分发挥各方面的智慧，深入讨论，交流思想，营造出创新选题、挺拔主业、共谋发展的良好氛围。

4. 努力策划"外向型"图书选题，推动集团公司的"走出去"步伐

出版"走出去"是集团公司承担的重要政治使命，是集团公司适应出版业发展趋势、提高自身竞争力、加快自身发展的一项至关重要的工作。从出版方面来说，策划出版外向型选题和图书，是出版"走出去"的重要前提。成功的选题策划不是短时间就能完成的，面向海外市场策划外向型选题尤其如此。从调研、设计、洽谈、编辑、出版和推广等，成功的外向型选题，基本上属于一项规模不小的系统工程。集团公司及各单位要未雨绸缪，早作打算，早作规划，早出项目，尤其是要规划和出版外向型重大选题，积极支持集团对外合作方面的工作，力争在"走出去"方面做出新的贡献。

5. 高度重视数字出版产业，积极探索集团公司数字化出版的方向和模式

数字化出版代表着出版业的未来和方向，这已经是新闻出版界的共识。发展具有中国特色的数字出版业是构建和谐社会和文化建设的重要任务。2007 年以来，胡锦涛总书记先后两次发表重要讲话，指出要提高网络文化产品和服务的供给能力，提高网络文化产业的规模化、专业化水平，把博大精深的中华文化作为网络文化的重要源泉，以此推动中国优秀文化产品的数字化和网络化。总署"十一五"规划中针对数字化出版规划了五大工程（中华字库工程，国家数字复合出版系统研发工程，中国知识资源数据库工程，中华古籍全国出版工程，数字版权保护技术研发工程），集团也提出了实施"数字化出版工程"和"多媒体发展工程"的基本要求。

集团公司在数字化领域中，有一定的成绩，商务印书馆的工具书在线、大百科出版社的百科在线等，已引起了业界的关注。但总体来说，相对于我们所拥有的丰厚的出版资源，相对于我们所处的排头兵地位，我们做得还不够，还有许多工作要做，也可以做。下半年，集团公司有关部门将组织各单位，就这方面的工作展开深入的调研，摸清我们的家底，探索加快发展数字化出版的方向与模式，谋求尽快有大的起色。

6. 加强市场推广，提高集团公司及各单位的品牌影响力

围绕出版主业，举办各种品牌推广活动，是提高集团在广大

读者和市场上影响力的重要手段。商务印书馆的 110 周年纪念活动，三联书店的生活书店 75 周年纪念，中华书局的 95 周年纪念，都是推广品牌的很好机会。类似人民音乐出版社的《中国当代作曲家曲库》系列活动，集团公司及各单位要根据实际，在条件允许的情况下，尽量多办。集团公司的畅销书和常销书推广计划，要持续做下去，并且要与大书城建立合作，将集团公司推广的图书在市场上真正做到"落地"。在年底的北京书市，以及其他展会上，也要举办一些具有影响力的活动。集团公司还要举办好今年的"香山论坛"，进一步将其打造成为出版界探讨学术、交流业务、共谋出版业发展的平台。

（二）下半年出版业务工作的几项重点任务

1. 全集团重点出版任务：完成《中国文库》（第三辑）的出版；完成《和谐中华文库·人与自然》的出版；按照中宣部的安排，推进"哲学社会科学经典总汇"出版项目的出版工作；按照中宣部的要求，督促并验收"民族精神史诗出版工程"的出版工作；启动"走进中国出版集团公司"丛书的编辑出版。

2. 组织专家，建立集团公司重点项目评价与管理机制，切实提高重大活动出版项目和有重大文化积累价值出版项目的"实现率"。

3. 组织召开第二届"香山论坛"会议。

4. 组织参加年底的北京春季图书订货会。

5.组织开展第三届"中国出版集团公司图书奖"评奖活动。

6.与集团技术部门一道，组织召开数字出版业务研讨会。

7.组织实施集团公司 2008 年度选题研讨会和论证会。

8.继续寻求新闻出版总署的理解和支持，争取集团公司在书号管理方面获得统一调配权和适当的宽松政策（集团选题、书号单批）。

9.做好集团公司及各出版单位 2008 年专项基金项目的申报工作，同时，全面清查 2007 年之前的专项基金项目出版情况。

10.完善"集团公司出版信息化管理平台"方案，初步建立平台并力求达到试运行。

发挥品牌优势　集约出版资源

大力实施图书产品线建设工程★

2007 年 4 月以来，集团公司根据新形势新要求，积极谋划、深入调研、科学论证，形成了新的发展思路、发展目标、发展规划，为集团今后的改革发展绘制了新的蓝图。

集团现在的情况，与自己比有进步，与兄弟单位比，在经济基础、生产规模、整体实力上还有差距；与中央的要求比，还有很大距离。因此，光有战略是不够的。要实现既定发展战略，集团上下就必须集思广益，创新思路、创新机制、创新工作方法，脚踏实地、埋头苦干。图书产品线的建设，是集团新的发展战略的重要组成部分，是加快集团发展的基础工程、骨干工程；与产品线相关的年度选题计划的制定，则是积极推进、认真落实产品线建设工程的基础工作、中心工作。因此，本次会议对于贯彻落

★　2007 年 11 月 8 日，在中国出版集团图书产品线建设暨 2008 年度选题计划研讨会上的工作报告。

实集团新的发展战略、形成新的选题思路、建立新的产品发展模式、开启出版主业发展的新阶段，有很强的现实针对性。

第一，明确了15条产品线的名目，为集团图书产品线建设工程搭建了总体框架。

第二，对15条产品线进行了划分，其中的前12条产品线是集团具有传统优势的，要通过产品线建设进一步巩固优势；后3条，即外向型、农村读物和教材，是集团没有经验和优势的，要通过合作的方式与基地建设的模式加快打造。

第三，对各出版单位提出了具体要求，那就是，各单位要按照集团的总体设计，作出自己的定位规划；各单位的年度选题计划制定工作，要充分考虑全集团的产品线布局。

第四，图书产品线建设的最终目的，是要实现出版主业的可持续发展。图书产品线的建设，绝不仅仅涉及产品数量的增加与品种的丰富，还涉及集团出版资源的集约整合，以及各出版单位品牌的建设、人才的培养、机制的创新、出版特色的打造、市场地位的重塑等。这是一项具有长期性、综合性的重大工程，是集团实现快速发展和重大突破的基础工程。

集团这两年每年出版各类出版物9000多种，其中图书7000多种，期刊（包括44种自办期刊、购权出版的300多种期刊、合办期刊）、报纸、音像、电子出版物、网络出版物2000多种，图书占了主导地位。无论是从集团所处的外部环境看，还是从集团的内部发展需求来看，实施图书产品线建设工程都是紧迫而必要的。至于期刊的整合、各种内容数据库的整合及其数字出版物的发展，集团也将专题研究、组织实施。

下面，我主要从中国出版集团图书产品线工程实施策略、管理策略、基本数据分析及其标志性项目与发展前景、产品线分布构想、2008 年选题计划论证工作部署等 5 个方面，向大家作一个工作报告。工作报告主要是介绍基本情况、提供基础意见，目的是请大家基于一个共同的出发点，广开思路、畅所欲言，交流切磋、形成共识。先开展讨论，再形成结论；先讲道理，再讲操作。

一、中国出版集团图书产品线工程实施策略

无论是在出版社还是在全集团，图书产品线的建设都是一项牵一发而动全身的工程。其中，不仅涉及编辑部门之间、出版单位之间管理界限的打破，还涉及全集团资源的集约、渠道的共享、总体的协调、工程的监管、出版各环节的协调、决策的出台等诸多事宜。因此，在工程实施过程中，应当采取一定的实施策略，尽可能提高工作效率，加速工程进度，避免产生问题，规避决策失误。总的来说，在实施过程中，应坚持以下 5 项策略。

（一）产品线与企业核心价值相适应的策略

产品线建设必须符合企业的核心价值，必须是企业理念的具体体现，脱离了这一基点，图书产品线就得不到充足的营养，就

很难取得大的发展。

中国出版集团的首要价值观就是坚持先进文化的发展方向，关注现实、反映时代，继承创新、推陈出新。集团图书产品线工程在实施过程中，首先必须以正确的价值观为标准，建设、传播先进文化，杜绝庸俗的、落后的、腐朽的文化。

其次，产品线建设还要体现集团的优良传统。集团所属出版单位，有的是百年老店，多数都有几十年的历史，在长期的发展历程中，各自形成了优良的企业传统，例如"热爱人民，真诚地为人民服务，鞠躬尽瘁，死而后已"的韬奋精神，"传播文化、扶助教育"的商务精神，"弘扬传统、服务学术"的中华精神等。相关产品线，必须体现优秀传统、继承传统、弘扬传统，唯此，才能光大老品牌、推出新产品、形成新的品牌集群和品牌优势，形成新的文化生产力和文化竞争力。

第三，产品线的建设还要符合集团的出版标准。图书产品线是集团图书的主体部分，但不是全部。产品线之外，还有一些拾遗补缺、零星出版的图书。归入产品线的图书，则集中了集团各出版单位的优质资源，是集团竞争优势的集中体现，因此，产品线建设的标准必须高于集团出版生产的平均标准。这些标准具体表现在图书产品的内容质量、外部质量、单品种销量、单品种码洋、产品线的市场占有情况等诸多方面。对产品线，集团管理力度和投入都会加大。

（二）模糊边界、集团运作的策略

集团十几家出版单位之间，图书品种存在程度不同的交叉重叠现象，实施图书产品线工程就是为了将零散的各图书门类的优势资源加以整合，更多的是协调，形成更为强劲的生产力。因此，在实际运作过程中，必须打破边界限制，采取集团协调运作的模式。不仅出版单位之间应模糊边界，编辑部门、发行部门之间也要模糊边界、全面合作，以图书产品线为中心，在"大集团观"的支配下做好各项工作。集团公司采用适当的组织和管理模式，对分散在各个单位、各个部门之间的优质资源进行统一调配和管理，以形成合力。

从 2006 年各类图书前 10 名的排名情况来看，中华书局和商务印书馆的学术文化出版资源，人民文学出版社、东方出版中心和三联书店的文学出版资源，人民音乐出版社和现代出版社的音乐出版资源，商务印书馆、世界图书出版公司和商务国际的英语出版资源，人民文学出版社和中国大百科全书出版社的少儿图书出版资源等，目前都有着较好的运作基础（见表 1）。此外，商务印书馆、中国大百科全书出版社和商务国际的汉语工具书出版资源，中国美术出版总社和现代出版社的美术出版资源，中国美术出版总社和人民音乐出版社的教材出版资源等，也都有着很好的合作基础。

表1 2006 年集团相关出版单位细分市场排名情况[1]

门类		排名	出版社	占有率（%）
学术文化		2	中华书局	6.34
		7	商务印书馆	1.68
文学	小说	1	人民文学出版社	12.06
	散杂文	3	人民文学出版社	3.51
		5	东方出版中心	2.79
		10	三联书店	1.98
音乐		3	人民音乐出版社	16.46
		9	现代出版社	1.89
语言	英语	2	商务印书馆	9.85
		3	世界图书出版公司	6.34
		10	商务印书馆国际有限公司	1.53
	汉语	1	商务印书馆	46.33
		2	商务印书馆国际有限公司	7.43
	其他语种	3	商务印书馆	8.27
		4	世界图书出版公司	6.34
少儿	少儿文学	2	人民文学出版社	8.34
	科普百科	3	中国大百科全书出版社	8.77

因此，实施产品线工程，要坚持模糊边界、集团运作的策略，在确保各方利益的前提下，打破原有的行政边界，真正使各社的竞争优势转化、强化为全集团的竞争优势。

1 本表数据采集自北京开卷信息技术有限公司：《中国图书零售市场年报（2007）》，第 93～181 页。

（三）和而不同、分层开发的策略

集团所属出版单位都有着悠久的文化特质与独特的品牌特征，在产品线建设过程中，一方面要打破行政边界实现资源融合，另一方面又要保持各出版单位原有的个性和特色。产品线的整体特征，要兼采诸家之长，兼具诸家之美。每一条涉及两家以上出版单位的产品线，都应遵循"和而不同"的开发策略。

与此相呼应，产品线的建设过程中，还要注意分层开发的策略。集团梳理出的 15 条产品线大都范围较广，每条产品线下面都可进一步细分为若干条二级、三级产品线。一级产品线是大的板块、大的集群，二级产品线就是较小的板块、较小的集群。比如，文学产品线之下，就可重点建设小说、散杂文两条二级产品线，散杂文产品线之下可依据文学社、东方出版中心和三联的不同特色，进一步细化为 2 ～ 3 条三级产品线。这样一来，既能使产品线建设呈现层次丰富、定位精准的良好状态，又能在风格上保持各家特色。

上海世纪出版股份有限公司在产品线建设过程中就运用了这一策略，除了公司层面打造的 6 条产品线外，公司所属的世纪文景公司也打造了学术思想产品线、大学产品线、文学产品线和大众产品线等比较完整的产品线，在主流社会的主流阅读人群中树立了具有较强人文感的品牌形象。

（四）立足优势、适当延伸的策略

立足优势，就是以本单位优势资源为基础来搭建产品线，以使得优势更为突出，市场竞争力更为强悍。如人民音乐出版社的主要优势就是音乐类教材，商务印书馆的优势就是汉语工具书、汉译学术名著、英语，中华书局的优势就是古籍和文史普及读物。产品线的构建首先要从这些传统优势出发。

但是，仅仅立足优势还不够，为避免产品结构过于单一，有效规避市场风险，各单位还要采取适当延伸的产品线建设策略，以期有效地占领更大的市场份额，实现产品的多元化。产品线延伸必须坚持两个原则：一是要在充分做好现有产品线的基础上进行；二是要选择符合企业品牌内涵、相对熟悉的目标市场。中华书局可以拓展国学普及产品线，但不宜盲目上马美术产品线；人民音乐出版社可以拓展流行音乐产品线，但不宜盲目上马心理健康产品线。

产品线盲目延伸导致的失败案例不胜枚举。如江苏的春兰集团以空调产品线起家，取得一定成功后，先后开发了彩电、冰箱、摩托车等多条产品线，甚至想拓展一条汽车产品线，结果导致惨败。多年下来，真正赚钱的只有它最初的主营项目：空调产品线。相反的例子是四川长虹集团。长虹集团在彩电行业取得成功后，并没有积极拓展相关产品线，而是过分专注于彩电业，引发一轮又一轮的降价大战，虽然确立了其在彩电业的龙头地位，但产业多元化一直没有实现，在彩电业普遍不景气的情况下，公司的效益就大受影响。

产品线适当延伸的成功案例是海尔集团。海尔发展产品线有两个原则：一是先把自己的优势产品线做大做强，在此前提之下再开发其他产品线；二是坚持"东方亮了西方再亮"，从不讲"东方不亮西方亮"，原则是开发了新的一条产品线之后，必须要在将其做到该领域的前三名之后，才能开发新的产品线。这些成功经验很值得我们学习。

（五）分担成本、渠道共享的策略

集团的图书产品线工程其实是规模经济的一种表现形式。规模经济的最大优势之一，就是可以有效降低运营成本，增强竞争实力。集团考虑，将以建设集团出版信息管理系统和发行业务整合为平台，以产品线为抓手，实现"线内"的作者资源、读者资源、渠道资源、管理资源全面共享，印制、纸张、设计等环节实现集约经营、统一运作，以此有效削减成本。

目前来看，集团所属出版单位自办发行，各自为战，中小出版单位发行成本过高，难以适应全国大市场的营销需求。集团公司改造重组新华发行集团股份有限公司以后，可以从部分图书产品线的资源整合入手，最终整合集团公司各单位发行业务，形成整体规模和集约经营，实现全集团商流、物流、信息流、资金流的统一，提升中盘规模和零售市场的竞争力、控制力。这将在很大程度上提升各类图书产品线的竞争实力。

二、中国出版集团图书产品线工程管理策略

（一）目前存在的两种管理模式

图书产品线的建设是一个系统工程，需要多方共同参与，其中有大量协调和统筹工作。目前来看，国内出版集团对图书产品线的管理模式主要有实体管理模式与总编辑管理模式两种。

上海世纪出版股份有限公司实行的是实体管理模式。公司作为一个大实体，主要打造基础教育、高等教育、工具书、大众读物、古籍整理、专业图书6条产品线，并围绕产品线逐步调整出版社的结构和产品结构。公司成立了高等教育图书公司专门管理高等教育图书产品线；成立外语教育图书分公司管理二级产品线——外语教育产品线；还计划启动建设3大研发编纂基地，负责相关产品线的建设工作。[1]

北京出版社出版集团采取的则是总编辑管理模式。该集团目前有6大板块19条产品线，"集团的几位总编辑、副总编辑分别管理6个板块，也就是说板块和部门是分离的状态。比如说我是一个文艺社，今年我想出一套教辅，出一套教辅要去向管理教育板块的领导申报，这样在产品的管理上就可以控制了"。[2]

1　陈昕：《探索新的商业模式》，《出版商务周报》2006年3月14日。

2　曲仲：《应然和实然——出版集团选题创新谈》，《图书选题创新讲演录》，中国大百科全书出版社2007年版，第104页。

从目前的情况来看，这两种管理模式，都还能够符合两个集团的管理需要。但我们中国出版集团的情况比较复杂，完全实施实体管理模式，有可能削弱原有知名出版单位的品牌影响；完全实施总编辑或总裁管理模式，又与集团公司目前的管理体制不适应。因此，中国出版集团的图书产品线管理模式不能完全照搬别人，只能从自身实际出发，逐步摸索。

（二）中国出版集团的管理策略

1. 从集团定位出发的策略

在集团"十一五"规划中，集团公司与所属单位的定位被描述为："集团公司作为企业管理中心、战略决策中心和资产经营中心，成员单位作为产品研发中心、产品经营中心和效益中心的层级定位。"[1]

从这一定位出发，集团公司在产品线工程的管理过程中，就不宜抓得过细、统得过死，而应该对产品线的分布进行战略决策与宏观指导，对产品线的效益情况进行科学考核并建立评价体系，对产品线的发展趋势、产品结构进行引导和宏观调整，对产品线涉及单位的利益分配制定规则。至于具体某一条产品线的市场调研、产品开发、项目经营与渠道建设，则主要由各出版社自行开展。

2. 通过重点项目进行管理的策略

重点项目应当成为集团公司管理产品线工程的抓手。今后，

1　《中国出版集团"十一五"改革发展规划》，第27页。

集团将围绕产品线来组织重大工程，从而构建未来一段时期该产品线乃至全集团的图书出版主体。重点项目应当成为产品线的骨干，抓好了重点项目的管理，也就抓住了产品线管理的重点。

通过重点项目管理产品线，从集团公司的角度，是将出版专项资金的使用与重点项目的设立结合起来，通过业务管理与资金调控两条路径切入产品线管理工作，通过资助力度与资助结构来推动产品线的建设。

集团公司还将通过每年年末的选题论证制度和年中的选题工作会议，对各条产品线所涉及的重点工程与重点项目进行管理监控，并根据市场变化及时调整，对各出版社产品线建设中重点项目的开发与策划提出明确要求。重点项目特别是重大工程的设立必须有详细的市场调研、规划方案、营销方案与成本核算，实施之前，应当由集团公司出面与具体承办的一家或多家单位签订合同，给予政策支持（包括列入国家出版规划、追列书号、争取国家出版基金、争取政府采购、推荐评奖等）和专项资金扶持。

3. 通过重点活动进行管理的策略

集团将通过一些重大活动与产品线建设管理工作结合起来。集团启动的"畅销书推广计划"与"常销书推荐计划"可以与相应的产品线联合起来，建立起固定的合作模式，从市场引导的角度引导和扶持产品线的建设工作。集团在规划部署重点出版工程，比如长篇小说创作基地、纪念改革开放 30 周年书系、纪念新中国成立 60 周年书系、奥运会书系、民族巨人传书系等重大工程时，将以加强产品线建设为切入点，适时组织相应的重大活动，重点宣传、着力推动。

4. 通过综合协调进行管理的策略

虽然实体管理模式并不完全适合集团实际，但作为一项规模宏大的主业工程，没有一定的组织领导是难以实行有效管理的。从集团目前的状况来看，通过建立以集团出版业务部为中枢的综合协调机制，借以实施产品线管理的策略是比较可行的。

集团出版业务部负责协调全集团图书产品线实施过程中遇到的各种实际问题；各出版社总编室负责协调本社图书产品线实施过程中遇到的问题；需要与其他出版社协调的，经本社领导同意后，报告集团出版业务部出面协调；必要时，可及时召集有关各社参加的协调会议。集团公司与各出版社，建立定期汇报机制、定期会晤机制，由集团总裁和分管副总裁召集各产品线所涉单位负责人员，定期会晤，协调工作；由集团分管副总裁和出版业务部主任召集各产品线负责人，定期听取产品线建设情况，并给予指导。

5. 最终形成两级管理模式的策略

在以上4条具体策略的基础上，集团的图书产品线要逐步形成两级管理模式：集团公司领导及出版业务部负责全集团一级产品线的宏观管理协调；各社主要负责人、分管领导及总编室负责本社所涉及的一级产品线的日常管理，其中分管社领导为本社产品线负责人，负责本社一级产品线的具体运作与维护以及二、三级产品线开发工作，总编室及相关部室负责具体协调、实施。不同层级的管理模式可根据各社的实际情况进行进一步的细化和调整。产品线的建设情况，应纳入该线负责人的双效考评之中。当然，随机产品，比如畅销书，也可能显著增加当年效益，值得鼓励；但产品线的建设，立足长远，关乎积累与发展后劲，也是工作成效的重要方面。

三、中国出版集团 15 条产品线基本数据分析及其标志性项目与发展前景

鉴于集团规划的 15 条产品线与开卷公司的图书分类并不完全重合，而开卷公司的数据也并不能反映集团出版全貌。因此，这里所提到的 2006 年至 2007 年上半年（2006.01 ～ 2007.06）集团各出版社的各项数据，仅供大家参考之用，不能作为决策的唯一依据。同上述原因，15 条产品线的数据并不齐备。今后，集团公司将按照图书产品线进行有效的市场监控，以获得较为准确的数据。

（一）汉语工具书产品线

该产品线所涉单位主要有商务印书馆等 5 家，具体数据如下：

表2　汉语工具书产品线相关数据

出版单位	市场占有率（%）		全国排名		出书品种		印数（万册）		重印再版率（%）		单品种销量（万册）	
	06	07上	06	07上	06	07上	06	07上	06	07上	06	07上
商务	59.59	54.08	1	1	10		1100		100	100	110	
中华	0.82	0.77	12	13	7	4	6.7	2.2	71.4	75	0.96	0.55
百科	0.62	0.82	14	11	20		314.3		35		15.7	
商务国际	—	—	—		25	—	80	—	90	—	1	
中译	—	—	—	—	9	2	4.5	0.6	55.6	0	0.5	0.3

注：（"—"为数据不详，后同。）

从表2可以看出，目前该条产品线以商务印书馆为主导，中华书局、中国大百科全书出版社在市场中也有较好的排名与占有率。2006年3家单位（除中译、商务国际）合计占有率达到61.03%，使集团在国内汉语工具书市场处于绝对优势地位。

1. 优劣势分析

该产品线的优势在于：市场份额大、品牌影响力强、重印率高、单品种销量大，占据资源不多但所获甚丰。在2006年语言图书零售市场上，商务印书馆、世界图书出版公司、商务国际分别名列全国第1、3、7位；在汉语图书零售市场上，商务印书馆与商务国际分别名列前2位。优势十分明显。

不足之处在于：产品系列化程度不够，深度开发不够，修订频率偏低，总体规模不大（5家单位2006年至2007年6月仅出版五六十种），对产品线的市场优势地位的利用还远远不够。按照强者更强的原则，还应该加大新品开发力度。

2. 标志性项目

主要有商务印书馆的《新华字典》《现代汉语词典》《辞源》《故训汇纂》，中华书局的《中国文学家大辞典·辽金元卷》《中华古汉语词典》《闽南语漳腔词典》《中华典故词典》《中华格言词典》，中国大百科全书出版社的"亮黄书系"与"可阅读型工具书"系列（仅就 2006 年而言），中译公司的《世界人名翻译大辞典》《世界地名翻译大辞典》，商务国际的《汉语成语大全》《成语大词典》等。

3. 发展前景

商务印书馆拟在继续修订维护现有精品辞书的基础上，进一步开发适合中小学生使用的系列辞书，同时加强辞书语料库和大型原创性辞书开发。

中华书局拟在近年将工作重点放在专业学术工具书方面，逐步恢复其在汉语工具书方面的品牌地位。①打算通过五年左右的努力，到中华书局百年诞辰时，建立结构完整的以古汉语和古代文化为核心内容的系列工具书规模，恢复中华书局在汉语工具书领域的品牌地位，使之成为中华书局的经济支柱之一。②启动《中华大字典》修订工程，以此为契机，发挥中华书局品牌优势，着重发展古汉语语词系列和古代文化通用工具书。③改组新建辞书编辑室，在发展方向、专业人员调集，以及在政策及运行机制方面给予倾斜。

中国大百科全书出版社将在2008年推出《中国大百科全书（第

二版）》的同时，拟在 5 年的时间内，策划、出版 100 种成人和学生两个系列汉语工具书，作为出版的常备、常销品种。成人工具书的开发以结合百科全书的数据为特点，以区别于传统的优势出版社；学生工具书的开发以深挖、细化学生需求，以及拓展"可阅读型工具书"为特点，以求在竞争激烈的学生工具书市场中谋取一定份额。

中译公司计划在 5 年内，该产品线达到年出书 5 ～ 10 种，占出书总数的 3% ～ 5% 的规模。

商务印书馆国际有限公司将进一步加大产品线的深度和广度的开发，加强相关产品线的人力和物力的投入，将其做强做大，形成强势地位。

（二）文学产品线

该条产品线所涉单位主要有人民文学出版社等 4 家单位，具体数据如下：

表3　文学产品线相关数据

出版单位	市场占有率（%）		全国排名		出书品种		印数（万册）		重印再版率（%）		单品种销量（万册）	
	06	07上	06	07上	06	07上	06	07上	06	07上	06	07上
文学	4.15	5.10	1	1	625	346	1236.9	468	61	59	1.6	1.1
东方	—	—	—	—	46	22	70.5	46.4	11	17	1.5	2.1
中译	—	—	—	—	80	51	58.7	36.5	58.8	74.5	0.7	0.7
现教	0.07	0.06	180	185	24	9	4.65	11.0	0.02	0.04	—	—

从表 3 可以看出，该产品线主要以人民文学出版社为主导，东方出版中心和中译公司也有一定的出版规模。据开卷公司统计，2006 年人民文学出版社的文学图书市场占有率为 7.82%（远高于上表中的 4.15%），领先长江文艺出版社 2.71 个百分点。而在 2006 年，全国参与竞争的 542 家出版社中，市场占有率超过 5% 的仅有 2 家。

1. 优劣势分析

优势是零售市场排名居首，出版规模较大，重印率较高，单品种销量较大。

劣势是市场优势还不够明显，产品层次还不够丰富，产品结构存在短板（如"80 后"作家、奇幻文学作品、青春文学系列等都还没有形成规模效应），品牌影响力有待进一步提升，畅销书与亮点还嫌不够。

2. 标志性产品

主要有人民文学出版社的"茅盾文学奖获奖作品全集"、"中国当代名家长篇小说代表作"系列、"中国当代长篇小说藏本"系列，东方出版中心的《大雅村言》《古典幽梦》《远去的藏獒》，中译公司的《天使不曾离开》，现代教育出版社的《京华烟云》等。

3. 发展前景

人民文学出版社将继续加大文学原创作品的出版力度，通过建立原创长篇小说创作基地，带动该条产品线的进一步发展。东方出版中心在未来的出版规划中，将继续把文学作品作为发展的主基调之一，继续投入。中译公司则计划在 5 年内使该产品线达到年出书 20 ～ 30 种，占出书总数的 10% ～ 15% 的出版规模。

（三）英语产品线

该条产品线主要涉及商务印书馆等 4 家出版单位。具体数据如下：

表 4　英语产品线相关数据

出版单位	市场占有率（%）		全国排名		出书品种		印数（万册）		重印再版率（%）		单品种销量（万册）	
	06	07上	06	07上	06	07上	06	07上	06	07上	06	07上
商务	41.8	35.9	1	1	7		90		100	100	12.86	
中译	—	—	—	—	66	55	30.1	57	28.8	81.8	0.46	1.04
国际	1.53	—	10	—	30	—	75	—	90	—	1	—
世图	9.85	—	3	—	293		281.2		59.8		0.63	

1. 优劣势分析

优势主要体现在市场占有率较高（2006 年商务、商务国际、世界图书 3 家占有率为 53.18%），全国排名靠前（3 家单位进入国内前 10 名），重印再版率高，单品种销量大。劣势主要表现为规模不大，如出书品种较少（年均出书种数，商务在 10 种以下，中译公司与商务国际均在百种以内），印数不多，等等。此外，英语学习类图书缺乏响亮的品牌，英语工具书的自有品牌面临激烈竞争，很多社在出外语工具书，有待加强。

2. 标志性产品及发展前景

标志性产品主要有商务印书馆的《牛津高阶英汉双解词典（第6版）》《牛津初阶英汉双解词典》《朗文当代英语大辞典》，中译公司的《苏斯博士双语经典》《浓咖啡之流金岁月》，商务国际的《最新高级英汉词典》《英汉大词典》《高阶英汉双解词典》等。

商务印书馆将继续加强原创性辞书的开发，完善大、中、小辞书的配套。继续加强与牛津、朗文等出版机构的合作，对现有产品不断修订，及时反映语言的最新进展，对新产品要加大开发力度。

中译公司计划到 2012 年，每年出版英语类图书 50 ~ 80 种，占公司出书总数的 30% ~ 50%。

商务国际将继续以英语工具书为发展龙头，进一步提高市场占有率与竞争实力。

世界图书出版公司计划到"十一五"末，将外语板块打造完成主要语种和职业的外语培训教材系统、辞书系统和现有产品换代。

（四）音乐产品线

该条产品线主要涉及人民音乐出版社与现代出版社 2 家单位。具体数据如下：

表5 音乐产品线相关数据

出版单位	市场占有率（%）		全国排名		出书品种		印数（万册）		重印再版率（%）		单品种销量（万册）	
	06	07上	06	07上	06	07上	06	07上	06	07上	06	07上
音乐	16.5	15.6	3	3	490		204		70		0.29	
现代	1.58	1.36	9	—	15	—	14	—	33	—	2	—

1. 优劣势分析

2006 年，上海音乐出版社、湖南文艺出版社在音乐图书零售市场分别以 18.11% 和 17.22% 的市场占有率领先人民音乐出版社，并在国内分别位列 1、2 位。2006 年该类市场的 CR5（前 5 家占有率之和）值为 60.37%，属于高集中度市场，对前 5 名的出版社来说局势十分有利，它们处于相对的寡头垄断地位。

总的来说，优势主要是市场占有率高，全国排名靠前，出版规模较大，重印再版率高。已经形成的竞争优势短时间内很难被打破。人民音乐出版社领先紧随其后的蓝天出版社 10.24 个百分点，与上海音乐、湖南文艺处于第一集团，优势巨大。

劣势主要是单品种效率不高。人民音乐出版社与现代出版社的单品种销量均在 0.3 万册以下，亟须提高。2006 年人民音乐出版社的动销品种数为 1456 种，高于上海音乐与湖南文艺，市场占有率却低于二者，因此，单品种效益有待进一步提高。

2. 标志性产品及发展前景

主要有人民音乐出版社的《21 世纪中国音乐学文库》《中国当代作曲家曲库》，现代出版社的《同一首歌》等。

人民音乐出版社下一步将调整一般图书和中小学音乐教材的比例，调整图书板块结构和重点图书的比例；进一步增强精品意识、实施精品工程、优化选题结构、系列化重点项目，以"发挥优势、打造精品，培育读者、开拓市场"和"贴近实际、贴近生活、贴近群众"为主旨，充分发挥专业特长和资源优势，继续处理好"两头"和"中间"的关系，尽量满足不同层面读者的不同需求。根据市场需求的变化，调整教材建设的思路——逐步"向两头延伸"；调整作品类图书和理论类图书的比例关系；调整普及读物和高校用书的比例关系；调整外版图书与本版图书的比例关系；逐步增加少儿音乐读物的比重；加大开发经典流行音乐选题的投入，引导音乐爱好者欣赏品位的提升。同时，严格掌握本版图书和"引进版"图书的比例，加快实施"走出去"战略的步伐，积极、主动地开拓国际图书市场。计划在 5 年以后，年生产音乐类图书 600 种（含重印书），占全社出书总量的 80% 左右；图书总印数 600 万册，占单位总印数的 80%；图书收益占单位总体收益的 60%。同时，争取年销售图书占全国音乐图书零售市场的 30% 左右，重新稳固排名第一的地位。主要配套措施是根据市场变化，调整内部结构，加强管理，引进人才，合理配置资源，面对市场需求，随时优化选题结构。

（五）学术文化产品线

该条产品线所涉出版单位主要有中华书局等 7 家。具体数据见表6。

表6 学术文化产品线相关数据

出版单位	市场占有率（%）		全国排名		出书品种		印数（万册）		重印再版率（%）		单品种销量（万册）	
	06	07上	06	07上	06	07上	06	07上	06	07上	06	07上
文学	0.18	0.10	—	—	44	24	13.84	5.87	—	—	0.25	0.20
中华	6.34	13.84	2	1	341	227	301.2	474.6	35.8	45.8	0.88	2.09
东方	—	—	—	—	45	16	19.8	8	10	5	0.44	0.5
商务	1.68	1.14	7	12	410		200		48		0.49	
三联	1.12	1.14	16	7	339	200	291.6	141.3	41.9	51	0.7	0.7
中译	—	—	—	—	26	19	10	11.2	19.2	78.9	0.39	0.59
现教	0.005	0.004	414	418	10	60	0.28	3.22	0	0	0.18	—

从表6可以看出，集团的学术文化产品线实力较强，2006年中华书局、商务印书馆、三联书店、文学社4家占到全国零售市场的9.32%，具有相当的竞争优势。而2006年，参与社科类（学术文化的上级图书类目）图书竞争的568家出版单位中，市场占有率超过1%的仅有22家。

1. 优劣势分析

优势在于：市场份额较大，排名全国领先，生产能力较强（6家共1691种），重印再版率较高，图书的质量与品牌都很好。

劣势在于：新产品的系统性较差，传统丛书的后续开发力度不够，单品种销量有待进一步提高（除中华书局2007年达到2.09

万册／种外，其他单位均低于 1 万册／种）。

2. 标志性项目

主要有人民文学出版社的"猫头鹰学术文丛""21 世纪年度文学评论选"丛书，商务印书馆的"汉译名著"丛书和"日本小丛书"，中华书局的《日藏汉籍善本书录》《明诗综》《礼书通故》《顾颉刚全集》和"语文常识名家谈"丛书，三联书店的学术前沿丛书、法兰西思想文化丛书、现代西方学术文库、三联哈佛燕京学术丛书、西学源流丛书，东方出版中心的《马克思主义经济思想史》、"中华文化专题史系列"丛书、"断代文化史"系列、"中国现代文学社团史"丛书，中译公司的《刘宓庆翻译论著全集》《中国翻译简史》，现代教育出版社的《对话现代教育》等。

3. 发展前景

商务印书馆将采取以下措施：①继续"汉译名著"的维护和开发，预计 2008 年规划出版汉译名著第 11 辑，力求将世界上有定评的学术名著全部收入其中。②继续开发《社会学名著译丛》《当代法国思想文化译丛》《公法名著译丛》等项目，力争多形成几个拳头产品。③继续加强国内原创学术图书的开发，在保持住现有作者群的基础上，多扶持一些中青年学者，将他们的重要作品予以出版。

中华书局将立足高端和文化积累，突出品牌优势，加大原创性、独占性古籍学术图书的规范和实施力度，逐步推进国学大师和一流文史学者的著作集和新编文集的出版。目前已经调整了编辑部建制，重新组成文学、历史、哲学、语言文字、汉学五个编辑室，专门从事古籍整理和学术著作的编辑出版，以稳定人员，并加大古籍专业编辑的培养力度。

三联书店拟在 5 年之内达到年出书 524 种（其中新书 264 个品种，重印书 260 种）、重印再版率达到 50%、单品种销量突破 1 万册的目标。

东方出版中心将秉承良好的历史积累及优质的出版资源，进一步深入开发，做出更多具有重大学术理论价值和现实社会意义的优秀作品。

中译公司计划用 5 年时间达到每年出书 20 ～ 30 种，占出书总数的 10% ～ 15% 的规模。

现代教育出版社则争取出版一些学术含量较大的优质图书。

（六）古籍产品线

该产品线所涉单位主要有人民文学出版社与中华书局。具体数据如下：

表 7　古籍产品线相关数据

出版单位	市场占有率（%）		全国排名		出书品种		印数（万册）		重印再版率（%）		单品种销量（万册）	
	06	07上	06	07上	06	07上	06	07上	06	07上	06	07上
中华	—	—	—	—	310	146	113	52.75	70.7	60.27	0.36	0.36
文学	3.22	4.45	4	4	114	42	111	23.7	—	—	0.90	0.45

中华书局作为传统的古籍整理出版单位，在国内出版业具有独一无二的品牌优势与出版规模，而人民文学出版社在国内亦位居前列，使得集团的古籍产品线颇具竞争优势。

1. 优劣势分析

优势主要是品牌响亮，生产规模较大，图书质量较好，重点项目较多，市场排名靠前，再版重印率高，人力资源丰厚。劣势主要是单品种销量较低，产品的层次性开发不够，原有系列产品后续开发力度不够，后备人才储备不足，古籍数字化进程较慢。

2. 标志性项目

主要有中华书局的《宋元明清书目题跋丛刊》《南明史》《日藏汉籍善本书录》《史语所集刊类编》《太平寰宇记》，人民文学出版社的"中国古典文学研究丛书""中国历代文论丛书"等。

3. 发展前景

中华书局计划将古籍产品线作为突出主业的代表，在产品质量和品种规模上，继续保持其在全国的龙头地位。打算以"点校本'二十四史'及《清史稿》修订工程"为标志，努力完成国家重点图书规划项目和全国古籍整理重点图书规划项目，持续完善中华书局现有的古籍资料和学术著作的丛书、套书品种。同时，对重点古籍和学术图书给予效益补贴核算，以保证出版。

（七）美术产品线

涉及该条产品线的主要是中国美术出版总社与现代出版社两

家单位。具体数据如下：

表8　美术产品线相关数据

出版单位	市场占有率（%）		全国排名		出书品种		印数（万册）		重印再版率（%）		单品种销量（万册）	
	06	07上	06	07上	06	07上	06	07上	06	07上	06	07上
美术	5.08	5.48	3	2	432	197	162.4	55.15	15.7	33.7	0.27	0.26
现代	—	—	—	—	38	—	89.62	—	31.6	—	1	—

1. 优劣势分析

2006 年，湖北美术出版社、天津人民美术出版社在美术图书零售市场分别以 5.53% 和 5.32% 的市场占有率领先中国美术出版总社，并在国内分别位列 1、2 位。2006 年该类市场的 CR5 值为25.073%，属于低集中度市场，各单位的市场地位都还并不稳固，对于集团来说，这既是机遇又是挑战。

总的来说，优势主要是市场占有率较高，全国排名靠前，出版规模较大。但是也必须认识到，美术类图书零售市场前 5 名之间的差距并不大，并且与 2005 年相比，中国美术出版总社的排名下滑了 1 位，市场占有率下降了 0.19 个百分点。与此同时，美术总社的动销品种数却是前 10 名中最高的。这说明该产品线的单品种效率还不高。

2. 标志性产品及发展前景

主要有中国美术出版总社的《中国美术全集》《中国美术分类全集》《中国民间美术全集》《荣宝斋画谱》《中国美术百科全书》、

"当代美术理论批评家文丛"（后 2 种计划 2007 年出版），现代出版社的朱德庸漫画系列、几米绘本系列、蔡志忠漫画中英文版系列等。中国美术出版总社在美术生产线方面，将进一步发挥美术资源优势，巩固品牌优势，优化选题结构，支持重点出版项目。

（八）少儿产品线

涉及该条产品线的单位主要有人民文学出版社等 5 家，具体数据如下：

表 9　少儿产品线相关数据

出版单位	市场占有率（%）		全国排名		出书品种		印数（万册）		重印再版率（%）		单品种销量（万册）	
	06	07上	06	07上	06	07上	06	07上	06	07上	06	07上
文学	0.73	1.0	—	30	85	100	93.4	94.8	—	—	0.92	0.81
百科	1.39	0.68	57	52	67		27.4		45		0.41	
美术	0.01	0.01	304	253	193	56	100.66	49.48	21.5	6.7	0.68	0.73
中译	—	—	—	—	10	0	4.4	0	0	0	0.44	0
现教	0.49	0.45	171	186	50	41	45.4	13.1	1.1	0	—	—

从表 9 中可以看出，这条产品线目前在全国的市场竞争力还很弱，但鉴于该领域在全国出版市场中仍处于低集中度市场（2006年，全国 516 家参与竞争的出版社，仅有 26 家市场占有率高于1%），因此通过集团的产品线建设，还是很有希望迅速增强势力、实现突破的。

在表 9 中，人民文学出版社的"哈利·波特系列"并不包含在其中（人文社将其列入"文学产品线"中）。如果将其包括在内，则 2006 年人民文学出版社在少儿类市场的排名为全国第 7 位，市场占有率为 3.15%，而不是上表中的 0.73%。因此，优劣势的分析应当将这一因素考虑在内。

1. 优劣势分析

主要优势有品牌响亮，具有一定的市场竞争优势。人民文学出版社在少儿文学市场排名第 2，中国大百科全书出版社依靠《中国儿童百科全书》等产品在科普百科类少儿读物市场排名第 3，都已形成良好的品牌。

劣势主要是出版规模较小，总体排名靠后，单品种销量不高，品牌图书的品种过少，产品线结构过于单一。

2. 标志性工程

主要有人民文学出版社的"哈利·波特系列""世界儿童文学名著插图本系列""外国儿童文学获奖作家作品丛书"，中国大百科全书出版社的《中国儿童百科全书·上学就看》《中国儿童好问题百科全书》《新课标小学生百科全书（低、中、高年级)》，美术总社的"中国古典彩色连环画丛书""世界经典文学名著系列""南瓜堡之小仙女眉眉系列"，中译公司的"苏斯博士系列"，现代教育出版社的《杨红樱精选童话》等。

3. 发展前景

中国大百科全书出版社的发展目标是，在 5 年的时间内，一是完成该系列的纵向开发，即完成 0～15 岁的全年龄段开发（目前，9～15 岁、6～9 岁已完成；0～3 岁、3～6 岁正在开发）；二是加强该系列的横向开发，即以充分利用现有品牌为基础，根据儿童在不同领域、不同兴趣的需求，横向丰富不同年龄段的儿童百科全书的分册。

中国美术出版总社将积极开拓少儿图书市场，向青少年推荐优秀的少儿读物，加强原创作品的编辑出版工作。

现代教育出版社则将继续完善现有品牌，争取更大的市场份额。

（九）生活产品线

该产品线涉及单位主要有三联书店与中译公司。具体数据如下：

表 10　生活产品线相关数据

出版单位	市场占有率（%）		全国排名		出书品种		印数（万册）		重印再版率（%）		单品种销量（万册）	
	06	07上	06	07上	06	07上	06	07上	06	07上	06	07上
三联	—	—	—	—	5	11	3.3	11.7	25	80	1	15
中译	—	—	—	—	9	0	4.1	0	11.1	0	0.46	0
世图	—	—	—	—	179	179.3		33.13		6223		

1. 优劣势分析

生活类图书是成长性非常好的一个图书板块，在 2005、2006

两年，其同比增长率都高于整体市场的平均水平，投入产出效率也高于平均水平。大众健康、美食、地图是生活类板块中码洋规模相对较大的三个类别。就目前情况看，全国有 557 家出版社参与此类图书的竞争，但 525 家出版社的占有率都在 1% 以下，竞争格局还不明朗，排名第 1 的中国地图出版社的占有率也没有达到 5%。

集团的优势主要在于单品种销量较好，尤其是三联书店的单品种销量很高。劣势主要是占有率和排名较低，出版规模不大（尤其是三联和中译公司），印数较低，重印再版率不高。此外，产品的品牌影响力、产品的可持续开发等方面也存在不少缺陷。

2. 标志性项目与发展前景

标志性项目主要有三联书店的 "Lonely Planet 旅行指南" 系列等，品牌产品和系列产品还不是很多。

三联书店计划在 5 年以后，达到年出版生活类图书 50 种，印数 50 万册，单品种销量 2 万册的目标。

世界图书出版公司则争取做出畅销书，达到年销售码洋 3500 万的规模。

（十）教辅产品线

该产品线所涉单位主要有人民文学出版社等 6 家。具体数据如下：

表11 教辅产品线相关数据

出版单位	市场占有率（%）		全国排名		出书品种		印数（万册）		重印再版率（%）		单品种销量（万册）	
	06	07上	06	07上	06	07上	06	07上	06	07上	06	07上
文学	0.12	0.10	—	—	16	17	75.4	34.2	—	—	4.01	1.61
东方	—	—	—	—	90	51	330	217.2	16	18	3.67	4.26
中华	—	—	—	—	48	20	139	27.77	62.5	80	2.9	1.39
中译	—	—	—	—	86	56	127.8	50.1	13.95	82.1	1.49	0.89
现教	0.21	0.29	157	169	346	94	190.2	66.01	57.55	15.5	—	—
世图	—	—			94		90.6		62.48		0.35	

在表11中，人民文学出版社的"语文新课标"系列并未被统计进来，而是被列入了"文学产品线"之中。因此，人民文学出版社的教辅类图书市场占有率应高于表11中的数据。但即便如此，集团在教辅图书市场上依然处于劣势。

1.优劣势分析

优势并不明显。除了具有较好的出版资源与出版品牌外，在出版规模、市场占有率、单品种销量等方面都没有优势可言。2006年，参与教辅图书市场的出版社有533家，其中，年出版规模在100种以上的有253家。而集团教辅产品线所涉6家单位中有5家的出版规模均在每年100种以下，难以对市场形成冲击，也不利于品牌的提升。在单品种销量方面，也并不理想。因此，该产品线下一步工作的重点，应该是逐步扩大规模，形成响亮品牌，提升市场地位。

2. 标志性项目

主要有人民文学出版社的"语文新课标系列",中华书局的"名校新课程教学案丛书"、"语文中考专辑系列"、《中华古诗鉴赏词典》,中译公司的"世界文学名著名家导读丛书""方洲新概念作文丛书""魔法英语系列丛书",东方出版中心的《新编初中文言文助读》《新编高中文言文助读》,现代教育出版社的"高考直通车系列"等。

3. 发展前景

中华书局将以《中华活页文选》系列杂志(小学版、初一版、初二版、初三版、高一版、高二版、教师版)为核心,进一步充实完善发行体系,开发适销对路的学生读物产品,使"中华活页文选"成为中小学语文教育的品牌和中华书局的品牌。目前,《中华活页文选》杂志社已经实行独立运作、自负盈亏的运行机制。今后要进一步在管理体制和运行机制上有所创新,使之尽快做大做强,成为一个新的经济增长点。

中译公司计划逐步扩大出版规模,每年出版教辅图书 80 种,占该公司出书总数的 50% 左右。

东方出版中心则将逐步向大专(院校)教材教辅靠拢,以此作为目标市场,争取做出特色,在市场中占有稳定的份额,取得良好的经济效益。

现代教育出版社计划进一步完善教辅图书产品结构,尤其在高中新课标教辅出版领域占有较大的市场份额。

世界图书出版公司计划开发高职高专与中职中专教材，自创引进有时代特色的公选课教材，开发教师继续教育用书。

（十一）经管产品线

该条产品线主要由商务印书馆来经营。具体数据如下：

表 12　经管产品线相关数据

出版单位	市场占有率（%）		全国排名		出书品种		印数（万册）		重印再版率（%）		单品种销量（万册）	
	06	07上	06	07上	06	07上	06	07上	06	07上	06	07上
商务	1.36	0.60	20	37	40		20		1		0.5	

1. 优劣势分析

优势是集团与哈佛商学院出版社建立了战略合作伙伴关系，在大陆独家出版哈佛经管类图书，有利于建立品牌、占领市场。劣势是产品营销效果不是很好，市场占有率、全国排名、出版印数、重印再版率、单品种销量都不甚理想。尤其是重印再版率只有 1%，单品种销量仅 5000 册，这些数据与经管图书市场领先者之间的差距非常大。

2006 年，经管类图书市场 CR5 值为 26.54%，已经非常接近中集中度市场，竞争异常激烈。若不及时调整战略、占领市场，将会处于非常被动局面。

2. 标志性项目与发展前景

主要有《蓝海战略》《记住你是谁》《远见》等。下一步，商务印书馆将集中精力，尽早完成已引进图书的出版工作；关注国内原创经管图书的选题与出版，以便在与哈佛的继续合作中占主动；视下一轮的谈判情况适时调整发展思路，既引进国外优秀图书，也组织出版国内原创图书。

（十二）科技人文产品线

该产品线目前只涉及世界图书出版公司。具体数据如下：

表 13 科技人文产品线相关数据

出版单位	市场占有率（%）		全国排名		出书品种		印数（万册）		重印再版率（%）		单品种销量（万册）	
	06	07上	06	07上	06	07上	06	07上	06	07上	06	07上
世图	—	—	—	—	192		57.5		15.8		0.17	

1. 优劣势分析

科技人文产品线中，工程技术类、计算机类与医学类图书是主要的 3 个类别。集团的科技人文图书主要是医学类及心理类图书。2006 年，医学类图书全国前 10 名占有率达到 67.14%，属于高市场集中度领域，竞争激烈。目前来看，世界图书出版公司科技人文类图书出版规模尚可，但优势不明显。劣势主要是市场占有率及国内排名不高，重印再版率较低，单品种销量不多。

2. 标志性项目与发展前景

标志性项目主要有"医师高级进修系列""医师常备系列""口腔精粹系列""西尔格德心理学"等。

世界图书出版公司计划在 3 ～ 5 年内，将科技人文类图书的销售码洋增长至 1.8 亿元，逐步形成内、外版共同发展，具有实力的医学出版基地。

（十三）教材产品线

该产品线所涉单位主要有中国美术出版总社等 3 家。具体数据如表 14。

因渠道不同，教材类图书在图书零售市场上所占份额不多，所以开卷公司没有相应的监测数据。表 14 是美术总社、人民音乐出版社与现代教育自身监测的数据。美术总社是美术教材，人民音乐出版社是音乐教材，现代教育则主要是地方教材。

表 14　教材产品线相关数据

出版单位	市场占有率（%）		全国排名		出书品种		印数（万册）		重印再版率（%）		单品种销量（万册）	
	06	07 上	06	07 上	06	07 上	06	07 上	06	07 上	06	07 上
美术	20	20	1	1	127	62	486.13	253.9	15	16.8	5.9	5.78
音乐	56.8	56.3	1	1	169		736.4		77		2.56	
现教	—	—	—	—	11	14	27.3	13.7	0.7	2.1	2.24	2.05

1. 优劣势分析

优势（除现代教育）主要是品牌影响力大，市场占有率高，市场排名居首，出版规模较大，单品种销量较高。不足之处主要是美术总社的重印率偏低，人民音乐出版社的单品种销量有待进一步提高。此外，美术与音乐教材都有待于加强系列开发与多层次开发，美术总社应强化市场领先地位，形成绝对竞争优势。现代教育出版社总体而言竞争实力很弱，各方面都还需进一步加强。

2. 标志性产品

主要有美术总社的《义务教育课程标准实验教科书·美术》（1—18）、《普通高中课程标准实验教科书·美术鉴赏》（1—9），人民音乐出版社的《义务教育课程标准实验教科书·音乐》（1—18 册），现代教育出版社的《小学信息技术》等。

3. 发展前景

中国美术出版总社下一步计划着重开发幼儿教育、基础教育、职业教育、普通高等教育、高等专业美术教材，基础教育美术教师教学指导用书，大众美术教育教材。

人民音乐出版社计划在 5 年后每年平均出版中小学音乐教材 170 种，占全社出书总量的 20%；总印数 70 万册，占单位总印数的 20%；教材收益占单位总体收益的 40%；重版再版率应保持在 70% 左右；单品种（平均）销量不低于 2 万册。这不是高目标，甚至低于现在的实际情况，主要是考虑保持住市场也不容易。

现代教育出版社计划结合市场需求，尽力扩大地方教材的出版力度，力争在中职中专、高职高专教材出版方面，占有较大份额。

（十四）外向型图书产品线

外向型图书是集团加速"走出去"的重要途径。集团出版"走出去"，从政治上讲，是提高中华文化的国际渗透力、影响力和国家软实力的需要；从经济上讲，是积极参与国际竞争、争夺国际市场、打造国际一流的出版传媒企业集团的需要。在国家政策利好、集团及各出版社自觉性升高的情势下，我们的图书在走向国际市场方面取得了明显成效。

版权贸易方面，集团成立以来，贸易总量及其输出比例逐年递升。就输出引进比例而言，2002 年为 1:5，2003 年为 1:6，2004 年为 1:4.6，2005 年为 1:4.3，约为全国平均水平（1:6.5）的 1.5 倍，2006 年为 1:1.2，引进输出趋于平衡。总的特点，是各个出版社都积极参与版权贸易、积极输出版权；输出地点也逐渐扩大，除传统的港台地区、东亚、蒙古、东南亚、新加坡、越南外，还涉及英、美、德、比利时、巴西等国家。

在单纯的版权贸易的基础上，集团与国外大的出版企业之间，还积极开展版权合作，即双方事先签订战略性的一揽子版权协议，在版权受让过程中保持协商、调整，共同对新版本的内容及出版效果进行管理。版权合作包括图书产品（项目）版权合作和期刊版权合作。

图书产品版权合作方面，共同开发的例子，比如人民文学出版社与哈珀·柯林斯出版集团合作，共同出版中国留美小作者范祎的小说《剑鸟》，经过协调运作，2007 年年初，相继在美国市场推出英文版、在中国市场推出中英文对照版。英文版在美国出版的第一个星期，就冲上了纽约时报畅销儿童小说的排行榜；中英文对照版面世后，在国内小读者中产生了较大反响。输出版权合作的例子，人民文学出版社与哈珀·柯林斯出版集团签订战略合作协议，双方计划用 5 年时间，共同筛选当代中国文学精品，译成英文，由美国柯林斯出版社出版英文版的"中国当代文学精品丛书"（50 种），向全世界发行。首批推出的《骆驼祥子》《古船》《边城》正在翻译之中。引进版权合作的例子，商务印书馆与哈佛商学院出版公司签订战略合作协议，共同翻译出版"哈佛经管丛书"（150 种），目前已出版 70 种左右，其中的《蓝海战略》《记住你是谁》等，市场影响很大。双向多方版权合作的例子，三联书店与国际著名的旅游出版社澳大利亚孤星（Lonely Planet）出版社签订战略合作协议，三联引进翻译并编辑出版孤星的"旅行指南系列"（25 种），目前已出版《欧洲》《东南亚》《美国》《德国》等 11 种，使得三联书店在国内旅游图书的市场占有率跃升到第二位，此是其一；其二，与此同时，中文版的版权再转卖给台湾的联经出版社，由其出版中文繁体字版；其三，由于合作效果良好，三联与孤星两家出版社正在策划，拟共同编辑出版有关中国的旅行指南系列，比如《中国西南》《中国云南》等等；其四，三联与孤星签订新的版权合作协议，由孤星翻译出版三联已经出版的"乡土中国"丛书（15 种）的英文版，包括《徽州》《蓝田》《闽西客家》《武陵土家》等，以精美的图片、生动的文字呈现给国外读者原汁原味的中国自然人文景观，和一幅独具韵味的中国风情画卷。其他版权合作的例子还有，人民音乐出版社授权德国朔特出版社独家出版 5 部专为外国读者策划的、用不同的西洋乐器演奏中国本土音乐的"中国旋律"乐谱，内容包括中国民歌《茉莉花》等；中国大百科全书出版社与比利时根特大学 VARTEC 公司合作，共同推出《中国大百科全书·网络版》的欧洲版。

期刊版权合作方面，成功的例子有，世界图书出版公司共购权出版世界上的科技类等专业期刊 3000 多种。

虽然取得了一些成绩，但与集团的发展要求相比，我们在"走出去"方面做得还不够，特别是外向型图书还没有形成特色优势和规模优势，还没有"上纲上线"。

目前，能够监控到的外向型图书产品方面的数据，主要涉及世界图书出版公司与现代教育出版社 2 家单位。具体数据见表 15。

表 15　外向型图书产品线相关数据

出版单位	市场占有率（%）		全国排名		出书品种		印数（万册）		重印再版率（%）		单品种销量（万册）	
	06	07上	06	07上	06	07上	06	07上	06	07上	06	07上
现教	—	—	—	—	2	0	0.24	0	0	0	0.24	0
世图	—	—	—	—	21		7.6		42		0.23	

1. 优劣势分析

集团的主要优势在于品牌影响力大，海外网点较多，与国际出版机构联系较多，版权输出数量与水平在国内处于前列。劣势主要在于没有明确的产品线和系列图书，出版规模不大，印数较少，重印再版率低，单品种销量不高。除现代教育与世界图书外，集团其他出版单位如人民文学出版社、商务印书馆、中华书局、中国大百科全书出版社、三联书店、人民音乐出版社等单位都有不少外向型图书，但还没有将其明确为一条产品线进行规划和开发。

2. 标志性产品及发展前景

所涉单位的标志性产品主要有现代教育出版社的"方致结构汉语"系列、《海外少年儿童英汉、汉英（汉日）词典》，世界图书出版公司的《图说中国传统节日》等。

现代教育出版社计划配合国家汉办推广汉语活动，不断推出新产品，满足海外市场需求。

世界图书出版公司计划强化对外汉语类图书的开发，几年内达到 1000 万元销售码洋，重印率达到 80%。

集团在打造外向型图书产品线方面可以依托的优势很多：集团的中图公司、版图公司以及商务、中华、三联等老牌出版机构在国际上的影响，集团中图公司承办的北京国际图书博览会在国际上的影响，是我们的窗口优势；集团及有关出版社已经先后与牛津大学出版社、哈佛商学院出版公司、麦克米伦出版公司、培生教育集团以及哈珀·柯林斯出版集团、澳大利亚孤星（Lonely Planet）出版社先后签订了战略合作协议，是我们的机会优势；在中图公司、版图公司原有的 23 个海外网点的基础上，2007 年以来，集团及其下属中国出版对外贸易总公司，分别与法国博杜安出版公司、澳大利亚多元文化出版社、培生教育集团签订协议，分别在巴黎、悉尼、纽约注册成立合资出版社，是我们的渠道优势；我们的产品输出占到全国的 1/4，产品引进占到全国的 6 成以上，各出版社出版的大众出版物占到全国的 7％上下，是我们的资源优势和市场优势。我们应当充分利用好这些优势，积极打造外向型图书产品线。

（十五）农村读物产品线

农村读物产品线方面，集团目前尚无出版单位积极参与。有关出版社出版过少量专门的农村读物，但未成气候，未连成产品线。这条产品线，需要有关出版社积极参与构建。

四、中国出版集团图书产品线分布构想

前面提到，中国出版集团图书品类丰富，所属出版单位众多，因此，图书产品线工程的实施过程中，应坚持分层开发的原则。根据集团实际情况，可以初步对主要的图书产品线作如下两个层次的划分。

（一）一、二级产品线的设置构想

集团发展规划中原拟的 15 条一级图书产品线名称为：汉语工具书、文学、英语、音乐、学术文化、古籍、美术、少儿、生活、

教辅、经管、科技人文、外向型图书、农村读物、教材。

根据目前的实际情况,可将"汉语工具书"产品线调整为"工具书"产品线,"英语"产品线调整为"语言"产品线。

二级产品线方面,可再作如下基本划分:

工具书产品线:汉语(学习)工具书,外语(学习)工具书,百科全书及百科辞典,鉴赏、学术类工具书;

文学产品线:小说、散杂文、影视文学;

语言产品线:汉语、英语、小语种;

音乐产品线:音乐技法、音乐文化、音乐作品、流行音乐;

学术文化产品线:本土学术文化、国外学术文化;

古籍产品线:古籍整理、白话今译;

美术产品线:美术技法、美术鉴赏、成人漫画;

少儿产品线:少儿文学、低幼读物、少儿漫画;

生活产品线:医疗健康、旅游休闲、美食;

教辅产品线:新课标、其他;

经管产品线:经管教材、案例;

科技人文产品线:科技、科普、传记、文化普及;

外向型产品线:传统文化、语言学习、旅游指南;

农村读物产品线:技术培训、保健、文学艺术;

教材产品线:艺术、职业教育、幼儿园。

在图书产品线工程的实施过程中,应根据图书市场的具体情况,对二级产品线的分布情况进行及时调整。

（二）各级图书产品线所涉主要出版社

根据各出版单位上报的具体材料及开卷公司的市场数据，可以初步勾画出集团一、二级产品线的分布格局（见表16）。

表16 集团各级图书产品线分布格局（初步构想）

一级产品线名称	二级产品线名称	涉及的主要单位
工具书	汉语（学习）工具书	商务、商务国际
	外语（学习）工具书	商务、商务国际、中译
	百科全书和百科辞典	大百科
	鉴赏、学术类工具书	文学、商务、中华、大百科、音乐、美术
文学	小说	文学
	散杂文	文学、东方、三联
	影视文学	文学
语言	汉语	商务、商务国际
	英语	商务、世图、商务国际
	小语种	商务、世图
音乐	音乐技法	音乐
	音乐文化	音乐
	音乐作品	音乐
	流行音乐	音乐、现代
学术文化	本土学术文化	商务、中华、三联
	国外学术文化	商务、三联、世图
古籍	古籍整理	中华、文学
	白话今译	中华

（续表）

一级产品线名称	二级产品线名称	涉及的主要单位
美术	美术技法	美术
	美术鉴赏	美术、东方
	成人漫画与连环画	美术、现代
少儿	少儿文学	人民
	低幼读物	文学、大百科、现代教育
	少儿漫画	美术、现代
生活	医疗健康	世图
	旅游	三联
	美食	世图
教辅	新课标	文学
	其他	中译、世图
经管	经管教材	商务
	案例	商务
科技人文	科技	世图
	科普	世图、大百科
	传记	三联、文学、商务
	文化普及	中华、三联
外向型	传统文化	商务、文学、美术、音乐、三联、中华、大百科
	语言学习	商务、中译、世图
	旅游指南	三联
农村读物	技术培训	世图、大百科
	医疗保健	世图
	文学艺术	文学、中华、三联、美术、音乐
教材	艺术	美术、音乐
	职业教育	现代教育
	幼儿园	现代教育

需要说明的是，图书产品线工程的实施会促进各出版单位进一步明晰发展思路、进一步集中优势资源、扩大市场优势，而现有的分布格局不应当成为各出版单位今后图书出版工作的束缚。随着图书市场及集团内部各单位具体情况的不断变化，上述格局也会随时发生微调。

总之，中国出版集团实施图书产品线工程，是集约集团优势资源、扩大集团市场份额、壮大集团整体实力、加快集团发展步伐、提升集团品牌影响力的必要措施，是集团在深刻认识当前我国出版产业发展形势的背景下，结合实际情况提出的一项立意深远、规模宏大、可持续发展的重要工程。集团各单位在制定 2008 年选题计划的过程中，要认真结合集团总体设计与自身发展规划，通过产品线建设带动本单位及集团出版主业的全面发展。

五、选题计划论证工作的经验模式及 2008 年工作部署

（一）选题计划论证工作的经验模式

图书是中国出版集团的核心产品，是集团的核心竞争资源。图书质量的优劣高下、图书结构的合理与否、图书品牌的市场影响，直接关系集团的市场地位与品牌建设。因此，集团自成立以来，就高度重视年度选题计划的论证工作，积极进行选题管理工作的创新，把选题计划制定工作看作是总结经验得失、明确企业追求、

研讨经营发展、确立发展思路的重要形式。经过几年的探索和总结，已经基本形成了一套行之有效的选题论证管理机制。基本做法和经验模式如下：

一是明确集团与成员单位不同的市场定位。

集团与成员单位分担着不同的市场角色，集团公司总部是企业管理中心、战略决策中心和资产经营中心，成员单位则是产品研发中心、生产经营中心和效益中心。

明确的定位为选题管理工作提供了基本的原则。在这一科学定位的基础上，集团公司在选题管理中的基本角色进一步被确定为选题管理工作的规则制定者、总体规划者、宏观调控者和重大项目监督者；成员单位则是具体选题的开发者、生产者和营销者。集团公司总部与成员单位各司其职。

二是科学制定选题管理工作规程。

集团将每年的选题计划制定工作划分为选题研讨和选题论证两个阶段。

在选题研讨阶段，各出版社依据自身发展规划与发展目标，在充分发动编辑人员的基础上，广泛征求意见，经过充分讨论和酝酿，拿出初步的选题计划。在这一阶段，集团出版业务部的工作人员参与其中，充分听取意见，做好服务工作和咨询工作。

在选题论证阶段，集团领导带领集团邀请的学科专家和出版专家以及出版业务部工作人员，逐一到各单位进行选题论证，听取出版单位当年的工作回顾和下一年的工作展望，主要对所属单位的发展思路、板块设置、选题结构、重点选题等发表意见，提出要求。

经过吸收、参考专家及集团领导所提意见和建议，各出版社将论证后的选题计划报集团出版业务部。在此之前，集团与出版单位之间视具体情况，还会就某些问题进行互动，共同商讨。出版业务部对选题计划的落实情况进行监督。

在集团确定的原则框架内，各单位也积极进行内部选题管理机制的创新。如在2007年选题计划制定过程中，人民文学出版社首先强化了社内选题论证委员会的职能，由选题论证委员会对各个选题进行审议，以无记名投票方式通过选题；对未能通过的选题给予申诉权，现场进行讨论和答辩。其次，出版社邀请开卷公司介绍文学图书的现状，并组织编辑室主任与骨干编辑参观书库，直观了解出版社的库存情况。中国美术出版总社在选题计划制定之前，邀请北京主要书店的负责人进行交流；东方出版中心的领导班子则对上海的出版单位进行考察，学习兄弟单位的先进管理经验。目前，对科学的选题论证机制的研究，已经在集团内部形成风气。

通过建立健全科学的选题论证机制，集团的选题质量明显提升，出版单位的把关意识逐年增强。在2007年选题计划制定工作中，人民文学出版社充分发挥选题论证委员会的职能，将各编辑室上报的600多个选题压缩至400种。东方出版中心的选题由原来的300多种精简到180种。与此相呼应的是，各单位的选题计划实现率得到提升，中华书局 2006 年选题计划实现率达到了 80%，人民音乐出版社的实现率达到了 50% 左右。

三是以出版导向为前提。

集团的选题管理工作以坚持正确的出版导向为前提，这是统领选题管理工作全局的大原则。出版导向问题既是出版单位政治觉悟的体现，也是出版人社会责任与文化责任的体现。集团在每次选题论证会上都严把出版安全关，同时鼓励出版单位积极配合国家重大纪念活动，策划出双效俱佳的精品图书。

2006 年是中国共产党建党 85 周年及中国工农红军长征胜利 70 周年。在 2005 年年底开始的选题论证工作中，集团就要求各单位将这两项重大纪念活动作为选题计划制定工作的重点进行研究。随后，又召开重点选题研讨会了解图书进度，商讨存在的问题。在集团的科学管理与正确引导下，《长征》《中国军事百科全书》《雷锋》《马克思主义经济思想史》《共和国日志》《社会主义荣辱观理论教程》等一批图书脱颖而出，赢得了社会的一致好评。

经过 2006 年对出版导向问题的强调和具体选题的督促落实，出版单位在制定 2007 年选题计划时，充分注意了出版导向问题，自觉策划意识明显加强，一批迎接党的十七大召开和庆祝建军 80 周年的优秀选题脱颖而出，如东方出版中心的《从"一大"到"十六大"》《构建和谐社会经济基础研究》，人民音乐出版社的《军歌嘹亮》《井冈山上太阳红》，等等。

2008 年是改革开放 30 周年、北京奥运会主办年，也是全国上下认真学习贯彻十七大精神的重要一年。各单位要在选题计划的制定工作中做好此类选题的组织策划工作。

四是以标志性项目为重点。

集团的选题管理工作以标志性项目为重点，集中力量以取得成效。集团的标志性项目分为集团与出版社两个层面。集团层面的标志性项目由集团出版业务部具体实施，各相关出版单位集体参与，统一组织与协调，发挥集团作战的优势。《中国文库》、"中华民族精神史诗"出版工程、"幼儿教材"出版项目等项目的启动与实施取得了良好的成效，在塑造集团品牌、整合出版资源、促进社会文化建设等方面具有重要意义。

各出版单位的工作也以自身的标志性项目为重点积极展开。一批具有重大社会价值、重要文化积累价值、体现文化创新意识的标志性出版项目相继推出，两个效益得到了很好的体现。人民文学出版社新版《鲁迅全集》的出版，商务印书馆经管类图书的开发，中国大百科全书出版社《中国大百科全书（第二版）》出版项目的实施等，都是这一原则的具体体现。在 2006 年，围绕党的理论宣传工作，集团各单位出版了一大批宣传"三个代表"重要思想、科学发展观和构建社会主义和谐社会的优秀出版物，出版了纪念建党 85 周年的出版物 61 种，纪念红军长征胜利 70 周年的出版物 16 种。2006 年 4 月，胡锦涛总书记访美期间向美国耶鲁大学赠送的 567 种 1346 册中国图书中，中国出版集团有 434 册，占赠送总册数的 32%。

在 2007 年的选题计划制定工作中，各单位要明确提出自己的标志性项目，集中力量，形成亮点。

五是以可持续发展为追求。

集团在选题管理工作中，始终关注各成员单位的可持续发展，注重作者资源、编辑资源的维护和开发，鼓励新的出版领域的拓展，加强选题的预算管理工作，促进内部成员单位间的资源共享。

在集团的指导下，一些出版社对现有的出版资源进行了全方位、多角度的立体开发：一些出版社积极开发新的领域，如世界图书出版公司北京公司在集团的支持下，积极介入心理自助类图书的开发，仅有的 20 多种图书全部进入了同类图书零售市场的前 100 名，在心理类图书零售市场高居第 3 位；一些出版单位加强了彼此的合作，资源共享，共谋发展，如中华书局的《中华遗产》杂志就与世界图书出版公司上海公司展开了积极的合作，等等。

这些经验，是集团全体人员在工作实践中共同总结出来的，是集团管理工作的重要财富。

（二）2008 年选题论证工作部署

关于 2008 年选题计划论证工作，我主要提出以下几点要求：

一是要高度重视，科学谋划。

各单位领导要在市场调研、成本核算、优化结构、突出特色、突出优势、突出产品线、突出标志性产品、保证重点、带动一般的基础上，结合此次产品线工作会议的精神与本单位实际情况，统观全局、科学谋划，保持可持续发展与良性增长的势头，切实为来年的出版生产工作打下坚实的选题基础。在制订计划时要有长远眼光和大局眼光，要从可持续发展的立场与集团产品线总体布局的高度考虑问题。

二是要建立标准，认真执行。

专家与集团领导论证各单位选题的重要依据之一就是各单位提供的选题计划等相关材料。在往年的选题论证过程中，多数单位都能认真准备相关材料，提供真实、准确、全面的选题信息。但也存在材料格式千差万别、良莠不齐的情况。为此，在2007年的选题论证过程中，各单位准备的材料应包括以下基本内容：①对上一年度选题实现情况及市场占有情况的介绍与分析。②对选题思路、选题结构、重点选题的详细分析与介绍。③选题列表。主要包括以下基本内容：序号、选题名称、丛书名、是否重点、选题类别、作者、责编、出版时间、字数、图表数、开本、内容简介、版印次、印数、估价以及成本预算等。

三是要虚怀若谷，集思广益。

首先要广泛发动全体策划、编辑、出版制作、发行人员积极参与，广泛听取意见。其次要邀请相关专家进行评议。专家分为集团邀请专家与单位自请专家。集团邀请专家由各单位向集团推荐，名额为2名，参加论证的劳务费由集团公司支付；单位自请专家3～5名，由各单位自行邀请并支付相关费用，但名单须向集团出版业务部提前报备。

四是要突出重点，制造亮点。

选题计划要层次丰富、重点突出，要有重点与非重点之分，重点选题也要有单位重点、集团重点与国家重点之分。重点的设立要与集团的图书产品线规划相结合、与集团的重点选题规划相结合。社长、总编辑、副社长、副总编辑每年要亲自主抓一到两个重点选题。同时，每年都要有若干亮点，能够闪烁于市场。在选题策划的时候，就要考虑到以后的营销问题，重点项目在策划之初就应拿出基本的营销方案。

五是要加强沟通，做好协调。

集团每年出版新书四千种左右，基本涵盖了所有图书门类，涉及面广，数量庞大。集团出版业务部人员有限，在组织选题论证的同时，还有多项工作要同时进行，任务重，头绪多，加班加点已是家常便饭。各单位总编室的工作状态与此相似。因此，在选题论证工作中，希望大家互相体谅，加强沟通，做好协调，保证 2008 年选题论证工作圆满完成。

我们希望，通过讨论、交流、碰撞，形成真正的共识，使这次研讨会开得有实效、有成果。

把出版专项资金用在双效俱佳的项目上★

一、出版专项基金的基本情况

集团的出版专项基金，属于国家财政部"全国宣传文化发展专项资金"。由于集团公司是财政部单列用款单位，又是集团各单位的主管单位，按照财政部的规定，集团公司统一组织管理包括集团本级和各单位在内的重大出版项目，即出版项目要经由集团公司统一申报，资金由集团公司统一安排使用进度。集团的出版专项资金，主要用于支持集团标志性出版工程，扶持集团重大出版项目，通过集团公司与所属单位的共同努力，推动集团出版主业的建设。

在资金使用方面，财政部要求专项拨款，即针对项目而不是针对出版单位拨付，要专款专用。在资金使用程序方面，集团公司要根据项目进展情况，统一安排资金预算拨付进度，上报财政部后，由财政部将款项直接打入项目执行单位。

★ 2008 年 7 月 19 日，在中国出版集团 2009 年度出版专项资金项目专家论证会上的讲话。

在资金审批方面，按照财政部的规定，集团承担着组织申报、论证、审批和监督执行、验收的责任。具体来说，在集团公司的直接领导下，由出版业务部具体承担这些工作。集团出版业务部首先要组织各单位申报项目，组织专家论证，对项目资金做出分配的初步意见；经分管领导同意，报请集团总裁班子研究决定，然后由集团计划财务部将集团决定上报财政部批准。资金从项目执行年度的第二季度开始下拨。

在项目执行方面，根据财政部的要求，专项资金的使用期限最长为两年，一般情况下是当年资金当年使用。对于完成时间比较长的专项资金项目，专项资金也要根据一年或者两年内所需要的数额拨付。集团公司会要求各单位明确写出资金使用期要达到的目标，项目验收可以不从全部完成出发，但要求实现两年期的阶段性目标。

二、集团 2009 年专项资金安排的新设想

在谋划 2009 年的专项资金项目时，相对于往年的安排，我们做出了三个改变，为的是满足两个需要。

（一）三个改变

1. 改变照顾平衡的做法

对各单位讲照顾、讲平衡，事实证明，效果不好；表面看起

来各单位都有专项资金重点项目，集团的重点项目很多，但真正的重点项目却被淹没了。资金有限，要把有限的资金用到最需要的项目中去。

2. 改变亏损补贴的做法

集团专项资金不再是对低效项目的"亏损补贴"，而是对优质项目的"有效投资"。

3. 改变就项目论项目的做法

专项资金项目要放在集团发展的整体格局、出版单位的整体需要、集团及出版单位的品牌建设这上面来，统筹安排。

（二）两个需要

1. 满足产品线建设的需要

塑造集团公司的整体性，成为市场竞争的新主体，是当前集团发展的重要工作。构成集团这一新兴的市场竞争主体的因素有很多，也包括资产经营等方面，但主要还是出版主业上的、出版物的竞争。集团建设的 16 条产品线，一方面是集团出版物的发展方向，另一方面也是选择专项资金项目要考虑的重点方向。也就是说，集团是以重点出版项目为抓手，以专项资金为杠杆，来建设集团的产品线。必须说明的是，产品线的设计是根据全集团的竞争优势，参考第三方开卷公司的市场调查报告来设计的。

集团 16 条产品线包括文学、语言、工具书、古籍、少儿、经济与管理、人文社科、音乐、美术、课外文教读物、生活、科技、动漫、教材等 14 条，此外，还有服务新农村建设的农村读物、服务"走出去"的外向型图书等 2 条。其中，教材主要走渠道，农村读物和"走出去"图书主要面向特定的市场领域，其余13 条主要是面向国内零售市场的大众读物。

开卷公司从全国零售市场对集团这 13 条产品线进行了分析。基本结论是产品线建设，是集团出版主业发展的重要举措，每一条产品线的专业化、规模化、系列化将产生很大的联动作用。目前，集团的汉语工具书、英语、文学、教辅、少儿、人文社科等类别对集团的码洋贡献率合计达到 80% 以上，属于集团倚重的核心资源。集团所属出版单位在各条产品线上也显示出领军作用，如文学社在小说、散杂文、少儿文学方面，商务印书馆在工具书、语言学习方面，中国大百科全书出版社在少儿工具书、综合工具书方面，中华书局在古籍以及古籍类大众文化方面，三联书店在学术文化方面，美术社在美术、连环画方面，音乐社在器乐类、音乐理论类图书方面，中译公司在课外文教读物方面，都发挥了这样的作用。

产品线建设中也还存在不少问题。一是优势开始下降，如商务的工具书有的不如外研社，人民音乐社落后于上海音乐社等。二是内部交叉严重。三是东方出版中心、现代教育出版社和现代出版社这三家出版社定位不清，发展方向不明，各种门类都有，哪个门类都不强。四是有些弱势产品需要大力支持，有些空白点需要填补，如动漫类、少儿类、外向型图书等。

要把专项资金的安排使用与集团的产品线建设统筹起来，强化优势，削减重复，扶植新的增长点，促进出版社在其优势产品线上占据龙头地位，促进全集团的产品线朝着专业化、系列化、规模化方向发展。

2. 满足双效突出的需要

从塑造集团成为市场竞争新型主体出发，集团对专项资金项目的选择就要有所改变，简单来说是评议各单位申报的项目是否能够实现"双效"，既要有社会效益，也要有经济效益。如果一个项目仅仅有社会效益，没有经济效益，并不是好项目；同样，如果仅仅有经济效益而没有显著的社会效益，也不行。如果社会效益突出而经济效益需要很长时间才能看到，这样的项目就要细细分析，实现不了经济效益是因为没有市场，还是因为市场狭小？或者是因为项目太大，可行性、操作性不够？针对这样的项目，如果确实符合集团产品线建设的方向，属于某一条产品线中必须投资的重大项目，集团就给予资金；如果不符合产品线建设方向，也看不到潜力，集团就不急于给予专项资金或者不给资金。总之，各位专家的评议，要兼顾社会效益和经济效益。

三、集团 2009 年专项资金项目申报情况和评议要求

集团 12 家出版单位参与了申报，共申报了 88 个项目，申报资金近 4500 万元。集团在下发申报通知中，特别要求各单位本

着产品线建设的原则，本着双效突出的原则，"精中选精"来申报。

各位专家针对申报项目的评议应主要围绕四个方面：

一是项目本身的双效价值；

二是项目与出版单位品牌之间的关联程度；

三是项目在集团产品线中的位置、可能发挥的作用；

四是项目的投入和产出效应。

阅读的眼光决定阅世的眼光★
——为孩子提供精品是我们的责任

对于中国教育图书的出版发行，我谈几点个人的看法。

一、教育图书的出版发行面临新的问题

众所周知，教育图书，其出版发行量之巨大、出版发行过程之特殊、对出版业和教育事业影响之深远，是其他任何出版物无法相比的。但是，我们也注意到，近年来，教育图书的出版发行面临新的情况、新的问题。由于受到各种因素的影响，教育图书的利润空间受到压缩，市场需求有所萎缩，出版经营面临诸多困难，编写、出版、销售人员每每陷入困惑。

★ 2008 年 7 月 19 日，在中国教育图书出版发行战略研讨会上的讲话。

二、造成这些问题的因素是多方面的

究其要者，一是教育因素的影响，包括义务教育、素质教育、教材一纲多本、教材政府采购和循环使用、"一费制"减负等；二是市场因素的影响，包括纸张等原材料涨价、储运成本提高、人力成本增加等；三是行政因素的影响，包括某些省市对教辅图书统一归口征订、在教材招投标过程中存在地方保护主义倾向等；四是编写者、出版者与读者内在因素的影响，包括教材内容的选择、教辅图书的编写方式和表现形式、教材和教辅图书售卖路径的变化、学生获取知识的渠道的多样化等。

三、这些问题、这些因素，已经引起了业界的关注

对于图书市场的考察、对教育和学习需求的引导、对出版选题和重点出版物的选择、对出版物表现形式的分析与设计、对纸质出版物与其他媒体的关系和互动等，越来越成为业界关注的重点。为此，不少教育类出版机构都设立了相关的研究部门，并努力通过各种形式加强与专业研究机构、教育培训机构和传播机构的合作，以期推出各种适宜的教育出版物，以求适应不断变化的学习需要和市场需求。

四、解决这些问题，我认为，要做到四个坚持

首先，要坚持以人为本、以学生为本，认真打造教育图书精品

教育是百年大计，教育图书需要精品和经典。目前，教育图书的品种还有很多缺档，现有品种的表现形式仍然比较单一，具有实证性质的教育调研比较缺乏，具备广阔视野和深入批判精神的教育研究比较有限，切实管用的高水平教育类工具书比较稀少，真正的精品、经典和再版率高的图书还不多。中外教育史、出版史上，有很多好的典型可资借鉴，比如，亚米契斯的《爱的教育》发表于 1886 年，到 1904 年已经超过 300 个版本，世界各国大都有自己的译本；1923 年，夏丏尊先生根据日译本和英译本译成中文，立刻风靡全国；20 世纪 80 年代又出版了完全由英译本转译的新译本，仍然成为畅销书；2002 年，人民文学出版社出版了根据意大利原版翻译的《爱的教育》，仍旧热销。再比如，我国古代的教材《龙文鞭影》《弟子规》《幼学琼林》等，一直畅销不衰。孟子说："观于海者难为水，游于圣人之门者难为言。"阅读的眼光决定阅世的眼光。如果我们不能为学生提供一流的教育读物，学生的知识素养和能力也就难以达到一流。因此，努力编写出版思想性、艺术性、知识性、趣味性兼备的，经得起时间检验的精品读物、经典读本，让学生从小就受到高尚的思想艺术熏陶和严谨的科学训练，不断提高学生基本素质，是我们编辑出版工作者的天职。

其次，要坚持教育为先、出版为教育服务，在发展教育事业的过程中壮大出版事业

大教育家同时也是大出版家的叶圣陶先生说过："编辑出版工作是教育工作。"党的十七大提出了"优先发展教育、建设人力资源强国"的要求，而教育读物则是提高教育质量、促进教育发展的一个重要环节。随着教育体制和课程教材改革的不断深入，随着文化体制改革的进一步推进，我们当代出版人，要努力适应教育发展的新要求，自觉投身教育变革的新实践，以出版改革服务教育变革。尽管教育图书也是商品，也需要利润，但决不能完全屈从于市场的喧嚣和浮躁。只有坚持教育为先、出版为教育服务，以新的教材、新的助学读物主动适应新的教育需要，才能在发展教育事业的过程中不断发展出版事业、壮大出版产业。

再次，要坚持出版创新，在创新中赢得主动、获得发展

教育图书的编写、审定、出版、发行者，应当更加积极主动地研究社会发展对于塑造新型人才的需要，更加自觉地研究图文读物、视听读物、数字出版物、手机阅读、网上阅读、网上知识检索、电子图书和电子商务等等新的获取知识的途径，通过内容创新、形式创新和传播方式的创新，改进出版、改进发行，打造适应时代需要、适应读者新的阅读情趣和阅读方式的，同时又能引导市场、引导读者需求的教育读物，促进社会学习，促进社会健康发展。

　　最后，要坚持资源整合、发行联合，在联合中共同发展

　　如何在教育图书出版物市场的激烈竞争中，寻求一条适应教育规律、市场规律的发展道路和经营模式，是眼下迫切需要破解的新课题。如何在国家相关政策的支持和鼓励下，有效地整合国有出版与民营发行之间、各地发行商之间等各方面的资源，探讨教育图书出版发行的有效途径，打造适应市场需求的新的业务合作方式、资本合作方式，打造新的合作平台，寻求两个效益的最大化，是摆在我们面前的新挑战。出好书，出好符合现代教育理念的教育读物，是我们义不容辞的职责。抓住机遇，完善经营，壮大教育图书的出版事业和市场规模，也是我们教育图书出版发行业界同人的共同追求。教育图书发行企业，是做好教育图书出版发行工作的骨干力量，影响着教育图书出版发行的质量和效果。我们要为着同一个目标，共同探讨问题，共同解决问题，以求共存共赢、共同发展。

　　期盼大家通过这次研讨会，深入研究、认真探讨、科学分析，找到最佳的解决方案，推动教育图书出版事业迈向新的台阶。

保重点　优结构　集约化　树品牌★

一、2008 年上半年工作总结

（一）出版物生产经营方面

根据各单位上报的数据统计，2008 年 1 ～ 6 月，集团出版图书 4270 种，其中，新书 1863 种，重印再版书 2407 种，重印再版率 56.4%。从图书的经营情况来看，包括新书和重印再版书在内，造货总码洋 13.9 亿元，总印数 5400 万册，发行码洋 10.4 亿元，销售收入 5.9 亿元。平均折算在单品种图书之内，单品种的平均印数 1.24 万册，造货码洋 32.57 万元，发货码洋 24.4 万元，销售收入 11.9 万元。单品种平均数反映出的情况，表明集团图书生产经营良好。但也可看出两个现象：一是产品结构面临进一步调整。集团单品种图书的平均定价达到 26 元，纸张等原材料涨价、造货成本升高的因素在集团图书中已有所反映。成本升高的因素

★　2008 年 7 月 31 日，在中国出版集团 2008 年上半年工作会议上的出版工作报告。

应该促使我们对出版结构进行优化和调整，更为科学地进行产品线布局和建设。二是营销工作需要进一步加强。集团上半年在途和库存占发行总码洋一半，回款和库存的情况比较严峻。

各单位上报的这些数据未必完全准确，实际的情况也许更好，这里提出来作为参考，还是要提请各单位注意。

以开卷公司的数据作参考，我们来看一下集团在全国零售市场上的表现。开卷公司目前提供的数据是 2008 年 1 月到 5 月底的，比集团内部统计数据少了 1 个月。开卷数据是基于对全国 342 个大中城市、1494 家书店、总共监测到的 130 多万个图书品种得来的，覆盖面比较广，参考性比较强。

按照开卷数据，从图书零售市场占有率来看，2008 年 1～5月，集团在全国零售市场的码洋占有率为 6.0%，尽管依然排名第一，比排名第二的吉林出版集团（码洋占有率为 3.1%）高出 2.9个百分点，与排名第二和第三（北京出版社出版集团 2.9%）的两家之和（6.0%）相同，但中国出版集团同比下降了 0.55 个百分点，而吉林出版集团同比增长 0.48%。集团 2007 年全年的码洋占有率为 7.1%，2008 年全年能否达到这个数值，值得高度重视。

从动销品种来看，1～5 月底，集团的动销品种 30600 种，动销品种占有率为 4.1%，排名第一，比集团 2007 年全年的 4.0%略有增长；但 1～5 月全国动销品种 75.3 万种，全国的同比增长是 4.8%，与之相比，集团图书的动销能力体现出稳中有降的状况。

从销售类别来看，集团在零售市场上销售的图书中，"老书"超过新书。从动销码洋分析，2008 年 1 ～ 5 月上市的新书占 9.7%，2007 年出版的图书占 24.1%，2007 年以前的书占到66.2%；从动销册数分析，1 ～ 5 月上市的新书占 9.6%，2007 年出版的图书占 22.6%，2007 年以前的书占 67.8%；从动销品种分析，1 ～ 5 月上市的新书仅占 5.4%，2007 年的占 12.3%，2007年以前的占 82.3%。

2008 年上半年，全国范围的图书销售是个什么状况呢？全国图书零售市场所有动销品种，1 ～ 5 月新书码洋占有率平均为 14.4%，比集团（9.7%）高 4.7 个百分点；销售册数平均为11.5%，比集团（9.6%）高 1.9 个百分点；动销品种平均为 7.4%，比集团（5.4%）高 2.0 个百分点。各项指标我们都低于全国平均水平。

这些数据说明了什么呢？第一，说明集团的市场占有率主要靠"老书"支撑，集团新书的贡献率不够。第二，说明集团图书从长远来看具有较强的生命力和竞争力，但对当前市场的影响力不够。第三，说明集团在坚持出版传统上有定力，但与市场新形势、新要求有一定距离，或者说集团图书的市场意识存在不足。第四，说明集团图书发展的下一个重点，不仅是巩固传统出版领域，还要通过各种手段，比如增加新书生产能力、强化新书的系列化和规模化，也包括通过挖掘潜在出版资源、并购出版社等手段来扩大图书的更新率。

开卷显示的图书更新率，我们也比较低。比如 1 ～ 5 月，文学类图书全国的品种更新率为 20.8%，集团为 7.0%；美术类全国平均为 13.2%，集团为 5.1%；人文社科是我们的强项，但全国更新率为 20.9%，我们仅仅 5.6%；音乐方面，全国为 6.9%，我们不过 3.3%。除了工具书门类高出全国平均水平外，其他门类都低于全国平均水平。

当然，分析上述情况，并不是单纯强调要大量生产新书，也不是要降低我们的图书重印率，更不是改变我们的精品战略或者降低我们的图书质量。毕竟，高达 56% 的图书重印再版率是中国出版集团的立身之本，是中国出版集团一枝独秀的根本因素，但同时也要看到，我们正面临着一系列的新课题，包括：在图书出版品种膨胀、市场日益"摊薄"、其他出版单位增势凶猛的情况下，应当如何应对的课题；坚持高质量、出精品的出版传统，与适应市场新要求、出版新节奏的课题；深入把握通货膨胀、纸张涨价等经济因素，加快集团产品线建设、优化图书结构的课题；充分发掘现有编辑出版人才的潜在能力、积极利用社会出版能力，努力创造图书出版新平台的课题；等等。

（二）方向导向管理和服务大局方面

坚持正确的政治方向、出版导向，是集团公司高度关注、反复强调的重大原则性问题，是集团工作的警戒线、生命线。总体来说，2008 年上半年，集团出版导向基本延续 2007 年以来的好势头，不仅保证了出版安全，而且在党和国家的一系列重大活动中表现突出，受到了上级领导的充分肯定，在全国出版界发挥了表率和示范作用。

1. 严格落实各项管理制度，加强组织协调工作

坚持严格履行重大选题备案制度、实行编校质量检查制度、常规化传达中宣部通气会精神制度等，同时实施全集团年度选题计划论证、出版专项资金项目论证；组织纪念改革开放30年、服务奥运会等重点项目集体讨论，组织申报向青少年推荐的"百种重点"图书、"农家书屋"推荐书目、参评中华优秀出版物奖等活动。

尤其是在配合抗击冰雪、反对"藏独"、抗震救灾、服务奥运会等等围绕党和国家工作大局方面，集团充分发挥了组织协调和指导作用，取得了良好的效果。中宣部《出版阅评》2008年5月27日登载《积极履行"国家队"职责，中国出版集团公司已推出多本抗震救灾图书》，5月29日登载《〈中国新闻周刊〉和〈三联生活周刊〉大篇幅报道四川抗震救灾斗争》，对集团的表现给予充分肯定。

2. 围绕党和国家工作大局，做好专题出版，表现突出

（1）围绕抗击冰雪灾害，各出版单位推出了一批重点图书，包括现代教育出版社推出了大型画册《冰雪突围》。

（2）围绕西藏"3·14"事件，在集团领导亲自指挥下，在中国大百科全书出版社、中国对外翻译出版公司的帮助下，三联书店用6天时间推出了《谎言与真相》，又用7天时间推出了《西

藏今昔（中英文版）》。两本书有力配合了反"藏独"活动，销量共超过 4 万册，社会效益和经济效益取得双丰收。两本书从编辑到出版的速度，也创造了三联书店的历史纪录。

（3）围绕抗震救灾，集团及时组织出版了 22 种出版物。中国大百科全书出版社用 16 个小时推出了《抗震救灾自助手册》，这是我国出版界在汶川大地震面前推出的第一本图书。世界图书出版公司也启动了《灾后心理援助 100 问》的策划与出版。集团所属报刊也发挥积极作用，如三联书店在第一时间先后派出 14 名记者奔赴灾区一线，《三联生活周刊》先后出版了 4 期专刊、专题报道。

（4）围绕纪念改革开放 30 年，集团从各单位策划的相关选题和设计的活动中，以"放歌 30 年"为总主题，选出 115 项重点选题和 16 项重大活动，从集团层面上给予重点关注和组织。图书选题方面，人民文学出版社的"纪念改革开放 30 周年原创文学精品书系"（10 种），中国大百科全书出版社的《国际体系中的中国角色》被新闻出版总署列入全国"纪念改革开放 30 周年百种重点图书"。活动方面，人民文学出版社的"我心目中的改革开放 30 年文学代表作"，受到中国作家协会、人民日报文艺部的高度重视并参与联办。人民音乐出版社的"放歌 30 年"大型音乐会和集团 30 年优秀出版物版本展将在 10 ～ 11 月份举行。

（5）围绕服务北京奥运会，集团公司组织了包括图书出版、新闻报道、渠道销售等"三大行动"。图书出版方面，有 39 种出版物，包括文学社的《五环旗下的中国》《福娃》《中国申奥亲历记》等，商务的《奥运汉语 30 句》，百科社的《奥林匹克百科全书》，美术总社的《丹青陶韵：二〇〇八中国著名画家陶艺挂盘》，中译公司的"听书版"《八月狂想曲》和《中华传统文化精粹（中英文版）》、世界图书出版公司的《奥林匹克文化丛书》和《汉英北京 2008 年奥运会、残奥会常用词语手册》等。新闻报道方面，集团争取到了 10 名奥运非注册记者的名额，《三联生活周刊》《中国图书商报》《新华书目报》《百科知识》等报刊进行专题报道。渠道销售方面，中图公司在北京奥组委授权下，经营 7 个奥运书报亭，得到集团支持，集团协调中图公司和各出版单位，将集团重点图书和奥运相关主题图书统一摆放在奥运书报亭，既展示集团的出版形象又扩大了销售品种。

这些围绕党和国家工作大局的重大出版活动，扩大了集团公司的品牌形象，产生了良好的反响。比如，集团联合华旗爱国者公司，由中译公司推出的"听书版"《中华传统文化精粹（中英文版）》（10 种）和原创长篇小说《八月狂想曲》，受到了刘云山同志的关注。

3. 在总署和集团各项管理活动中，表现突出

（1）在新闻出版总署组织的向青少年推荐的"百种重点图书"中，集团共有 12 种图书入选。

（2）在总署组织的"三个一百"原创图书中，集团初评入围 46 种。

（3）在总署组织的"农家书屋"书目征集中，集团共报选 50 种。

（4）集团第三届图书奖评奖中，获奖图书 44 种次。其中，综合奖 19 种，优秀选题奖 5 种，优秀编辑奖 4 种，优秀设计奖 5 种，优秀校对奖 5 种，优秀印制奖 6 种，优秀畅销书奖 5 种，优秀"走出去"奖 5 种。

（三）重大出版项目方面

第一种情况，集团公司直接主持和组织出版的项目

（1）《中国文库》（第三辑）顺利出版。3 月底，102 种平装本全部出版，加盟单位达到 34 家，是前两辑加盟出版单位数量的总和。《中国文库》作为集团的标志性出版工程，影响力愈发广泛，在 6 月份的韩国首尔书展上，《中国文库》作为中国政府的出版物赠送给韩方。

（2）研究并组织了《中国文库》第四辑和第五辑的编辑出版工作，根据目前的形势，可能会做出调整。

（3）启动了《世界历史文库》的设计策划工作。这是集团公司在《中国文库》之后直接主持的另一项出版工程，2008 年年初进行了市场调研，7 月底又召开了专家论证会，准备组织遴选、引进、翻译、出版世界各国国别通史，以及比较权威的洲际史、区域史、断代史、专题史等。由东方出版中心、商务印书馆和中国大百科全书出版社三家单位具体承担编辑出版工作。计划共出版图书 150 种，在集团"十一五"规划期之内（2008 ～ 2012）完成。

（4）启动了《"四个一批人才"文库》。这是由中宣部领导批准、中宣部干部局委托的出版项目，由集团主持，中华书局、中国美术出版总社和人民音乐出版社具体承担编辑出版工作。

（5）完成了《北大影响力》丛书。集团公司与北京大学宣传部联合组织，三联书店和世界图书出版公司出版了《先生之风》《发现北大》《大爱有行》《北大之精神》等图书，在胡锦涛同志出席北大110周年校庆之际出版。

（6）《名家30年访谈》书系和《名社30年》书系。这是集团为纪念改革开放30年推出的115个出版项目中的两项，集团公司统一组织，相关单位编辑出版。目前正在操作过程中。

第二种情况，集团公司投资、扶持各社出版的项目

集团还重点投资扶持了一批各单位的重大项目。比如：人民文学出版社的长篇原创文学基地项目，中华书局的"'二十四史'暨《清史稿》修订工程""中华民族巨人传"，中国大百科全书出版社的文源图华系列、《诗说中国》等，人民音乐出版社的《中国当代作曲家曲库》，现代教育出版社和人民音乐出版社共同承担、分别开发的"幼儿教材"项目。在集团公司的关注和督促下，在2008年上半年这些项目有了不同程度的进展。如人民文学出版社出版了一批长篇小说。人民音乐出版社联合培生公司开发的"兔宝宝"幼儿教材，属于全品种成系统开发，共有100多种，目前已经上市，部分产品销售上万册，随着市场培训开发，这套图书销售前景更加看好。集团的投资将能顺利回收。

第三种情况，各单位享受专项资金补贴的重点项目

这是集团下拨专项资金、各单位自行开发和独立操作的出版项目。自 2003 年以来，集团已经连续向各单位下拨"全国宣传文化出版资金"，用于扶持一些重点项目。截至 2007 年，下拨资金已有 8000 万左右。各单位专项资金补贴项目累加起来有近千种，有些补贴项目如《鲁迅全集》《中国当代长篇小说藏本》《中国儿童百科全书》等确实实现了预期目的；有些项目，则出版拖期、效益平平，个别单位甚至没能保证专款专用，应该完成的项目一再拖延，执行能力很差。2008 年上半年，集团对 2003 年的补贴项目进行了调研，摸清了一些情况，下一步将进行详细分析和项目验收。

（四）结构优化和产品线建设方面

结构优化，不仅是全国出版业实现科学发展必须解决的一大问题，也是中国出版集团必须认真对待的一个问题。集团的出版结构调整与优化，是以产品线规划和建设为基本抓手的。早在 2007 年 11 月份，集团召开了产品线规划研讨会，对集团设计的产品线规划方案进行了深入的交流和研讨，会后又根据大家的意见和建议，调整了方案并下发各单位，以便参照设计 2008 年的年度选题。2008 年以来，集团邀请开卷公司从全国零售市场的整体出发，从集团在全国零售市场上的竞争优势和产品特点、产品块状构成、产品线分布等出发，对集团产品线再次进行了调查和研究。开卷的报告显示出一个值得高度关注的问题，即集团主要

出版单位在某一领域内具有领军优势，但其优势有一种下降的趋势。比如整体零售市场占有率（市场码洋占有率）排名前100位的出版社，2006年集团有6家，2007年集团有7家，2008年1～5月又减到6家。其中，人民文学出版社由2007年的第5名降到第7名，商务印书馆由2007年的第3降到第4，世界图书出版公司由2007年的第20名降到第26名，三联书店由2007年的第93名降到了第109名。这些单位加上中华书局、商务国际、大百科，属于前100名之列；而美术总社、中译公司、人民音乐、现代社，则在前200名之内；东方出版中心则排名第250位，现代教育出版社位居第416位。当然，这是从整体零售市场说的。如果单从教材的销售看，我们的音乐社、美术社在各自专业教材领域仍旧名列前茅；如果从专业图书的渠道销售看，世图公司每年购权出版的数百种科技专业图书，在此类图书中也是名列前茅的。

为此，集团势必要进一步调整出版结构，在全集团要形成合理的产品线布局，各单位要按照全集团的产品线布局，强化专业出版、突出优势产品板块，让优势板块发挥出延伸和带动作用，促进专业优势的系列化、规模化发展。

集团产品线建设将以专项资金为杠杆，通过专项资金促进产品线内的重点项目，带动产品线的建设。对于2009年的专项资金安排，集团提出了"扶强为主、争取回报"的原则。就是说，要把有限的资金，集中投入到符合本社产品线规划、能发挥本社资源优势、能体现本社品牌特色的，有良好的双效益预期的重点项目、优势项目上去。如果说"补亏",也是补一时之亏损,图将来之盈利。在此基础之上,适当补贴具有很高学术价值的或者配合当前中心工作需要的项目。总之,集中力量办大事、不撒"胡椒面",主要针对项目本身权衡,少搞各社之间的平衡,将有限的资金投入到符合要求的重大项目中去。

总之,以专项资金为杠杆,以产品线建设为抓手,是集团优化结构的基本做法。

(五)重大推广活动方面

1. 读者大会

读者大会是出版业的一次创造性举措,是以读者为中心的一次盛大节日,也是提高全民阅读率、体现集团公司地位和影响力的一次重要的公益性活动。首届读者大会已于 4 月份在郑州成功举办,杨振宁、王蒙、梁晓声、阎崇年、马未都、蔡志忠等名家莅临,上千名读者参与,成为郑州书博会的最大亮点。今后,读者大会要连续办下去。

2. "双推计划"落地

2008 年 1 月份的北京图书订货会上,集团与 13 家大书城签署战略合作协议。这些大书城加盟到集团"双推计划"的活动中,成为集团重点推荐的畅销书、常销书重点销售书城,为集团"双推计划"的进一步推广奠定了良好的基础。

（六）出版创新方面

出版业面临着内容和传播方式数字化，以及经营集约化、多元化的转型。在巩固既有传统优势和传统模式的前提下，大力推进出版创新势在必行。2008 年上半年，集团在这方面进行了积极探索。

（1）集团公司与华旗爱国者签署战略合作协议，以集团传统出版资源为核心，结合华旗爱国者在"听书"方面的专利技术，以中译公司为试点单位，推出了"中版妙笔听书"两个系列的出版物，集团各单位负责同志参加了战略合作签约仪式和新产品发布会。随后，集团又召集各单位总编室主任，请华旗公司技术人员演示了"听书"的功能，为各单位的项目合作奠定了基础。这次合作，在集团层面上是战略方面的非独家合作，在各单位层面上则是具体项目的经济合作。集团公司下一步将在"经典诵读"方面，与华旗进一步合作，并探索成立有声点读出版物协会，通过经营协会和标准，来扩大双方的收益。

（2）集团同时在探讨"读者大会"和"双推计划"这两个概念，也是两个项目的经营工作。集团将通过市场招标的方式，将这两项无形资产、两项品牌性概念，交由专业公司去经营，一方面实现我们的预期目标，扩大影响力，另一方面力求让无形资产的经营取得实际的收益。

除了以上 6 个方面的情况之外，上半年与出版业务相关的一项重要工作是纸张业务整合。

(七）纸张印务整合方面

这方面的工作，在集团领导班子的大力推动和各出版单位的支持下，上半年有所突破。

第一，确定了中版联公司主要负责人。经过竞聘、考核、集团总裁办公会议和党组会议同意，中版联公司第二届董事会于3月17日召开第二次会议，确定了兰本立同志出任中版联公司总经理。

第二，纸张整合基本到位。集团公司成立专门的纸张印务整合工作小组，并于3月18日召开第一次工作会议，研究了整合的基本要求和方法、步骤。会后下发了《加快中国出版集团公司纸张和印务整合的通知》，明确要求各出版单位从4月开始，生产所用纸张必须全部通过中版联公司购买。目前纸张整合工作已基本到位。

第三，印刷装订实现全集团统筹安排。纸张印务整合工作小组邀请印务专家，对各出版单位上报的印装厂进行了认真的分析、筛选。4月23日召开了纸张印务整合工作小组第二次会议，结合专家的建议及整合工作的要求，确定印务整合要以"加强管理，提高印装质量"为目的，对各出版单位的印装情况进行统一掌控。4月24日下发了《中国出版集团公司关于印务整合的通知》，确定了第一批133家印装业务协作企业，明确要求各单位在这些协作企业范围内安排印装业务，保证印装质量。

第四，整合过程中也还存在一些问题。一个问题是个别出版社欠款严重，导致中版联公司资金周转困难；导致中版联公司对外资信度下降，价格谈判优势被削弱，影响进货价格；同时影响中版联公司拓展集团外业务。另一个问题是个别出版社的业务部门还在部分地自行进货，一定程度上使得全集团因纸张业务整合形成的价格谈判优势被分解、削弱。不管什么原因都不能允许。有什么问题解决什么问题。

这些问题，需要中版联公司和有关出版社一起，共同努力，尽快解决。大家一起，巩固整合成果，加速资金周转，扩大对外采购价格优势，降低集团内部造货成本。

二、2008年下半年出版工作重点

下半年出版工作的重点，就集团层面来说，主要包括以下6个方面。

(一) 坚持不懈地抓好方向导向管理

这方面，上半年整体情况良好。但现在看来，也有险情，全集团不敢有半点松懈。

(二) 抓好重大出版项目

(1) 做好《中国文库》(第三辑) 的发行工作。文库的发行，原由新华书店承担。根据目前的现实情况，改由商务印书馆承担。

（2）推进《中国文库》（第四辑）的组织出版工作。

（3）抓好《世界历史文库》的设计、选目、版权洽谈、组织翻译和第一批书目的编辑出版工作。

（4）完成中宣部《"四个一批人才"文库》第一批 20 位学者的 20 部著作和数十张光盘的出版工作。

（5）支持做好《中国大百科全书（第二版）》的宣传和市场推广工作。

（6）做好纪念改革开放 30 年重点图书出版和相关活动，尤其是《名家 30 年访谈》和《名社 30 年》两大书系，以及人民音乐出版社具体承办的"放歌 30 年"大型音乐会。

（7）推动《中华民族巨人传》第一批的出版。

（8）做好纪念新中国成立 60 年出版物选题的组织策划工作。

（三）抓好产品线建设

要与有关机构和出版单位开展交流和研讨，进一步完善、细化集团产品线规划，明晰产品线在各单位的分布；同时，要发挥专项资金的杠杆作用，细化对各单位专项资金项目的管理办法，有针对性地对一些单位的项目进行检查验收。

（四）开展期刊整合

设立试点，强化集约化经营和优势互补，鼓励和支持集团内有关各社联合办刊、联营期刊，就集团期刊的整体快速发展形成明晰的思路。

（五）改进并做好集团的"读者大会"和"双推计划"

通过邀标合作，开展好这两个品牌的经营服务，发挥更大的作用，同时产生效益。为提高"双推计划"实效，特别是鼓励畅销书出版，下半年开始对各社实际上榜的畅销书进行跟踪分析，争取双月公布、当期奖励。

（六）做好大型书展的参展工作

包括上海书展、北京图书订货会等。同时针对"农家书屋""万村书库"等政府采购，以及出版物上政府推荐书目、出版物评奖等，做好一系列的规划和攻关，把握主动。

突出百科主线　兼顾短中长线★

一、总体感受

选题工作会、讨论会这种形式，百科全书出版社坚持了 20 年，并能够不断完善深化，集思广益，取得了实效。听了十几个部门、十几位同志发言，感觉有实践经验，有调查研究，有诸多想法，有各自目标，有责任感，有自信心。归纳起来，百科社作为大社名社，有 4 个突出优势：一是责编优势。百科社部门多，专业多，品种跨度大，出版社是"全科"出版社，编辑室是"全科"编辑室，编辑人员还是"全能"编辑，普遍关注市场，懂得编印发。二是资源优势。可开发、可利用、可延伸的产品资源十分丰富，编一本人名词典，马上可找到基本线索，并且有一定的自主产权，门类齐全。三是企业文化优势。有民主作风，大家敢说、想说、抢着说、不拘形式地说，班子有凝聚力，团队有战斗力，部门多、

★　2008 年 11 月 10 日，在中国大百科全书出版社年度选题会上的讲话。

干部多、骨干多，主动想事的人多。四是品牌和社会影响优势。政治人物关注，学者名流支持，在读者中有较大影响。

当然，百科社也有自己的劣势：一是经济上底子薄，处于休养生息阶段，不敢或难以大投入，容易顾眼前，抓短平快；二是图书的外在风格不明显，品种略嫌庞杂，除了百科全书特色鲜明，其他图书总体上讲特色模糊；三是常销书多，畅销书少。

二、对选题本身的几点想法

总体上说，提了那么多选题和选题意向，都很好，社委会上提的四大板块，很及时，起了很好的引导作用。会后要进一步梳理，强化板块，突出产品线，在产品线中突出百科工具书这个主产品线——这是立社之本，是核心产品、优势产品、当家吃饭产品。

具体说，百科工具书要系列化，综合百科、专业百科、专题百科、成人百科和少儿百科系列开发；要规模化，不断配套，不断积累，争取累计几百个、上千个市场动销品种；要不断研发、衍生、延续；要加强统筹，目前是多部门编百科、多部门修订百科，需要一个部门统筹规划、统一设计。其他工具书，至少有两类要列入产品线，一是语言类工具书，二是学生学习工具书。

学术、教材教辅、大众读物这三个板块，大家思想很活跃，有些选题思路很好，但需进一步取向、定向，明确产品线。集团将根据各社情况和市场调研，进一步优化调整产品线，下发小册子。

三、对出版工作的几点想法

一是要坚持导向、坚持科学发展观，服务大局，服务信息时代知识需求的特点。二是要坚持精品战略，工具书是几年几十年大计，尤其要保证精品。三是要发挥资源综合优势，进行内容、形式、传播方式、结算赢利模式的创新。四是要用好政策，包括中央和集团的政策。五是要利用社会力量搞好社会合作，可以研究对知识出版社这个副牌社进行股份制改造。

有一段时间，百科社的出版规模仅次于商务，现在则低于商务、美术、音乐、三联、中华、文学、世图。精品是目标，规模是基础。希望百科社能紧紧抓住百科工具书这个主要产品线，挺拔主业、擦亮品牌；同时兼顾学术、教材教辅、大众读物的出版，兼顾短线、中线和长线产品，做大规模、做出效益。

发扬百年商务优良传统　服务学术文化基础建设★

　　商务印书馆在我国近现代出版史和文化史上所获得的良好声誉，主要来自于三项重要工作：一是新式教科书的编辑出版，二是古籍整理工作，三是翻译引进国外名著。其中第一项工作对开启民智、昌明教育意义重大，后两项工作则被视为学术文化事业的两大基础建设工程。尤其是《汉译世界学术名著丛书》，对我国许多学科的基础建设工作起到了重要作用，在读者中享有崇高声誉。

　　20世纪初，商务印书馆成立不久就开始积极介绍西学，传播新知，1902年就编译出版了"帝国丛书"，拉开了商务印书馆翻译出版外国哲学社会科学著作的序幕。到二三十年代商务印书馆的鼎盛时期，更是出版了"汉译世界名著丛书"200余种，在近代中国的思想启蒙运动中起到了重要作用，促进了各个学术领域的研究和教学的建设与发展。

★　2008年11月14日，在《汉译世界学术名著丛书》第11辑专家论证会上的讲话。

1982 年，为了纪念商务成立 85 周年，陈原主持编印了《汉译世界学术名著丛书》第一辑 50 种。1983 年、1984 年和 1986 年又先后出版第二辑、第三辑和第四辑各 50 种。陈原同志撰文指出："通过这些著作，人们有可能接触到迄今为止人类已经达到过的精神世界。这许多书的作者都是一个时代、一个民族、一个阶级、一种思潮的先驱者、代表者；他们踏着前人的脚印，开拓着新的道路；他们积累了时代文明的精华（当然有时亦不免带有偏见和渣滓），留给人们去涉猎，去检验，去审查，去汲取营养。"迄今这套丛书已印行 10 辑，其所收录的哲学、政治、经济、历史和地理等各类名著的中译本大都重印近 10 次，每种印数逾 10 万册，成为商务印书馆常销书、精品书的典型。

《汉译世界学术名著丛书》前 10 辑的出版工作，具有几个鲜明的特点：

一是高度重视科学规划，统筹安排。1958 年商务印书馆总编辑兼总经理陈翰伯同志亲自主持拟订了"哲学社会科学重要著作选译书目"，圈定图书 1614 种。1961 年，商务印书馆重新制订十二年翻译出版规划，对丛书出版工作予以规范。1984 年 11 月、1989 年 12 月、1994 年 4 月，商务印书馆又先后召开 3 次《汉译世界学术名著丛书》规划座谈会，与各有关学科的专家学者共商大计，落实选题。

二是高度重视选目工作。1984 年，邓小平同志作了"要用几十年的时间把世界古今有定评的学术著作都翻译出版"的重要指示。1989 年，胡乔木同志发来贺信，再次肯定《汉译世界学术名著丛书》是"对我国学术文化有基本建设意义的重大工程"，并就进一步拓宽名著选题、扩大译者队伍等问题提出不少具体意见。商务印书馆为贯彻指示精神，认真做好选目工作，广泛征求学界意见，还派考察组到日本听取出版界和学界的意见，四处寻觅世界学术名著的原书和日译本。

三是高度重视翻译质量。商务印书馆始终把这套丛书作为本单位的重点工程来抓，在译者遴选、编校质量、印装水平等方面全力以赴，为社会奉献了一套精品丛书。

对于目前正在进行的《汉译世界学术名著丛书》第 11 辑的编辑出版工作，我想对商务印书馆提出以下几点希望。

一是要把丛书的出版范围向当代学术领域扩展，使丛书体系更加开放，更能结合社会发展与受众需求。

二是要对丛书书目进行系统整理，并向社会公布，目前有不少读者反映市场上迄今没有权威的《汉译世界学术名著丛书》分类书目。

三是要在维护丛书品牌的前提下，创新品牌，开拓市场，做好丛书的营销工作。

四是要科学规划，多方论证，不但要对丛书的出版规模、出版节奏、出版结构做到心中有数，还要对既有图书的再版、修订有切实可行的规划。

五是要深入调研，广泛征求专家学者的宝贵意见和建议，做好专家资源的维护工作。

《汉译世界学术名著丛书》肇始于改革开放初期，既是改革开放的产物，也为改革开放提供了精神支持。2008 年论证第 11 辑是对改革开放 30 年最好的纪念。2009 年，是新中国成立 60 周年，中国出版集团、商务印书馆正在集中力量，组织策划出版向新中国成立 60 周年大庆献礼的重点出版物，《汉译世界学术名著丛书》计划全套重印，一次推出，这将是向 60 周年大庆献上的最好的文化大礼，是服务学术文化、推动改革开放的最好的精神大餐。

以原创为动力　打造出版新高地★

　　这次中国出版集团共有 15 种图书入选第二届"三个一百"原创出版工程。新闻出版总署原创出版工程对于促进原创精品的创作和出版，推动出版事业的发展和繁荣，增强中华文化的国际影响力具有非常重要的意义。下面，我基于出版实践，谈几点自己的体会。

一、原创是出版产业的灵魂

　　出版是将人类信息、知识、经验、智慧和文明成果加以记录和传播的基本途径。在古代，人们先后用龟甲、石器、竹简、丝帛、纸张来交流新信息、记录新经验、传播新知识、分享新思想。在西方文艺复兴时期，伏尔泰的天赋人权思想、卢梭的社会契约论、狄德罗的百科全书派等一大批原创思想通过出版界得以广泛

★　2009 年 1 月 9 日，在第二届"三个一百"原创出版工程表彰大会暨原创出版高层论坛上的讲话。

传播，将历史的天空照亮。工业革命开始后，科技工具不断刷新，生产力被空前激发，出版在推动社会财富积累、文明价值的传承上发挥了重要作用。

在我国近代，魏源作为"近代睁眼看世界的第一人"，在他出版的《海国图志》中向国人全面描绘了一个"华夏中心"之外的世界各国图景，打开了一扇放眼世界、胸怀寰宇的新窗户。1897年，商务印书馆成立，宣告中国近代出版的诞生；1898年，京师大学堂建立，开启了中国近代大学教育的先河。这两个中国近代文化史上的双子星座的诞生，拉开了开启民智、启蒙思想的历史序幕，进一步酝酿和促进了新文化运动的兴起和新思想的传播，有力地推动着传统中国向现代中国的转型。新中国成立后，"百花齐放、百家争鸣"的文艺方针，激发了《青春之歌》《红旗谱》《林海雪原》等一批原创长篇经典陆续诞生。"文革"时期，由于思想禁锢，失去了富有创造力的土壤，出版事业的百花园一片凋零。改革开放30年以来，人们的思考能力和创造活力空前迸发，出版业逐渐进入了空前的繁荣时期，出版品种由每年的几万种增加到每年的20多万种，出版载体由纯粹的图书出版拓宽为图书、音像电子、互联网、数字出版。

再看看国外，越是发达的国家和地区，其原创力越强；原创力越强，经济社会也越发达。以2004年为例，在美国，文化创意产业已经占当年GDP的21%；在日本，文化创意产业已经占当年GDP的18.5%；在韩国，文化创意产业已经占到当年GDP

的 15%。这表明，包括出版业在内的文化创意产业，作为日益快速发展的产业增长极，已成为一个极富经济效率和活力的新亮点。

在 20 世纪初，中华书局的创始人陆费逵曾经说过一段话："我们希望国家进步，不能不希望教育进步。我们希望教育进步，不能不希望书业进步。我们书业虽然是较小的行业，但是与国家社会的关系，却比任何行业为大。"陆费逵先生的话并非夸大其辞，而是深刻地洞察到出版业对文化传播、文明积累、国家繁荣、民族进步所起到的巨大作用。而人类文明史和世界各国的实际发展经验告诉我们，原创是出版产业发展的灵魂，是推动整个产业发展的原动力。

二、原创关系到我国出版企业的核心竞争力

内容是出版业的核心，出版创新首先是内容创新，内容创新的关键是原创能力的高低。媒体帝国维亚康姆公司的董事长萨默·雷石东认为，"内容为王"，媒介的价值核心就是内容，媒介制胜的关键在于制作和获得最好的内容，树立内容的品牌且将其尽可能应用于不同的平台，以及保护有品牌的内容版权。在这一理念的指导下，该公司最注重的就是打造和收购优秀的内容提供商，而不是媒介产业投资者看好的网络运营公司。可见，内容的原创能力作为出版企业的生存之本，不仅表现了一种追求卓越、崇尚创造的文化理想，更体现出一种人无我有、人有我新的核心

竞争力。

在出版流程中，出版物内容的创造过程是一个独特的个人化行为，相对不大容易被复制模仿，而这恰恰是决定出版产业是否具有核心竞争力的基本条件。中国出版集团公司旗下的一些知名出版品牌之所以常葆青春，关键在于它们有着自己的原创作品和独特的原创能力。例如，商务印书馆有《辞源》《现代汉语词典》，人民文学出版社有《鲁迅全集》《平凡的世界》，生活·读书·新知三联书店有《万历十五年》《洗澡》，中国大百科全书出版社有《中国大百科全书》等。相反，现在市面上一旦某种畅销书出现，便立即有跟风模仿甚至剽窃盗版之作，这些跟风之作、粗制滥造之作只会削弱出版社的核心竞争力。

三、原创关系到出版产业的国际竞争力

尽管这些年我国的对外版权贸易逆差状态在不断缩小，但不可忽视的是，我们输出去的多为传统文化经典和语言工具书，而表现当代中国人最新的富有创造性的思想文化成果的作品还是凤毛麟角。虽然这和西方文明一直占据主导地位的国际话语体系有关，但根源还在于我们的原创作品偏少，原创能力不够强。可见，原创关系到出版产业的国际竞争力。近十几年来，面对知识经济的冲击和互联网时代的到来，发达国家、新兴工业化国家和地区在开展"知识经济高地"的战略竞争的同时，也在"文化高地"

开展新一轮竞争和博弈。英国和韩国制定了"创意英国""活力韩国"的文化发展战略，日本、法国、西班牙等国也正加快其语言宣传推广计划，以扩大其文化的国际传播力和影响力。面对这样的国际文化环境，中国的出版产业不仅需要从传统文化和西方文明中汲取有益的思想资源，将其"创造性转化"；更需要自立图强、大胆首创、多出原创，用当代人的智慧和眼光创造出新的文化经典和学术精品，铸就属于我们自己的新"文化高地"和"出版高地"，增强我们在国际话语体系中的话语权和影响力。2008年12月6日和16日，中共中央政治局常委李长春同志先后两次视察中国出版集团公司，指出要把集团公司打造成为"国际一流的文化企业"，而实现这一宏伟目标的根本要求就是创新。

四、不断提高出版产业的原创能力和水平，打造出版新高地

党的十七大报告提出要建设学习型社会和创新型国家。我们必须在建设学习型社会中，通过体制创新、机制转换、内容创新，培育首创精神，提高出版产业的原创能力和水平。我的体会是要做到以下七点。

第一，关注社会发展新趋势，关注学科发展新动态，创新题材和内容，积极寻求原创作者。我们正处于知识经济时代和信息社会，社会发展的新热点瞬息万变，学科发展的新动态层出不穷，技术革命的新浪潮一波又一波，这给出版业创造了很多原创出版

机会。面对新的"创业热"，面对数字黑屏事件，面对金融危机，我们都要不断提高敏锐性和反应力，发现新题材、新内容，聚集新作者、新朋友，推出新的原创作品。

第二，关注新的阅读需求、阅读方式和阅读情趣。举两个例子，一个是中华书局的《于丹〈论语〉心得》，另一个是《百家讲坛》。《于丹〈论语〉心得》之所以达到 500 万册的销量，是因为它抓住了普通读者想以通俗方式了解和掌握传统文化经典的新需求，抓住了读者对新颖的叙述方式和传播方式的期待。再如《百家讲坛》，创办初期讲了很多像清史、明史这样的宏大历史题材，后来又转变到关注个体健康、个体生命的体验和心灵追求，开始评说李清照、苏东坡、李煜等人的诗词故事。这是它在发现新的阅读情趣后做出的同步调整。

第三，开展多种出版营销活动，营造尊重原创精神的浓厚氛围。中国出版集团公司在业内首次发起的"畅销书推广计划"和"常销书推荐计划"，旨在通过系列整合营销活动来带动原创作品的出版。在从集团公司当年出版的 8000 多种出版物中，遴选出 30 种获得年度畅销书奖和常销书奖的重点图书时，我们会优先评选原创类作品或者创新精神突出的图书。最近两年，通过"双推计划"推出的获得"五个一工程奖"和中国出版政府奖的《笨花》《长征》《藏獒》《历史的天空》《中国戏剧史图鉴》等，都是原创类文化精品。

第四，克服浮躁和盲目，保持一分耐心和宽容。原创作品往往并非一蹴而就，这就需要我们的编辑多一份耐心和宽容。古人云："试玉要烧三日满，辨材须待七年期。"春华秋实总是需要季节的更替，雕梁画栋总是须要精心的镂刻，罗马古城也不是一天建成的。《白鹿原》一书从作者开始有朦胧的写作意向，编者就给予关注和支持，直到正式出版，前后经历了近20年。在此期间，人民文学出版社的责任编辑何启治先生，长期联系、鼓励和支持陈忠实先生。经过一番精心酝酿、潜心冶炼、反复煅烧后，终于烧出一窑绝代好瓷。

第五，要加大投入，建立原创作品激励机制。集团公司在每年的专项资金中对重点原创作品特别给予扶持。近几年来，集团每年投入的资金平均都有1000多万元。2007年，集团公司在人民文学出版社设立了原创长篇小说创作基地，对原创小说的出版和创作给予资金支持，该基地已经出版《农民帝国》《国运——南方记事》《泥太阳》等有影响的原创作品。三联书店与哈佛燕京社合作，共同出资设立了"三联·哈佛燕京学术丛书"出版基金，已经推出了《论可能生活》《法律的文化解释》等130多种具有重要文化积累价值的有影响力的原创学术著作。

第六，要立足长远，统筹布局，合理规划。原创作品的出版不是一朝一夕之事。近两年，中国出版集团公司在经过大量调研后制定16条一级产品线和几十条二级产品线，把原创作品的出版纳入产品线建设重点目标，对原创作品的出版、发行、宣传加以统筹安排和规划，以更好地挺拔主业、优化结构、增强竞争力。

第七，要处理好继承和创新、新版书和再版书的关系。鼓励创新和原创，并不意味着要抛弃传统。原创是继承传统的原创，传统是原创的基础。新版书和再版书也是同样的道理。近几年来，集团公司的重印再版率一直在 55% 以上。根据我们的产品线建设思路，要求各出版单位确保图书更新率 50% 以上，要通过出版新作来不断推出原创精品。2009 年，集团公司围绕庆祝新中国成立60 周年开发了 800 多种重点选题。除了献礼类图书外，集团公司着重开发了原创类图书 140 多种，而将编创类图书限制在 100 种左右。

总之，我们要以原创为动力，提高原创内容的质量，推出更多更好的原创精品，努力打造新时期的"出版新高地"，为增强我国出版企业的文化竞争力，提高我国文化软实力，推动社会主义文化大发展大繁荣作出贡献。

围绕大局　挺拔主业　优化结构　推精荐特★

一、坚持导向保证方向，做好出版管理和服务工作

严格履行重大选题备案制度、中宣部通气会精神传达制度、出版物编校质量管理制度、出版物审读办法等各项规章制度，及时传达贯彻党和政府有关出版政策。在此基础上，重点要做好两个备案、四个申报、两个评奖。两个备案——一是书号实名制审核、备案，二是出版单位和报刊年检登记、备案。四个申报——一是国家出版专项资金申报，二是中宣部"五个一工程奖"申报，三是总署"向青少年推荐书目"申报，四是总署"'三个一百'原创出版工程"申报。两个评奖——一是集团第三届报刊奖复评暨颁奖，二是集团第四届图书奖评选暨颁奖。

为适应集团结构调整、战略重组的新形势，提高管理效能，集团公司的出版管理和服务要扁平化，其直接管理对象一般包括

★　2009 年 2 月 12 ~ 13 日，在中国出版集团 2009 年度工作会议作出版重点工作概述。

16 家，即 11 家作为集团成员单位的出版社、报社，加上世界图书出版公司、现代出版社、商务印书馆国际有限公司、荣宝斋出版社、新华书目报社 5 家。

二、围绕中心服务大局，隆重纪念新中国成立 60 周年

围绕中心服务大局是集团的优良传统，2008 年做得非常好。2009 年，要继续做好上海世博会出版、翻译服务项目，支持 BIBF 主宾国参展活动，应对各种重大的阶段性出版任务；要探索建立专门的应对中心任务的机构和机制。在此基础上，特别着重做好隆重纪念新中国成立 60 周年的出版工作和出版活动。这类出版项目已初步列选 744 种，其中原创类 114 种，编创类 87 种，献礼类 543 种。重点要加大 200 种左右的原创类、编创类选题的开发、出版力度，重点支持落实文学社的长篇文学原创基地系列文学作品（《解放战争》《朝鲜战争》《中国石油》等）、《新中国 60 年 60 部文学代表作》等，商务的《汉译世界学术名著丛书（典藏版）》等，中华书局的《中国古籍总目》等，百科社的"共和国档案系列丛书"《中华人民共和国历史百科全书》等，美术总社的《20 世纪革命画卷》《庆祝建国 60 周年画库》，音乐社的《国韵华章》，三联的《共和国部长访谈录》《亲历者的记忆:协商建国》等，世图的《中华人民共和国大事典》《邮票上的新中国》《中国民族百科全书》等，现代社的《创新年代丛书》《红色旅游丛书》等。

这些出版项目，主要由集团公司督促落实，各单位具体组织出版，争取在 9 月之前陆续完成出版任务，并开展相应的出版活动，形成出版高潮。这里面，有的项目（如《中国民族百科全书》），内容敏感性高，部头大，编辑难度大，要高度重视，不能掉以轻心。

三、挺拔主业抓好精品，大力推动标志性出版工程

在支持各单位抓好精品出版物、品牌出版物的基础上，重点抓好 12 大标志性出版工程。一是《中国文库》（第四辑 100 种）的出版和后续各辑的准备。二是《世界历史文库》第一批的出版和第二批的准备（第一批，由东方出版中心、商务、百科社三家联合出版，9 月底之前至少要出版 30 种）。这两个文库也是集团公司主导的新中国成立 60 周年献礼项目。三是《中国大百科全书（第二版）》加紧出版。四是"'二十四史'及《清史稿》修订工程"的推进。五是《汉译世界学术名著丛书（典藏版）》（400种）的汇编出版。六是《辞源（修订版）》的修订出版。四、五、六这三项，属于"老树开新花"。七是中国长篇文学原创基地的建设和丛书的出版，八是现当代漫画基地的建设和丛书的出版。七、八这两项，属于"自己种庄稼"。九是《任伯年全集》的出版。十是《中国当代作曲家曲库》的连续出版。十一是"三联·哈佛燕京学术丛书"的连续出版。十二是"三千工程"引进出版。十、十一、十二这三项，属于"新菜装旧筐"。

此外，《"全国宣传文化系统四个一批"人才文库》和《中华民族巨人传》（第一批，5～10 种）的出版，是中宣部直接关注的，要加快进度。

在优化出版结构的基础上，继续做好产品线规划和建设工作。

从各单位 2009 年度选题计划来看，产品线的观念已经深入人心，为各单位广泛接受。集团公司将产品线作了进一步的细化，一级产品线由 15 条改为 18 条，产品线级次由两级扩展为四级。产品线是一类、一组相关产品的集合。细化产品线，目的是促使出版单位以产品线布局项目，于综合中见专业，专业中见精特，形成合理、系统、规模、多样的梯次结构，从而提高出版项目的附加值、出版单位的竞争力。围绕产品线建设，2009 年集团公司将重点做好 4 件事：一是以各单位 2009 年度选题计划为对象，由集团公司出具各单位产品线建设指导报告，供各单位参照；二是请各单位对照、研究本单位的产品线建设情况，集团公司将在二季度初召开第二次产品线建设工作会议；三是从产品线角度研究、加强文化普及类读物、理论普及类读物、"走出去"读物、农村读物、动漫产品等类产品的组织生产；四是集团公司出版专项资金向产品线建设和对应的优势产品倾斜。

四、加大期刊、音像电子出版物的规划和经营力度

重点是做两件事：一是一季度召开集团公司第二届期刊工作

会议，试行集团期刊等级评估，促进期刊的合作经营和期刊社的实体化经营；二是召开集团公司音像电子出版专项会议，研究制订音像电子出版的发展措施。

五、组织营销推广活动，做好各类参展工作

要围绕研究出版物再版率／新书率、动销品种数／动销品种占有率、市场占有率、经济贡献率、社会影响率、国际传播率等指标，重点要做好以下4方面工作：一是继续做好"双推计划"，重点是扩大"双推"的品牌影响力，增强"双推"的营销有效性；二是做好4月份的第二届"读者大会"，将与山东出版集团联合主办，已列入总署全国书博会的十大重点活动；三是大力支持各单位参加"农家书屋"等政府采购；四是组织各单位参加各种会展，包括"庆祝新中国成立60周年出版成就展"、第十九届全国书博会、法兰克福主宾国书展、2010年北京春季订货会等一系列出版活动。

把好关　出好书　发好声　选好人★

一、坚持导向，保证方向，做好出版管理和服务工作

严格履行重大选题备案制度、中宣部通气会精神传达制度、出版物编校质量管理制度、出版物审读办法等各项规章制度，及时传达贯彻党和政府有关出版政策。在此基础上，重点要做好两个履行、两个备案、三个申报、两个评奖。

1. 两个履行

一是认真履行新闻出版总署《关于进一步加强和改进重大选题备案工作的通知》要求，组织图书出版单位开展自查工作。检查发现，集团 14 家图书出版单位都没有违反重大选题备案要求，认真履行了 39 种重大选题立项、备案及其他相关备案工作。二是认真履行新闻出版通报预警制度，及时向有关报刊单位传达新闻通气会精神，对苗头性问题及时预警、及时打好招呼。2009 年

★　2009 年 6 月 29 日，在中国出版集团公司 2009 年上半年工作会议上的出版工作报告。

上半年，集团报刊没有出现导向违纪案例。

2. 两个备案

一是书号实名制审核、备案，全面启动书号实名申领工作。截至 2009 年 6 月初，各图书出版单位已在网上申报选题 1559 个；出版部批复核准选题 1553 个，其余 6 个选题因涉及重大选题暂未核准。二是出版单位和报刊年检登记、备案，目前集团 45 种报刊已全部通过年检。

3. 三个申报

一是完成总署"向青少年推荐书目"申报项目，有 4 种图书入选，包括人民文学出版社的《中国当代获奖儿童文学作家书系（第二辑）》《福娃》，中华书局的《中国美术鉴赏十六讲》，东方出版中心的《走进世博会：世博历史 150 年》。

二是完成总署"'三个一百'原创出版工程"申报，有 15 种精品图书入选，包括文学社《中国情韵丛书》《福娃》《启蒙时代》《刺猬歌》《无土时代》，商务《亲历出版 30 年：新时期出版纪事与思考》《中国山区发展报告：中国山区聚落研究》，中华书局《复活的历史：秦帝国的崩溃》，百科社《中国儿童好问题百科全书》，美术社《中国工艺美学史》，音乐社《圣火 2008》《21 世纪中国音乐学文库》，三联书店《美源：中国古代艺术之旅》《呼唤法治的市场经济》，荣宝斋出版社《潜在与显现：雕塑草稿研究》等。

三是完成"第二届中华优秀出版物奖"申报，有 16 种优秀出版物获奖，包括文学社的《有爱相伴：致 2008·汶川》《穆旦诗文集》，中华书局的《于丹〈论语〉心得》，美术社的《九如堂古陶瓷藏品》《抗击冰雪 心系人民——新闻摄影展作品集》《抗震救灾 众志成城——5·12汶川大地震纪事系列连环画》，百科社的《中国中学生百科全书》《QQ飞车》《寻仙》《抗震救灾自助手册》，现代教育社的《冰雪突围——2008抗击冰雪大纪实》《台湾文学史》，世图的《哲学要义》，东方的《中国馆藏满铁资料联合目录》，人民音乐电子音像出版社的《我们永远在一起》，中国科学文化音像出版社的《粉墨是梦》。

4. 两个评奖

一是完成集团第三届报刊奖复评，复评评出29个获奖项目；二是集团第四届图书奖初评和复评，复评评出69个获奖项目，连同荣誉奖、特别奖，正待集团总裁班子最后确定。

二、围绕中心，服务大局，隆重庆祝新中国成立60周年

围绕中心、服务大局是集团的优良传统，2008年做得非常好。

2009年，东方出版中心、中译公司等单位围绕上海世博会，出版了10余种重点图书，承担了一系列翻译服务项目，获得良好反响。

在此基础上，集团特别注重做好庆祝新中国成立60周年的出版工作。经过多方沟通和协调，在新闻出版总署公布的"庆祝新中国成立60周年百种重点图书"选题名单中，全集团有14个

项目入选——集团公司的《中国文库·新中国 60 年特辑》，文学社的《鲁迅大辞典》《开国》，商务的《汉译世界学术名著丛书（典藏版）》，中华书局的《新中国 60 年文化经典珍藏文库：中国古籍总目》，百科社的《中华人民共和国历史百科全书》《历史性的飞跃——共和国 60 年科技事业发展史》《共和国 60 年社科理论发展史》《中国大百科全书（第二版）》，美术社的《中国美术 60 年》《新中国出版 60 年》，音乐社的《童音 60 年——新中国儿歌集》，三联的《亲历者的记忆：变革时代》，世图的《邮票上的新中国》。

在新闻出版总署公布的《辉煌历程——庆祝新中国成立 60 周年重点书系》名单中，全集团公司共 4 个出版项目入选——百科社的《飞天圆梦：共和国 60 年航空航天史》《共和国 60 年文化发展史》，三联的《亲历者的记忆：协商建国》，音乐社的《国韵华章：新中国音乐 60 年》。

以上两个名单的入选总数均名列全国前茅。目前，上述 18 项重点项目，以及列入集团重点的其他 100 多种原创作品、600 多种相关作品，都在稳步推进之中。比如文学社的《开国》《解放战争》《新中国 60 年 60 部文学代表作》，百科社的《中华人民共和国历史百科全书》等，美术社的《20 世纪革命画卷》，三联的《共和国部长访谈录》，现代社的《创新年代丛书》《红色旅游丛书》，等等，主要由各单位具体组织出版，集团公司督促落实，争取在 9 月之前陆续完成出版任务，并开展相应的出版活动，形成出版高潮。

集团已实行强化选题进度月报制度、严格重大选题备案制度、实行项目负责人制度等三项制度，来确保这些重点出版项目的进度和质量。

三、挺拔主业，抓好精品，大力推动标志性出版工程

2009 年上半年，全集团 14 家图书出版单位计划出版新书 4743 种，其中，国家级重点图书 112 种，国家"十一五"规划重点图书 78 种，古籍整理"十一五"规划重点图书 40 种，集团及社级重点图书 800 种。在国家"十一五"规划重点项目中，上半年还申请增补 2 个重点项目：一个是中国大百科全书出版社增补《台湾百科全书》选题，目前已列入国家"十一五"规划项目之中。另一个是商务印书馆拟出版的"数字印刷《四库全书》"，正在申请列入国家重大出版工程。

2009 年 1～5 月，全集团的动销品种数 31261 种。其中，动销品种占有率 4.0%，国内零售市场占有率 5.7% 左右，继续排全国第一，分别较大幅度领先第二名吉林出版集团（1.7%、1.9%）。但是，这种领先差距正在缩小，应当引起我们高度警觉。

在支持各单位抓好精品出版物、品牌出版物的基础上，重点抓好 12 大标志性出版工程的出版进度。

一是《中国文库·新中国 60 年特辑（第四辑）》。计划出版

100 种，目前已联系并基本确定 106 种图书的版权，加盟出版单位超过 35 家，其中，集团内出版单位 9 家，集团外出版单位 26 家。9 月份可推出 60 种图书的平装版。

二是《世界历史文库》。该项目 2008 年年底开始启动，是一套世界重要国家的引进版国别史丛书。计划出版 80 种。2009 年 9 月预计出版 30 种，到 2010 年年底全部出齐。

这两大"文库"也是集团公司主导的新中国成立 60 周年献礼项目。

三是《中国大百科全书（第二版）》。已经正式出版，已经发行订货 1 万多套，完成销售 3000 多套。

四是"二十四史"及《清史稿》修订工程。6 月 10 日召开了第三次修纂工作会议，目前进展顺利。

五是《汉译世界学术名著丛书（典藏版）》。正陆续推出。

六是《辞源（修订版）》。修订出版正在进行中。

七是中国长篇文学原创基地丛书。已经出版了《河岸》《天行者》《酒楼》《西征记》《问苍茫》等 5 种，《解放战争》《决战南京》《空山（三部曲）》《首席记者》《破茧》《商小说（4 部）》等 7 种，正在编辑出版过程中。

八是现代社的漫画基地的建设和丛书的出版。已经出版 113 种，其中新书 68 种，重印再版 45 种。

九是《任伯年全集》。系人民美术与天津美术合作，正在积极组稿和照片拍摄过程中，年底可正式出版。

十是《中国当代作曲家曲库（第三批）》。已经出版 27 本，2009 年计划出版 3 本，正在编辑加工中；与其内容对应的"当代作曲家音乐会"，2009 年 9 月 9 日将在中国大剧院举行。

十一是"三联·哈佛燕京学术丛书（第 13 辑）"。第 13 辑共 5 种，有 3 种正在编辑出版中，11 月前出版。

十二是"三千工程"。2009 年上半年引进出版 50 多种图书。

此外，还有《全国宣传文化系统"四个一批"人才文库》。该项目为中宣部干部局项目，包括学术著作和文艺类音像制品两大类。目前，10 位专家的 20 部学术著作已经出版，7 位艺术家的音像作品预计 2009 年年底可完成。

四、加大报刊、音像电子出版物的规划和经营力度

除了常规的新闻通气会制度，新发、换发集团 2009 年新闻记者证之外，围绕报刊工作重点做了三件事。

一是强化报刊导向管理工作。2009 年 1 月 19 日和 2 月 27 日，先后两次召开报刊专题工作会，传达全国新闻出版局长会议精神和全国报刊会议精神，传达中办 27 号文件和总署 114 号文件精神，责令有关单位对照文件精神认真查找问题、制定整改措施，并向中宣部和新闻出版总署上交报告。

二是在 6 月 23～24 日，召开集团第二次报刊工作会议，分析、讨论了集团报刊经营发展中的优势和劣势，出台了 6 大新举措加

大报刊改革发展力度，按照重塑市场法人主体、加大结构调整力度、拓宽投融资渠道、加强队伍建设、试行集团期刊质量等级评估等基本思路，努力使报刊发展成为集团出版主业的新的经济增长点。

三是开展集团外报刊的接纳工作，对《今日信息报》开展调研并申请办理有关主管单位变更手续。

五、组织营销推广活动，做好各类参展工作

2009 年上半年，成功组织了四项出版活动。

一是参加北京春季图书订货会，成功主办了"中国出版集团双推计划年度优秀图书颁奖会暨媒体、经销商答谢会"。

二是参加第十九届全国图书交易博览会，举办了第二届"读者大会"，王蒙、张海迪、易中天、阎崇年等出席大会并与现场500 多位读者交流。此次读者大会成为第十九届全国图书交易博览会期间受关注度高、效果好、人气旺、影响大的活动，在业界及当地产生了广泛影响。在此期间，集团公司还向济南市区大中小学、革命老区的学校捐赠了 55 万码洋的图书。此前，集团公司还向四川省凉山彝族自治州的麻风村捐赠了 2 万元图书和两台电视机。

三是认真做好"双推计划"的日常信息统计与发布工作，增强"双推"的营销有效性。

四是积极参加 10 多个省市的"农家书屋""职工书屋"和中小学馆配等政府采购，采购金额 3500 万码洋。

六、加强制度建设，构建高端智力资源库

下发了《关于进一步加强作者资源建设的指导意见》《中国出版集团公司顾问委员会章程》；重新修订了《中国出版集团公司图书奖评奖标准》《中国出版集团公司报刊奖评奖标准》《中国出版集团公司"双推计划"实施办法和评选细则》和《中国出版集团公司出版物审读实施办法》等。从出版业务角度，参与了集团三年"双效"业绩考核社会效益指标体系的设计，以及重大出版项目完成率指标的设计。

为凝聚作者队伍，多出好书，集团公司组建了高端智库（智囊团）——中国出版集团公司顾问委员会，并先后于 2009 年 4 月 9 日和 6 月 5 日，召开了出版顾问委员会、学术顾问委员会成立大会。邀请了宋木文、丁友先等 28 位在出版界德高望重的老领导、老专家担任出版顾问，袁行霈、冯其庸等 80 位在学术界卓有建树的著名学者担任学术顾问，参与集团公司重大出版项目的论证，为集团具有全局性、战略性的问题开展调查研究，提供信息、意见和建议。

荟萃优秀书刊　创造出版辉煌★

第四届中国出版集团图书奖和第三届中国出版集团报刊奖，分别于 2009 年上半年和 2008 年下半年评选完毕，并报集团公司总裁办公会议审定通过。图书奖共评审、确定了 11 个奖项、126 种获奖出版物；报刊奖共评审、确定了 6 个奖项、29 种获奖出版物。今天的颁奖会议要颁发的，是图书、报刊两大类共 17 个奖项、155 种获奖出版物，这些出版物包括近两三年出版的图书、音像电子出版物、期刊和报纸。

现将有关情况分别介绍如下。

一、第四届中国出版集团图书奖

（一）奖项设置及调整情况

1. 在总结前三届评奖经验的基础上，结合集团全面发展出版

★　2009 年 7 月 31 日，在第四届中国出版集团图书奖和第三届中国出版集团报刊奖颁奖会议上的讲话。

业务板块战略的实施需求，第四届集团图书奖将音像制品和电子出版物纳入了评奖范围，增设了"优秀音像电子出版物奖"，从而使集团主要出版物类别全部纳入了评奖范围。

2. 为鼓励各出版单位能够在围绕大局、服务中心工作方面作出更大贡献，提高各单位配合党和国家重大活动的积极性和创造性，增强我们作为国家出版主力军的政治意识、大局意识和责任意识，第四届集团图书奖增设了"特别奖"。

3. 在听取前三届专家评委的建议和广泛征求各参评单位意见后，调整增加了优秀选题奖、优秀编辑奖、优秀畅销书奖3个单项奖的获奖名额，以上三项的获奖名额都由5个增加到了8个。

综上所述，第四届集团图书奖共设置11个奖项，分别是：荣誉奖、综合奖（集团图书奖）、特别奖，加上8个单项奖——优秀选题奖、优秀编辑奖、优秀设计奖、优秀校对奖、优秀印制奖、优秀畅销书奖、优秀走出去奖、优秀音像电子出版物奖。

（二）各单位报评情况

第四届集团图书奖评奖工作于2009年3月底正式启动。评奖工作开始以来，各单位表现了很高的热情，非常重视、参评踊跃，积极推荐本社的精品出版物参评。各单位都普遍把集团图书奖评奖结果视作本单位业绩考评的重要指标；参评材料较往届更整齐、完备，能认真做好专家推荐和质检自查工作。截至2009年4月上旬，评奖办公室共收到各单位推荐的参评图书 165 种、音像电子出版物 7 种。

（三）评选程序和评奖方式

按照评奖方案的规定，评奖办公室于 2009 年 4 月 13 日开始了全部参评图书的编校质量检查工作，分别从人民文学出版社、商务印书馆、中华书局及北京出版社、首都师范大学出版社等出版单位聘请了 24 位校对专家进行审校。2009 年 5 月 10 日，图书编校质量检查工作结束，此次质量检查的结果是参评图书中共有 21 种图书差错率超标，为不合格产品，占总参评出版物的 12.7%，按照评奖方案的规定，不能入围参加评奖。遗憾的是，编校质量不合格的图书涉及 12 家出版社，几乎各家都有不合格品；其中，有的在内容方面非常好，有的书在社会上影响很大。

最终，有 144 种图书编校质量合格，进入集团图书奖评奖程序，其中：参评综合奖的 29 种、参评优秀选题奖的 20 种、参评优秀编辑奖的 19 种、参评优秀设计奖的 21 种、参评优秀校对奖的 15 种、参评优秀印制奖的 16 种、参评优秀畅销书奖的 17 种、参评优秀走出去奖 7 种、参评优秀音像电子出版物奖的 7 种。

按照评奖工作的既定部署，评奖办公室将参评样书及推荐材料于 2009 年 4 月 30 日分送至各位初评委，由各初评委在 2009 年 4 月 30 日～5 月 20 日进行了图书奖的初评工作。各位评委都认真、细致、严格地对送评的出版物进行了分析评介，客观、公正地填写了自己的评审意见。

作为落实学习科学发展观整改措施的一项，此次评奖，集团采取了初评会议和复评会议接续召开的方式，大大缩短了评奖周期，提高了评奖效率，节约了评奖成本。评奖办公室组织初评委于 6 月 16～17 日两天，采取分组讨论和集中开会评审的方式，本着公开、公平、公正的原则，评出了入围"复评"的出版物 91 种，分别为综合奖 24 种、优秀选题奖 11 种、优秀编辑奖 12 种、优秀设计奖 6 种、优秀校对奖 8 种、优秀印制奖 7 种、优秀畅销书奖 12 种、优秀走出去奖 5 种、优秀音像电子出版物奖 6 种，并提交复评委评审。

评奖办公室组织复评委于 6 月 18～20 日三天，采取分组讨论和集中评审的方式，本着公开、公平、公正的原则，评出了获奖出版物 69 种，分别为综合奖 20 种、优秀选题奖 8 种、优秀编辑奖 8 种、优秀设计奖 5 种、优秀校对奖 5 种、优秀印制奖 5 种、优秀畅销书奖 8 种、优秀走出去奖 5 种、优秀音像电子出版物奖 5 种，并已提交集团总裁办公会审定通过。

遵照评奖方案的规定，在此次评奖年度内，符合自动入围"荣誉奖"的共有 16 种，即获得"第二届中华优秀出版物奖"的 16 种出版物；"特别奖"由评奖办公室提出建议名单，并报集团总裁办公会议审定，最终决定两大类、6 项、41 种获得该奖项。

（四）评选中发现的一些问题

归纳起来，有以下这样一些问题。

一是未按评奖方案要求参评。评奖方案中明确要求套书、丛书需出齐后再参评，但有的出版单位在套书未出齐即报评；评奖方案中明确规定教材教辅不参评优秀畅销书奖，但有的出版单位仍报评；推荐参评的出版物不在评奖年限内（2007～2008），有的出版单位推荐参评"优秀走出去奖"的图书是 2005 年出版的；还有的出版单位推荐参评优秀畅销书奖的图书，不按照评奖方案的要求，报送应该包含的有关销售数据及营销方式等。

二是推荐材料不严谨、不认真。有些单位报送参评的不同专家的推荐意见，内容却一字不差，只有签名不一样，显然是编辑为专家"代劳"的。有的出版单位报送参评图书的推介机构是伪机构。比如《世界最新英汉医学辞典》一书封面上印有"中华医学会医学英语专业委员会推荐"的字样，经评委指证，没有此机构；再比如《西谛藏书善本图录》参评优秀设计奖，但其封面设计和内文版式设计者不是同一人。

三是推荐参评的图书编校质量不合格。此次共有 12 家出版社的 21 种图书经检查差错率超标，为不合格品。这说明出版单位在自检阶段把关不严，更说明提高编辑责任心、提高编校质量、维护集团出版品牌的任务还很艰巨，很值得我们反思和严肃对待。

二、第三届中国出版集团报刊奖

（一）奖项设置情况

集团报刊奖创办于 2004 年，每两年评选一次，旨在促进集团报刊的整体质量和经营水平，表彰优秀报刊和优秀报刊工作者。第一届只评期刊，第二届起增加了报纸。

第三届中国出版集团报刊奖设有荣誉奖、优秀栏目奖、优秀编辑奖、优秀设计奖、优秀校对奖、优秀印制奖和优秀经营奖等7 个奖项。

（二）报评情况

本届评奖工作于 2008 年 9 月正式启动。各单位普遍重视评奖工作，踊跃参与。共有 11 家单位的 28 种报刊申报参评，其中期刊 26 种，报纸 2 种。参评报刊占集团报刊总数的 59%。其中参评优秀栏目奖的 25 种、参评优秀编辑奖的 17 种、参评优秀设计奖的 14 种、参评优秀校对奖的 11 种、参评优秀印刷奖的 6 种、参评优秀经营奖的 7 种。

因为在此次评奖年度内国家没有举行过"中国期刊奖"或"中国新闻奖"的评选，按照既定评奖方案，此次没有获得"荣誉奖"的报刊。

（三）评选程序和评奖方式

根据报刊奖评奖方案规定，评奖办公室特聘请业内校对专家对所有参评报刊均进行了编校质量检查，这是第一道"参评资格"关。凡质检不符合规定的，就没有资格再参评，实行"一票否决"。检查结果，有1种不合格。

按照评奖既定部署，评奖办公室将参评样报、样刊及推荐材料于2008年9月份送至各位初评委，由各初评委先期进行了报刊奖的独立初评工作。各评委都认真、仔细、严格地对送评的报纸、期刊进行了分析评介，客观、公正地填写了自己的评审意见。

在此基础上，评奖办公室组织召开了初评会议，采取分组讨论和集中评审的方式，本着公开、公平、公正的原则，评出了入围"复评"的报刊35项，分别为优秀栏目奖6种、优秀编辑奖6种、优秀设计奖6种、优秀校对奖6种、优秀印刷奖5种、优秀经营奖6种，并提交复评委评审。

评奖办公室及时将入围的报刊所有参评材料及初评委意见分送复评委，各自先期进行了报刊奖的独立复评工作。随后组织召开了复评会议，采取分组讨论和集中评审的方式，本着公开、公平、公正的原则，评出了获奖报刊29项，分别为优秀栏目奖5种、优秀编辑奖5种、优秀设计奖5种、优秀校对奖5种、优秀印刷奖4种、优秀经营奖5种，并已提交集团总裁办公会审定通过。

（四）评选中发现的一些问题

1. 在对各单位上报的样刊及书面材料进行认真审核后，发现少数单位报的材料不合格，评奖办公室多次通知相关报刊单位，做了材料的补充和修订工作。

2. 有的单位在推荐刊物参评时已形成思维定式，总是推荐几种固定的刊物参评固定的奖项，没有创新和新意，不利于集团报刊的全面发展。

3. 部分报纸期刊的编校质量还存在一些问题，报纸期刊的特点是连续性出版物、内容涉及方方面面，但出版周期短，编校工作难度相对较大，对此项工作还要长抓不懈。

三、以评奖为契机，进一步加强和改进出版管理工作

在总结第四届集团图书奖和第三届集团报刊奖评选经验的基础上，集团将进一步加强和改进出版管理工作，以及今后的评奖工作。具体措施如下。

1. 集团已于 2009 年 7 月 1 日下发了《中国出版集团公司出版物审读实施办法》，要求各单位强化领导，落实责任，全面建立审读室或阅评小组，以加强导向管理，坚持正确的出版导向和出版方向，贯彻落实三审制度，建立健全出版物阅评制度，严把内容质量关，确保出版安全。

2. 评奖办公室将根据集团实际，结合专家提出的建议，对评

奖方案进行修改完善，对具体参评条件、设置标准等进行细化，以使集团优秀出版物奖的评选更合理，更具权威性。图书奖评奖方案中，今后将修改的比如：参评优秀校对奖的出版物应该报送以文字为主的出版物，而不是以图画为主或有众多图片的图文结合的出版物；实际评选时，在同等条件下，应该优先考虑繁体字、竖排、大部头的工具书等校对难度大的出版物。报刊奖评奖方案中应修改的比如：优秀经营奖的参评条件将提出量化标准，明确销售册数和销售利润等参评指标。

3. 在今后评奖的报评过程中，加强对各单位报送材料的审核工作，严格把关，防止材料不齐备、样本残缺等问题的发生；同时，针对各单位在推荐参评出版物的选择及参评奖项的选择上的一些疑惑，评奖办公室将积极地指导和提醒。

4. 在今后评奖的评审过程中，将有意识地向配合党和国家中心工作、服务大局的出版物倾斜，以激发各单位的政治责任感，引导各单位多出精品。

5. 对评奖中反映出来的编校质量问题，集团将专题研究，并要求各单位充分重视此项工作，建立健全有效的质量监管制度，加强编辑队伍和校对队伍的建设，培养专项人才，以进一步提高集团出版物的质量；同时，集团公司将以抽查和指导各社自行检查的方式，强化此项工作。

6. 坚持精品战略，进一步加强集团产品线建设，优化集团出版物选题结构，积极培育市场主体，鼓励各单位在确保社会效益第一的前提下，加强对原创出版物、畅销书选题等的开发，强化市场营销力度，提高市场营销水平，以重点产品带动市场销售，确保集团市场占有率稳中有升。

7. 积极引导鼓励各单位多出外向型出版物，贯彻落实国家"走出去"战略，并在日常出版管理和评奖中辅以资金和政策的倾斜手段，有效推动集团出版物"走出去"步伐。

8. 集团将以第二次集团报刊工作会议为契机，切实贯彻报刊工作会议精神，依托评奖、政策倾斜、资金扶持等手段，大力推进报刊的改革工作——2010年度的专项资金，已经安排了一些给发展潜力大、发展目标和措施好的报刊。要充分利用好集团现有报纸、期刊资源，开拓市场新渠道，积极落实报刊实体化，打造国内乃至世界知名品牌报刊，积极推动如《三联生活周刊》等逐步实现"走出去"，扩大知名度和影响力。

9. 集团公司出版管理部门，要进一步解放思想、转变观念、坚持改革创新，从实际出发，提高服务效率，改进管理水平，确保集团出版业务的良性快速发展。

四、感想和希望

以评奖为契机，不断完善和调整评奖机制，可以坚定正确的出版方向，引导出版工作的奋斗目标，激发各个出版板块的发展潜力、发展动力。目前来看，评奖的基本要求以及奖项设计和名额安排比较合理，能够比较全面地检阅和反映集团出版的整体情况，有利于提高集团出版物的整体质量，有利于提升出版工作的水平和成效，有利于推动集团出版主业全面、持续、快速发展。

这次的图书奖和报刊奖两大类出版物奖的评选过程，集团各单位充分重视，积极报评。众多的评审专家在坚持正确导向、坚持集团品牌特色、坚持高质量、坚持双效益统一的基础上，严格遵照优中选优、宁缺毋滥的原则，通过严谨细致的工作，最终评出了优秀出版物。这些优秀出版物，代表了集团目前的出版水平，代表了集团编辑出版人员的职业素质和水准，彰显了一批优秀的出版人才、出版专家。这些优秀作品，这些优秀人才，对集团今后的出版工作将起到巨大的示范、引导、激励和推动作用。

中国出版集团优秀出版物奖评选活动是集团出版工作的重要组成部分。集团领导班子和评奖委员会希望，通过评奖，评出导向、评出水平、评出贡献、评出榜样。希望获奖单位和个人，在今后的工作中，再接再厉，百尺竿头，更进一步；同时希望，参评而没有获奖的要学习借鉴、迎头赶上。评奖只是手段，不是最终目的，目的是通过评奖、颁奖活动，全面检阅集团出版物的质量，以此推动集团出版工作的快速稳步发展。

深化产品线建设　提升核心竞争力★

提　纲

★　2009 年 11 月 3～4 日，在中国出版集团 2009 年图书出版工作会议上作的报告。

我们一直强调要从 7 个方面抓好集团的图书出版工作。一是抓方向导向，做好各项出版管理工作；二是抓出版结构，建设优质高效的图书产品线；三是抓标志性项目，包括围绕党和国家重点工作、服务大局的标志性项目，也包括有重大文化积累价值、"双效"突出的标志性项目；四是抓多元开发，图书、期刊、音像电子网络一体化开发；五是抓营销，做好包括"双推计划"和各种书展、馆配、政府采购、零售在内的面向国内、国际两个市场的营销工作；六是抓出版质量，做好出版物质量检查和评比工作；

七是抓出版保障，包括选题申报、专项资金支持、图书奖评奖等出版服务工作。

今天的重点是报告集团公司深化产品线建设方面的情况。

2007 年 11 月，我们召开了第一次集团产品线建设工作会议。在那次会议上，集团公司正式提出了产品线的概念，并初步交流和研讨了 15 条产品线。回顾那次会议的成果，我们形成了五个共识：

一是产品线是集团公司塑造新型市场主体的重要内涵，关乎集团公司的核心竞争力；二是产品线将强化并突出各单位的出版优势，同时又探索各单位有待加强和调整的新方向，有待开拓和发展的新市场；三是以产品线的思路来优化集团的出版结构；四是集团公司在政策、资金方面为产品线发展作保障；五是产品线的设计和建设，要兼顾"固定与微调"的原则，既巩固、突出优势产品线，又根据各单位的发展状况、市场机遇和市场空间，对产品线及时做出调整。

在那次会议上也有争论，争论主要在两个方面：一是当时拟定的 15 条产品线，还有待深化，比如现代出版社要求重点发展"动漫产品线"；二是对产品线发展的保障和管理措施，大家发表了很多意见。

2008 年以来，产品线建设一直是集团公司图书出版管理与发展的重要思路。这表现在四个方面：一是集团公司 2008 年的出版专项资金和图书奖评奖，向产品线以及产品线中的标志性出版项目倾斜。二是集团公司的选题实名申报工作，产品线是重要参考。三是集团公司对各单位图书在市场上的表现，重点考察产品线中的图书动销品种、畅销书、标志性项目的市场占有率。四是集团公司不断深化产品线的建设，比如邀请开卷公司针对2006～2008年集团在全国零售市场上的表现，作了新的分析报告。这一报告在6月初已经复制成光盘下发各单位总编室，要求总编室将产品线报告打印交给主要负责人参考。大多数负责人应该已经看到。

通过对2006年以来尤其是2008年集团市场状况的分析，我们对产品线作了些调整。调整主要表现为：（1）总体上，2007年的15条产品线调整为13条。（2）原先的教材和教辅两条产品线合并为一条"教材教辅"产品线。（3）"农村读物"并不单指一类图书，而是包含了许多门类的图书；而且，随着国家公益性文化服务体系建设力度的加强，"农村读物"日益被纳入政府出版采购工程。因此，在新的产品线中暂时去掉。（4）原先的"经管"产品线，由于目前的市场份额不足，暂时调整为"学术文化"的"子产品线"。（5）原先的"科技人文"概念太大，调整为"科技文化"。

今天报告的主旨是进一步深化集团的产品线建设，强化集团公司及各单位的品牌特色，提升集团产品的市场占有率和核心竞争力，在集团公司未来上市融资、多元化经营的战略举措中，使得出版主业成为可靠的基础。

报告分三个部分：第一是清晰定位，进一步深化集团产品线建设；第二是集团产品线布局和各出版社承建任务；第三是深化产品线建设的措施和要求。

第一部分　清晰定位，进一步深化集团产品线建设

产品线能否科学建设，能否产生实效，需要的基础条件很多。最关键的是两个因素，一是人的因素，二是体制机制的因素。人是根本，没有合适的人，一切都无从谈起。同样，好的机制能激发人，能促进人创新开发和建设产品线，不好的机制则扼杀人，产品线也只能停留在纸面上。比如，我们有很好的超级畅销书《哈利·波特》《于丹〈论语〉心得》，但畅销书总量不是很多，这就与奖励激励机制不够有力有关系。所以，产品线建设其实是个综合性工程。

具体到产品线的规划和设计来说，重点则要考虑三个方面：第一个是目标市场，说白了，产品线不是出版单位的产品线，而是市场的产品线，目标市场是产品线最重要的立足点。第二个是畅销书和标志性项目，没有畅销书就没有产品线，因为畅销书是产品线的核心产品和推动力；没有标志性的项目也就没有产品线，因为标志性项目决定着产品线的生命力。第三个在于出版结构，产品线是根据市场对内部出版结构的清理，根本思路在于扬弃，在于"有所为有所不为"，通过内部的清理和市场的优胜劣汰，形成良性的出版结构。

归根结底，产品线既是一个关乎出版结构的静态概念，又是一个参与市场经营的动态概念，更是一个出版单位自我建设的综合性概念。大家一定要搞清楚：（1）进行产品线建设，是要以目标市场为对象，以优良的出版结构为基础，以畅销书和标志性项目为龙头，通过发挥出版单位及其标志性项目的品牌影响力，带动优秀产品集群的涌现，促使出版单位产生结构性的竞争力，从而在目标市场上获得绝对领先地位。（2）搞产品线建设，是从"全集团一盘棋"出发，从各单位优势品牌出发，发动集团公司上下的力量，通过自我清理和建设，更加科学地布局和经营。

（一）产品线与出版业整体市场

我们当前的整体市场主要分两类，一类是新闻出版总署统计的出版产业整体市场，另一类是以开卷公司为代表所统计的全国零售市场。前者统计的出版物总销售规模，2006 年是 1290.9 亿元，2007 年是 1366.7 亿元，2008 年是 1391.3 亿元。（见表 1）

表1　2008 年全国图书出版销售状况（总署数据）

类别	销售册数（亿）	占总销售数量比重（%）	销售金额（亿元）	占总销售金额比重（%）
哲学社会科学类	5.32	3.20	102.55	7.05
文化教育类（含教辅）	47.86	28.77	390.58	26.84
文学艺术	4.52	2.72	76.33	5.24
科技类	5.12	3.08	110.07	7.56

（续表）

类别	销售册数（亿）	占总销售数量比重（%）	销售金额（亿元）	占总销售金额比重（%）
少儿类	4.59	2.76	47.91	3.29
大中专教材、业余教育和教参	6.91	4.15	125.8	8.64
中小学课本和教参	80.84	48.6	488.12	33.54
其他图书	3.53	2.13	49.96	3.43
合计	158.69	95.41	1391.32	95.59

因为批发与零售、发行单位与出版单位等存在的重复统计因素，真正能代表出版物市场规模的，应该是新华书店系统、出版社自办发行系统的"纯销售"。这部分金额，2006 年是 504.3 亿元，2007 年是 512.6 亿，2008 年是 539.6 亿元。加上民营的出版销售，全国每年出版市场上的纯销售也就 600 亿～ 700 亿元。

2008 年统计的零售市场规模为 301 亿元，这与纯销售规模相差了 300 多亿元。

300 多亿的差额出在哪里呢？要解释这个问题，我们就要关注三个现象。第一，统计口径有差异，这无须多说。第二，是特殊渠道的特殊出版。比如在总销售中，中小学教材教参 2008 年的销售金额为 488.12 亿元，大中专教材业余教育和教参 2008 年销售金额 125.8 亿元，包含教辅在内的文化教育类（含教辅）图书为 390.58 亿元，三者相加为 1004.5 亿元，比例高达 72%。这是中小学教材教辅在总销售中的比例，至于纯销售，众所周知，中小学等教材教辅每年的纯销售为 300 亿元。这三类图书金额巨大，但市场流通性并不足，基本上还处于特殊渠道的特殊出版。第三，尽管这三类教育图书金额巨大，但自 2006 年以来在总体销售中的比例，一直处于连续下降趋势，相反，包括社会科学、文学艺术等门类的图书则处于上升趋势。

这就告诉我们，我国当前出版市场有这样的特点：第一，特殊渠道的垄断性与市场竞争的开放性并存，仍然是我国出版市场的基本格局。第二，大众文化类图书和教育类尤其是中小学教材教参销售比例的一升一降，预示着全面开放竞争的市场正在逐步形成，预示着垄断与特殊渠道的壁垒正在消除，预示着"市场"将成为文化出版的主要着力点。

整体市场的这种形势，是我们深化产品线建设工作的重要参照。

集团公司 2008 年的销售收入 38 亿元。2009 年前三季度销售收入 28.6 亿元，较 2008 年同期增长 1.7 亿元。

（二）产品线与出版业分类市场

深化产品线建设，更要深入到各个类别来寻找我们的目标市场。参照新闻出版总署、开卷公司以及书店的销售类别，目前图书市场的分类主要有哲学社会科学类、文学艺术类、语言类、科技类、少儿类、生活类、中小学及大中专教材教参类、教辅类等 8 个类别。在这 8 个类别中，中小学教材教参图书很少进入零售市场。零售市场上参与竞争的主要是其他几个类别。在全国零售市场上，市场份额超过 20% 的主要是哲学社会科学类、（非专有渠道的）教材教辅类。其次是语言类、文学艺术类、科技类、少儿类，市场份额均超过 10%。生活类这些年上升很快，由 2000 年前的名不见经传到 2008 年上升到近 8%。这 7 类图书的市场规模总体上达到 99%。（见表 2）

表 2　2008 年全国零售分类市场比重

细分类	码洋比重（%）	册数比重（%）	品种比重（%）	动销品种数（个）
社科	21.26	15.30	22.86	218121
教辅教材	20.17	32.30	21.60	206119
语言	10.19	7.74	6.34	60522
文艺	15.65	12.24	15.87	151433
科技	13.12	7.76	20.24	193149
少儿	11.61	17.51	7.33	69979
生活休闲	7.92	7.14	5.69	54330
综合图书	0.08	0.01	0.06	603

集团公司在全国零售市场上的市场占有率一直维持第一，而且基本上等于第二名和第三名的总和。在上述 8 个大的分类市场中，集团公司整体上也很突出，尤其是在语言类、文学艺术类等方面，常年稳居第一。（见表 3）

表3　2009 年 1 ~ 9 月整体及分类零售市场状况

类别	码洋排名	码洋占有率（%）	监控码洋（元）	动销排名	动销品种（个）	动销比重（%）
总体市场	1	6.39	344272698.40	1	36454	3.9345
学术文化	1	8.06	25832264.98	1	5152	7.2261
教辅教材	4	4.11	50548945.12	4	6209	3.3423
语言	1	28.08	138018147.60	1	5057	8.6170
文学	1	10.45	53322560.24	1	6465	8.7252
科技	5	0.81	5275268.64	3	1588	0.8278
少儿	5	4.10	26945169.33	4	2875	3.9721
生活	6	2.03	7477944.45	4	1094	2.1945

需要注意的有两个方面：（1）这 7 个分类市场是对我国按门类分工组织生产并进行市场流通的出版传统的延续，是一种笼统的市场分类，还不能全面反映当前出版产业更细化、更专业、更多样化的市场实际。（2）据统计，我们当前的图书市场已经细分到 260 个领域。因此，我们的产品线要深入到更专门的目标市场来进行设计和布局。

（三）产品线与集团畅销书市场

我们强调，产品线不是出版单位凭空规划的产品线，而是基于市场、为市场认可的产品线；市场是产品线的基本内涵。说市场，第一个便是畅销书，畅销书是产品线的市场符号，又是产品线走向市场的车轮。在我们的产品线建设中，打造畅销书必须作为第一要求。

在当前出版市场上，畅销书是最有活力、最有效率的市场。这个市场的特点在于：（1）畅销书不局限于任何一个出版门类，而是囊括了所有门类，从教育方面的教材教辅到专业方面的科技、学术，再到大众方面的文学、生活，等等，都有各自的畅销书。无论你是做工具书，还是做学术翻译，无论你再专业、再学术，只要能维持好自身的出版平衡，不丢掉自己的优势，都不能"假清高"，都不能说与畅销书没有关系。（2）畅销书是最有效率的市场。2008 年全国零售市场上销售的图书有 95.4 万种，但接近 60% 的销售金额靠的是 5% 的图书，其他 91 万种图书的码洋贡献率仅仅为 40%。

集团公司对畅销书很重视，对保持我们的常销书出版传统同样重视。2006 年集团推出了"畅销书推广计划"，2007 年推出了"常销书推荐计划"。集团公司这些年的畅销书表现出三个特色：第一，畅销书不会"毁掉"我们的出版品牌，反而能给出版品牌带来"新生"。《哈利·波特》树立了文学社在少儿出版的重要地位，于丹、阎崇年等还帮助中华书局确立了"守正出新"的出版思路、以大众文化畅销书带动了中华书局的传统文化图书的整体销售。第二，集团创造了一些超级畅销书，比如《哈利·波特》《于丹〈论语〉心得》等，但畅销书品种不多，畅销书的更新能力偏弱。第三，集团畅销书的生命力较强，如《新华字典》《现代汉语词典》《围城》

《文化苦旅》《我们仨》、"几米系列"等，但我们对老作者、品牌作者的依赖性大，面对市场变化的及时反应能力和创新能力不够。

这些年来的畅销书对集团图书销售贡献巨大，尤其是2007年到2008年，集团销量前1%的图书对集团的码洋贡献率达到49.9%，这1%的图书的市场份额就达到3.32%，集团全部图书2008年的市场份额才6.7%。2009年前三季度，集团销量前1%的图书对集团的码洋贡献率为47.13%，市场份额为3.0%，前三季度集团全部图书的市场份额为6.4%。（见表4）

表4　2008年以来集团公司及全国前1%畅销书的市场份额

时间	集团销量排名前1%品种数	集团前1%品种在全国市场份额（%）	集团前1%品种对集团的码洋贡献率（%）	全国市场销量前1%品种数	全国市场销量前1%的市场份额（%）
2009年1～9	365	3.01	47.13	9365	29.40
2008年	373	3.32	49.88	9543	28.07

但是，集团整体市场份额和畅销书的市场份额都在下降，《哈利·波特》《于丹〈论语〉心得》之后，我们的畅销书亟待开发。多点开花、持续开发，是我们深化产品线建设、扩大市场份额的一个重要方向。

（四）产品线与集团的特殊市场

产品线建设，强调市场的大众性，也强调维护渠道的特殊性。

我们的特殊渠道主要在于图书的进出口，在于版权资源的延伸开发，在于政府采购工程中的资源优势集中，在于中小学、大中专教材教参。

合并后的中国图书进出口（集团）总公司，分别占据图书出口和进口 60% 和 30% 的份额，引进的影印科技图书覆盖到全国各大图书馆和学术研究机构。版权延伸开发方面，向国外输出版权在全国名列前茅；国内版权交易方面，各大电子图书公司将我们当成最重要的版权合作单位；版权资源是打造图书价值链的重要基点，也是产品线建设的必然趋势。政府采购工程，是各级政府正在推行的一项文化工程，面向城市和广大乡村建设公益性文化服务体系，我们在这方面有很好的出版地位优势、政策倾斜优势和出版资源优势，需要加强的一方面是强烈的参与意识，另一方面是全集团协调配合、集体出击的良性机制。

特殊渠道中的中小学教材教参、大中专教材教参，也是我们亟须发展的方向。

（五）产品线与出版社等级评估

新闻出版总署的出版社等级评估已经公布，全国经营性出版单位共评出一级出版社 100 家，二级出版社 175 家，三级出版社 200 家，四级出版社 25 家。在集团参评的 13 家出版单位中，文学、商务、百科、中华、三联、音乐等 6 家单位列入一级，称为"全国百佳图书出版单位"，美术、东方、现代、中译等 4 家列入二级，现代教育、世图、商务国际等 3 家列入三级。总署的评估指标主要分图书出版能力、基础建设能力和资产运营能力三类。我们的出版社在前两个指标普遍有优势，但在资产运营能力方面并不好。什么叫资产运营能力？根本上是市场盈利能力。这与我们的产品线建设，目的是一致的。我们的产品线建设，是在分析市场份额、畅销书的基础上来清醒定位，目的是提高市场份额，提高图书的单品种效益，提高出版单位的资产运营能力。

第二部分　集团产品线布局和各出版社承建任务

通过研究分析集团公司 2006 ～ 2008 年图书出版物的市场状况，集团公司提出重点发展 13 条一级产品线。一级产品线之下设置 31 条"成熟的"子产品线（称"二级线"），其下再设 15 条"有成长性的产品线"（称"三级线"）。

产品线的设立标准主要有 4 个。一是产品线设立以多年来的市场份额为依据，以出版单位品牌优势为依据，以全集团持续发展能力为依据。二是一级产品线为全集团市场份额最高、产品最优的产品线，也是全集团整体出版格局中的优势板块，是统辖各社的基础性和根本性发展方向。三是子产品线（二级），市场份额在目标市场达到了前 3 位，且体现承担单位的品牌特色的产品领域，是相应出版社延展性巩固、发展的重点产品线，目标在于巩固优势、争取全国市场份额第 1。四是有成长性产品线（三级），是目前市场份额不足，但本单位具备一定优势且成长性看好的重点产品线，目标在于发挥潜力，争取进入全国市场份额前3。

三级产品线之间的关系：（1）一级产品线基本代表了集团整体出版结构，传统意义上称为"板块"，从专业性基础上形成规模性、核心产品基础上打造价值链的出版趋势来看，则称之为"产品线"。多条产品线共同构成"结构性的竞争力"。（2）从一级到二、三级，为由整体市场到局域市场，二、三级为一级之重点支撑。（3）一级线力求保持长期基本稳定；二级线不是一级线的全部，不能代替一级线，三级线在市场份额领先后可递进列入二级线。

13条一级产品线是集团已经或正在占据市场领先地位的方面，它们构成了集团图书出版物的基本结构。包括工具书、文学、语言学习、学术文化、音乐、美术、少儿、教材教辅、动漫、生活、科技文化、古籍、外向型图书等。

13条一级产品线、31条子产品线（二级），以及15条有成长性产品线（三级），共同构成了集团的产品线布局。（见表5）

一级产品线13条	子产品线（二级）31条	主要承担单位	有成长性子产品线（三级） 15条	主要承担单位
工具书	汉语工具书	商务 / 商务国际		
	英语工具书	商务 / 商务国际		
	百科工具书	百科		
	学生工具书	百科 / 商务国际 / 商务		

（续表）

一级产品线 13 条	子产品线（二级）31 条	主要承担单位	有成长性子产品线（三级） 15 条	主要承担单位
文学	小说	文学（天天）	文学理论	中华 / 文学 / 三联
	戏剧诗歌	文学		
	散杂文	文学 / 东方 / 三联		
	中国古典文学	中华 / 文学		
语言学习	英语学习	世图 / 中译 / 商务		
	汉语学习	商务国际 / 商务		
	小语种	商务 / 世图		
学术文化	历史	中华	法律	商务 / 三联 / 现代
	哲学	中华 / 商务	经管	
	心理学	世图		
音乐	音乐理论	音乐	音乐赏析	音乐 / 现代
	器乐			
	声乐			
美术	美术理论	美术 / 三联	美术赏析	美术 / 东方 / 荣宝斋
	艺术画册	美术 / 荣宝斋		
	绘画技法			
少儿	少儿文学	文学（天天）	少儿艺术	音乐
	少儿英语	世图	幼儿园用书	音乐
教材教辅	中小学教材	音乐 / 美术 / 中版教材公司	中小学教材	百科 / 知识 / 世图 / 现代教育
			大中专教材	文学 / 音乐 / 美术 / 商务 / 中华 / 世图
	课外文教读物	文学 / 中译	考级教材	音乐 / 美术 / 知识 / 中华 / 现代教育

（续表）

一级产品线 13 条	子产品线（二级）31 条	主要承担单位	有成长性子产品线（三级） 15 条	主要承担单位
动漫	成人绘本	现代 / 文学（天天）/ 三联	卡通	现代 / 美术
生活	旅游	三联	大众健康	世图 / 中译
			心理自助	现代 / 世图
科技文化	影印科技图书	世图	医学	世图
			科普	三联
古籍	古籍整理	中华		
	传统文化普及（文普）	中华 / 文学		
外向型图书	版权输出	集团各社		
	实物出口	中图公司		

表 5　中国出版集团产品线布局

下面，我们通过数据来看集团产品线的市场状况。

（一）工具书产品线

在工具书产品线中，列入二级的主要是汉语工具书、英语工具书、学生工具书以及百科工具书。（见表 6—表 9）

表 6　集团 2008 年工具书市场份额

类别	市场份额第一位(%)	市场份额第一位(%)	集团其他出版社及排名
汉语工具书	商务 /62.99	商务国际 /11.26	
英语工具书	商务 /46.77	外研社 /24.09	商务国际 / 第 3 位
学生工具书	北京教育 /12.09	百科社 /6.9	商务国际 / 第 3 位
百科工具书	百科社		

表 7　2008 年汉语工具书图书零售市场领先出版社（前 4 名）

码洋排名	出版社	码洋占有率（%）	动销品种数（个）	品种占有率（%）	品种排名
1	商务印书馆	62.99	144	6.99	1
2	商务印书馆国际有限公司	11.26	89	4.32	4
3	上海辞书出版社	6.04	134	6.5	2
4	外语教学与研究出版社	1.92	5	0.24	76

表 8　2008 年英语工具书图书零售市场领先出版社（前 4 名）

码洋排名	出版社	码洋占有率（%）	动销品种数（个）	品种占有率（%）	品种排名
1	商务印书馆	46.77	109	5.76	2
2	外语教学与研究出版社	24.09	151	7.98	1
3	商务印书馆国际有限公司	7.16	75	3.96	8
4	外文出版社	6.80	105	5.55	3

表 9　2008 年学生工具书图书零售市场领先出版社（前 4 名）

码洋排名	出版社	码洋占有率（%）	动销品种数（个）	品种占有率（%）	品种排名
1	北京教育出版社	12.09	163	3.47	1
2	中国大百科全书出版社	6.90	161	3.42	2
3	商务印书馆国际有限公司	6.36	84	1.79	10
4	中国青年出版社	5.63	46	0.98	31
——	前 10 名合计	51.28	845	17.97	——

集团公司在这一领域中最突出的是商务印书馆、商务印书馆国际有限公司和中国大百科全书出版社。汉语工具书方面，商务和商务国际 2008 年市场占有率排名第 1、第 2 位，分别为 63.0% 和 11.3%。英语工具书方面，商务仍具有领先地位，但外研社的销售码洋是商务国际的 3 倍。中小学学生工具书方面，百科社排第 2 位，商务国际列第 3 位，我们有整体优势，但市场份额跟第 1 名的北京教育出版社差距很大，北京教育社几乎等于我们两家的总和。百科工具书方面，尽管也遭遇市场挑战，但我们百科社的优势明显。

工具书产品线的两个问题：（1）我们畅销的工具书品种比较单一，比如 2008 年全国销量前 30 名图书中，商务上榜 11 种，全是牛津系列，但外研社上榜的 13 种图书则分布在牛津、朗文以及外研社自主品牌等多类图书。因此，巩固版权关系和产品多样性开发，是下一步的重点。（2）学生工具书市场空间大，北京教育社尽管市场份额第 1，但也仅仅 12.1%，远远低于商务在汉语工具书方面的 63.0%，我们在这方面已经有了很好的基础，下一步的重点要在与教材的匹配性、教育渠道的开拓方面下功夫。

（二）文学产品线

文学类属于市场大类，集团公司一直稳居第 1，2009 年前三季度达到 10.5%。在文学类中，小说又占最大比例。在文学这块大市场的各个局部市场中，文学社的小说类排名第 1，中国古典文学、戏剧诗歌类排名第2，散文杂文类排名第3，文学理论排名第8，综合实力非常突出。其他单位也进入了文学类，但只是在某个专类上有一定地位。比如东方出版中心的散文杂文排名第7，三联书店的散杂文排名第14。中华书局在文学理论研究中排名第4，在中国古典文学方面排名第6。（见表10—表17）

表10　集团2008年在文学类的市场份额排名

类别	市场份额第一位（%）	市场份额第二位（%）	集团其他出版社排名
小说	文学社/7.58	长江文艺/7.11	
散杂文	作家/6.43	天津教育/5.92	文学社/第3位，东方/第7位，三联/第14位
戏剧诗歌	长江文艺/7.33	文学社/7.29	
文学理论及研究	人民/10.78	北大/7.2	中华/第4位
中国古典文学	岳麓/7.66	文学社/7.35	中华/第5位

表11　2008年小说图书零售市场领先出版社（前6名）

码洋排名	出版社	码洋占有率（%）	动销品种数（个）	品种占有率（%）	品种排名
1	人民文学出版社	7.58	1726	5.45	1
2	长江文艺出版社	7.11	880	2.78	5
3	作家出版社	4.97	1016	3.21	4
4	南海出版公司	4.40	418	1.32	16
5	译林出版社	4.28	1106	3.49	2
6	上海译文出版社	4.03	1080	3.41	3
——	前10名合计	44.69	7461	23.56	——

表12 2006—2008年小说对人民文学出版社的贡献率

年份	码洋贡献率（%）	品种贡献率（%）	册数贡献率（%）	码洋品种贡献效率（%）	动销品种数（个）	新书品种数（个）
2008年	32.24	37.53	31.63	0.86	1726	298
2007年	29.41	36.00	31.57	0.82	1476	185
2006年	38.43	35.39	35.84	1.09	1383	171

表13 2006—2008年人民文学出版社在小说市场地位回顾

年份	码洋占有率（%）	码洋占有率排名	品种占有率（%）	品种占有率排名	码洋品种效率（%）	册数占有率（%）
2008年	7.58	1	5.45	1	1.39	7.88
2007年	9.68	1	4.89	1	1.98	9.64
2006年	11.28	1	4.99	1	2.26	10.96

表14 2008年散杂文图书零售市场领先出版社

码洋排名	出版社	码洋占有率（%）	动销品种数（个）	品种占有率（%）	品种排名
1	作家出版社	6.43	392	2.69	3
2	天津教育出版社	5.92	57	0.39	79
3	人民文学出版社	5.51	479	3.28	2
4	北京十月文艺出版社	5.17	65	0.45	63
--	前10名合计	37.36	1858	12.74	--
3	人民文学出版社	5.51	479	3.28	2
7	东方出版中心	2.10	124	0.85	22
14	生活·读书·新知三联书店	1.46	215	1.47	7

表15 2008年戏剧／诗歌图书零售市场领先出版社（前3名）

码洋排名	出版社	码洋占有率（%）	动销品种数（个）	品种占有率（%）	品种排名
1	长江文艺出版社	7.33	78	2.39	4
2	人民文学出版社	7.29	261	8.01	1
3	译林出版社	7.08	61	1.87	7

表16 2008年文学理论及研究图书零售市场领先出版社（前10名）

码洋排名	出版社	码洋占有率（%）	动销品种数（个）	品种占有率（%）	品种排名
1	人民出版社	10.78	141	1.58	9
2	北京大学出版社	7.20	473	5.31	1
3	高等教育出版社	6.99	191	2.14	6
4	中华书局	5.24	345	3.87	3
5	上海古籍出版社	4.30	308	3.46	5
6	陕西师范大学出版社	3.12	28	0.31	78
7	复旦大学出版社	2.62	151	1.70	8
8	人民文学出版社	1.94	332	3.73	4
9	生活·读书·新知三联书店	1.89	103	1.16	14
10	中国人民大学出版社	1.42	101	1.13	15
--	前10名合计	45.49	2173	24.39	--

表17 2008年中国古典文学图书零售市场领先出版社

码洋排名	出版社	码洋占有率（%）	动销品种数（个）	品种占有率（%）	品种排名
1	岳麓书社	7.66	306	3.22	4
2	人民文学出版社	7.35	318	3.34	3
3	上海辞书出版社	7.28	108	1.14	17
4	三秦出版社	7.09	222	2.33	7
5	上海古籍出版社	5.61	585	6.15	1
6	中华书局	5.21	387	4.07	2
--	前10名合计	52.92	2328	24.47	--

　　集团的二级产品线中重点突出了小说类。文学社将承担重任。在目前小说市场上，文学社依然领先，但也正经受挑战，文学社2006年的市场份额还在11.3%，2007年到了9.7%，2008年则下降到7.6%。其他单位上升很快。这里有多方面的原因：一是参与竞争的出版社太多，竞争压力来源多；二是民营机构对小说类畅销书投入的资金越来越大；三是一些畅销小说不符合文学社的选择。但我们也要努力抓住机遇，比如青春文学，又比如优秀的网络小说以及一些引进类的畅销书，更要在运作机制上下功夫。

（三）语言学习产品线

　　语言学习是仅次于文学的一个大市场。在这之中，最活跃的市场是英语学习，占到整个语言学习类市场的 73.7%，其次是汉语学习市场，上升最快的则是小语种市场。

在英语学习图书市场上，绝对领先的是外研社，市场份额为 26.1%。世图公司排名第 2，市场份额为 7.2%，与群言出版社、上海外语教育出版社等两家同样处于第二梯队，都在 6% ～ 7% 之间。中译公司排名第 9 位，商务排名第 40 位，商务国际排名第 125 位。（见表 18—表 20）

表 18　集团 2008 年在语言学习类的市场份额排名

类别	市场份额 第一位（%）	市场份额 第二位（%）	集团其他出版社排名
英语学习	外研社 /26.11	世图 /7.24	中译 / 第 9 位，商务 / 第 40 位
汉语学习	北语 /20.78	北大 /9.25	商务国际 / 第 55 位
小语种	外研社 /25.25	人教社 /9.87	商务 / 第 4 位，世图 / 第 5 位

表 19　2008 年英语学习图书零售市场领先出版社（前 6 名）

码洋排名	出版社	码洋占有率（%）	动销品种数（个）	品种占有率（%）	品种排名
1	外语教学与研究出版社	26.11	3118	10.37	1
2	世界图书出版公司	7.24	1775	5.90	2
3	群言出版社	6.53	187	0.62	35
4	上海外语教育出版社	6.30	1735	5.77	3
5	高等教育出版社	4.51	1180	3.92	4
6	外文出版社	3.36	1179	3.92	5

表20　2008年小语种图书零售市场领先出版社（前6名）

码洋排名	出版社	码洋占有率（%）	动销品种数（个）	品种占有率（%）	品种排名
1	外语教学与研究出版社	25.25	1230	16.39	1
2	人民教育出版社	9.87	134	1.79	16
3	中国宇航出版社	7.80	284	3.79	7
4	商务印书馆	6.90	224	2.99	9
5	世界图书出版公司	6.04	387	5.16	6
6	华东理工大学出版社	5.02	181	2.41	12

汉语学习市场上，北京语言大学出版社2008年的市场份额为20.8%，排名第一，其他前10名出版社主要是大学社和教育社。集团的商务和中华分列第5和第7位，商务国际位列第55位。小语种学习方面，当前日益活跃的是韩语、日语、法语、俄语和西班牙语。外研社以25.3%的份额排名第一，商务第4位，世图第5位。

从这些数据看，集团公司拥有的市场基础和我们的资源基础不相称。我们没有理由放弃这块市场，更没有理由不针对市场发挥我们的资源优势。尤其是随着国内外交流、开放程度的加深，汉语学习和小语种学习将会有更好的前景。不仅商务、世图、中译要加大这方面的市场开发，中华书局也应该进入这个市场。我们将语言学习定位为一级产品线，看重的是资源优势和市场前景。

（四）学术文化产品线

在哲学社会科学方面，我们将学术文化作为一级产品线，这是集团公司品种最多的图书。同时根据我们的比较优势以及市场发展空间，我们将哲学、历史和心理学作为二级产品线的三个重点。

全国市场上，学术文化市场这些年增速最快，2006 年以来增长率普遍在 20% 以上。心理学类的出版增速则超过 30%。中华书局在哲学类排名第一，市场份额 12.3%，比第二名高出两倍多；商务虽然大量引进学术著作，但排名仅为第 7。历史类方面，中华书局排名第二。心理学类，世图公司跃居第二位。这三类中，集团其他单位的市场份额可以忽略不计。（见表 21—表 24）

表 21　集团 2008 年在学术文化类的市场份额

类别	市场份额第一名（%）	市场份额第二名（%）	集团其他出版社及排名
历史类	中国友谊 /10.02	中华书局 /7.02	
哲学类	中华书局 /12.28	中央编译 /5.87	商务 / 第 7 位
心理学类	新世界 /7.24	世图公司 /5.22	

表 22　2008 年哲学图书零售市场领先出版社（前 8 名）

码洋排名	出版社	码洋占有率（%）	动销品种数（个）	品种占有率（%）	品种排名
1	中华书局	12.28	357	3.16	4
2	中央编译出版社	5.87	96	0.85	24
3	中国民主法制出版社	3.39	12	0.11	195
4	中国人民大学出版社	3.33	303	2.69	6

（续表）

码洋排名	出版社	码洋占有率（%）	动销品种数（个）	品种占有率（%）	品种排名
5	复旦大学出版社	2.66	137	1.21	13
6	陕西师范大学出版社	2.51	50	0.44	49
7	商务印书馆	2.42	571	5.06	1
8	北京大学出版社	2.29	311	2.76	5
---	前 10 名合计	39.11	2126	18.84	---

表 23   2008 年历史图书零售市场领先出版社（前 4 名）

码洋排名	出版社	码洋占有率（%）	动销品种数（个）	品种占有率（%）	品种排名
1	中国友谊出版公司	10.02	47	0.24	119
2	中华书局	7.02	1119	5.77	1
3	上海文艺出版社	4.48	71	0.37	68
4	人民出版社	4.16	393	2.03	5
---	前 10 名合计	40.98	2528	13.04	---

表 24   2008 年心理学图书零售市场领先出版社（前 5 名）

码洋排名	出版社	码洋占有率（%）	动销品种数（个）	品种占有率（%）	品种排名
1	新世界出版社	7.24	15	0.58	34
2	世界图书出版公司	5.22	65	2.50	7
3	中国轻工业出版社	4.61	110	4.23	2
4	华东师范大学出版社	3.25	111	4.27	1
5	北京大学出版社	3.00	72	2.77	6
---	前 10 名合计	35.98	454	17.47	---

在历史类，我们目前的竞争对手是中国友谊出版公司。在哲学类，我们目前的竞争者主要是中央编译出版社。友谊公司靠的是畅销书《明朝那些事儿》；中央编译出版社则靠《沉思录》和《道德情操论》，尤其是《沉思录》，中央编译推出了中文版、英文版和中英文对照版3个版本，本本畅销。这对我们是个启示，《沉思录》《道德情操论》最早的版本是在我们这里，为什么我们没有抓住温总理推荐这个机遇呢？

在心理学类，市场上属于群龙无首。新世界出版社尽管排名第一，但其品种单一，布局不完整。世图公司的品种占有率在前十名中排在第七位，但在布局上做得不错，既有引进版的《心理学改变生活》《发展心理学》，又有普及类的《3分钟爱上心理学》，生活类的《为何家会伤人》，《武志红的心理沫沫茶》渐成系列，《为何家会伤人》还进入了畅销书榜。可以说，引进版、本土版，系列性、单本书，畅销书、常销书搭配合理。

（五）音乐图书产品线

人音社是集团竞争音乐出版市场的主体，市场份额整体上目前排名第一，集团列为一级产品线重在巩固。同时，人音社也要有强烈的危机感：一方面音乐大众化的开拓更要加强，另一方面在音乐出版的细分市场上，人音社并不是全面领先。

整个音乐出版市场上，器乐出版市场份额高达66.9%，人音社只排名第三，低于湖南文艺和上音社；声乐是第二个大市场，人音社仍在第三位，低于蓝天社和上音社。人音社的音乐理论排名第一，但理论普及化方面的音乐赏析，前有高教社，后有作家社，人音社排名第二。（见表25—表26）

表25　集团2008年在音乐图书零售市场表现

类别	第一位及份额（%）	第二位及份额（%）	第三位及份额（%）	集团其他及排名
音乐理论	人音社 /23.8	上音社 /17.66	湖南文艺 /11.36	无
器乐	湖南文艺 /33.95	上音社 /28.71	人音社 /17.07	无
声乐	蓝天社 /14.86	上音社 /10.79	人音社 /9.58	无
音乐赏析	高教社 /13.35	人音社 /9.41	作家社 /6.46	现代社 /11

表26　2008年音乐图书市场细分类构成

细分市场	码洋比重(%)	品种比重(%)	册数比重（%）	码洋品种效率	册数品种效率
音乐理论	10.95	15.86	11.84	0.69	0.75
器乐	66.93	58.50	67.41	1.14	1.15
声乐	16.03	17.20	14.49	0.93	0.84
音乐赏析	6.09	8.45	6.26	0.72	0.74

在畅销书榜上，人音社主要是车尔尼、拜厄、哈农、巴赫等名家的器乐教程，上音社主要是约翰·汤普森钢琴教程，上音社的经典品种没有我们多。湖南文艺靠流行钢琴教程，没有我们经典。但我们的市场份额为什么低于他们呢？上音社的作品系列化、湖南文艺社的大众化，值得我们深思。

集团的音乐产品线有三个重点：一是音乐类中小学教材；二是音乐理论方面的优秀著作；三是以音乐文化普及为思路，加大器乐、声乐、音乐赏析等的开发力度。

(六)美术图书产品线

与音乐出版相似，美术图书整体上属于专业出版，但也是美术教育、专业美术和大众美术三分天下。近些年来收藏、拍卖，以及图文本、绘本、动漫等的勃兴，美术类的大众化、市场化、多元化越发明显。就出版品牌和组织规模来说，中国美术出版总社堪称全国出版重镇。但美术总社的市场份额和这一地位很不相称。集团将美术列为一级产品线，对美术总社寄予了厚望。

单就美术图书出版来说，我们的目标市场在绘画技法、艺术画册、美术理论等三个专业美术方面，更在"大美术"的美术文化这个方面。在当前的美术类图书零售市场上，艺术画册比重为45.7%，绘画技法比重为43.2%。美术总社的市场份额，在艺术画册和绘画技法方面排名第三，天津人美、杨柳青、中青社都在我们前面。美术总社尽管在美术理论方面排名第一，但这个市场正在变化，一是专业理论有待发育，另一个是向美术文化倾斜，三联书店凭借一系列的美术文化类图书已经跃居第四位。（见表27—表30）

表27　集团2008年在美术图书零售市场表现

类别	第一名及份额（%）	第二名及份额（%）	第三名及份额（%）	集团其他及排名
美术理论	美术总社/6.87	中青社/5.22	中央编译/3.71	三联第4位
艺术画册	天津人美/11.99	杨柳青/11.92	美术总社/10.51	荣宝斋第15位
绘画技法	中青社/10.58	杨柳青/9.24	美术总社/8.04	无

表28 2008 年美术理论图书零售市场领先出版社

码洋排名	出版社	码洋占有率（%）	动销品种数（个）	品种占有率（%）	品种排名
1	中国美术出版总社	6.87	156	7.34	1
2	中国青年出版社	5.22	26	1.22	25
3	中央编译出版社	3.71	8	0.38	62
4	生活·读书·新知三联书店	3.61	21	0.99	30
10	北京工艺美术出版社	2.44	30	1.41	17
--	前 10 名合计	37.24	374	17.60	--

表29 2008 年艺术画册图书零售市场领先出版社

码洋排名	出版社	码洋占有率（%）	动销品种数（个）	品种占有率（%）	品种排名
1	天津人民美术出版社	11.99	700	9.71	2
2	天津杨柳青画社	11.92	401	5.56	3
3	中国美术出版总社	10.51	707	9.80	1
4	吉林美术出版社	4.23	222	3.08	6
5	湖南美术出版社	3.53	124	1.72	17
6	福建美术出版社	3.51	206	2.86	7
--	前 10 名合计	56.64	3242	44.97	--
3	中国美术出版总社	10.51	707	9.80	1
15	荣宝斋出版社	1.74	158	2.19	12

表30　2008年绘画技法图书零售市场领先出版社

码洋排名	出版社	码洋占有率（%）	动销品种数（个）	品种占有率（%）	品种排名
1	中国青年出版社	10.58	59	1.08	24
2	天津杨柳青画社	9.24	266	4.87	3
3	中国美术出版总社	8.04	593	10.87	1
4	湖北美术出版社	7.68	156	2.86	13
5	天津人民美术出版社	5.35	351	6.43	2
——	前10名合计	60.82	2234	40.94	——

对于美术总社来说，坚持美术教育和美术专业出版是基点，发挥自身多样化的组织优势和出版优势，要在动漫、大众美术、美术文化图书方面用力。

（七）少儿图书产品线

集团将少儿图书列为第一级产品线，原因有四个：一是在成人图书市场整体下滑的情况下，少儿图书却一路上扬，仅就少儿文学类来说，在2008年的零售市场上就占到了4.4%，这是一个年产值13亿元的大市场。二是集团有专门的少儿出版社，比如由人文社副牌实体化的天天出版社，美术总社下属的连环画出版社，还有音乐社的副牌华乐出版社，也将出版方向定在少儿方面。三是集团有这方面的代表性产品，如文学社的《哈利·波特》、百科社的《中国儿童百科全书·上学就看》等等，尤其是国外的"哈利·波特"产业链和价值链值得我们学习和借鉴。四是集团的出版资源足够丰厚，世图公司的少儿英语、音乐社的少儿音乐、美术社的少儿美术等，甚至商务的社科理论资源、中华的传统文化资源，都存在发挥空间。

集团在二级产品线中重点关注少儿文学、少儿英语、少儿艺术和幼儿园用书 4 个细类。文学社在少儿文学排名第 2，为 6.54%，第 1 名浙江少年儿童出版社的份额为 9.78%。浙少社属于专业性的少儿出版社，少儿文学对该社的码洋贡献率一直在 40% 以上。文学社的少儿文学品种不如浙少社，但品种贡献率却很高。这就为天天出版社的大力发展奠定了很好的基础。（见表 31—表 34）

表 31　集团 2008 年在少儿图书零售市场表现

类别	第一位及份额（%）	第二位及份额（%）	集团其他及排名
少儿文学	浙江少儿 /9.78	人民文学 /6.53	
少儿英语	西安交大 /18.83	世图公司 /13.64	
少儿艺术	吉林摄影 /8.61	上海音乐 /5.48	音乐社 / 第 10 位
幼儿园用书	福建人民 /61.53	中青社 /9.43	音乐社 / 第 52 位

表 32　2008 年少儿英语图书零售市场领先出版社

码洋排名	出版社	码洋占有率（%）	动销品种数（个）	品种占有率（%）	品种排名
1	西安交通大学出版社	18.83	154	5.11	2
2	世界图书出版公司	13.64	45	1.49	11
3	外语教学与研究出版社	6.33	286	9.48	1
4	上海译文出版社	5.67	29	0.96	32

（续表）

码洋排名	出版社	码洋占有率（%）	动销品种数（个）	品种占有率（%）	品种排名
--	前10名合计	62.09	800	26.52	--
121	现代教育出版社	0.03	17	0.56	49
148	人民音乐出版社	0.01	6	0.20	99
179	中国美术出版总社	0	2	0.07	179

表33 2008年少儿艺术图书零售市场领先出版社

码洋排名	出版社	码洋占有率（%）	动销品种数（个）	品种占有率（%）	品种排名
1	吉林摄影出版社	8.61	57	1.28	23
2	上海音乐出版社	5.48	159	3.57	2
3	吉林美术出版社	4.66	99	2.22	5
4	金盾出版社	4.01	167	3.75	1
10	人民音乐出版社	2.45	128	2.87	3
--	前10名合计	41.13	1007	22.6	--
87	现代教育出版社	0.11	26	0.58	55
50	中国美术出版总社	0.49	19	0.43	68

表34 2008年幼儿园教师用书图书零售市场领先出版社

码洋排名	出版社	码洋占有率（%）	动销品种数（个）	品种占有率（%）	品种排名
1	福建人民出版社	61.53	84	8.09	2
2	中国青年出版社	9.43	12	1.16	20
--	前10名合计	87.07	318	30.64	--
52	人民音乐出版社	0.05	4	0.39	54
--	现代教育出版社	--	--	--	--

少儿英语前 10 名出版社的市场份额超过 60%，市场集中度较高。世图公司排名第 2 位，低于第 1 名西安交大出版社 5 个百分点，领先第 3 名外研社 7 个百分点，基础很好。但世图公司主要靠"剑桥少儿英语"，产品不够丰富。此外，还要当心拥有《哆啦 A 梦》的二十一世纪出版社，拥有《喜羊羊与灰太狼》的童趣出版公司，他们的追赶势头很猛。

少儿艺术市场，音乐出版社排名第 10，美术总社排名第 50，现代教育排名第 87。我们的资源远远没有得到有效开发。

幼儿园用书，没有政策限制，市场开放，但缺乏品牌图书。目前最有竞争力的是福建人民出版社，市场份额高达 63.0%，中青社也正异军突起。集团自 2007 年开始，曾支持人民音乐出版社和现代教育出版社开发，但效果不佳。究竟是我们的产品不行，还是我们的培训营销没有做到位？我们需要有新思路。

（八）教材教辅产品线

教材是集团公司天生的结构短缺，是集团公司后天需要创造的经济增长点。

我们在一级的教育产品线之下，主要包括二级的中小学教材和课外文教读物。中小学教辅和大中专教材则列为三级线。这种级别设置，出发点在于：

第一，大中专教材方面，固然有高教社、大学社等领先出版社，固然有教育部的规划审定之类政策，但我们有老牌教材的资源基础，有丰富的学术专著基础，有雄厚的作者基础，还在于高等教育教材、大中专教材市场整体上属于开放性市场，尤其是大学和研究生教材，存在着教材使用决策分散、品种差异大、校方推荐而不强制等特点。

第二，中小学教材，音乐社、美术社的教材行销全国各地，中版教材公司的教材推广效益明显。

第三，配合新课标教材的中小学教辅类图书，正以多种形式由知识出版社、现代教育出版社开发。集团更具有优势性的是"大教辅"，如文学社凭借"语文新课标必读丛书"，在课外文教读物市场上稳居第一；同样，中译公司的"世界文学名著——名家导读版"，商务印书馆的"中国学生英语文库"、百科社和商务国际的学习工具书，也持续跟进。（见表35—表38）

表35　集团2008年在教辅图书市场份额

类别	市场份额第一位（%）	集团其他单位排名
课外文教	人文社 /15.74	百科社 / 第 5 位
作文	华语教学 /9.55	中译 / 第 10 位
中高考	西藏人民 /17.5	百科社 / 第 85 位，现代教育 /第 164 位
中小学教辅	百科社 / 第 18 位，知识社 / 第 37 位，世图 / 第 53 位，现代教育 / 第 126 位	

表36 2008 年作文图书零售市场领先出版社

码洋排名	出版社	码洋占有率（%）	动销品种数（个）	品种占有率（%）	品种排名
1	华语教学出版社	9.55	343	2.93	3
2	朝华出版社	6.11	121	1.03	21
3	湖南少年儿童出版社	5.91	393	3.36	1
10	中国对外翻译出版公司	2.9	78	0.67	40
--	前 10 名合计	47.86	1927	16.47	--
57	中国大百科全书出版社	0.29	101	0.86	30
70	现代教育出版社	0.20	27	0.23	111

表37 2008 年课外文教读物图书零售市场领先出版社

码洋排名	出版社	码洋占有率（%）	动销品种数（个）	品种占有率（%）	品种排名
1	人民文学出版社	15.74	251	2.45	1
2	南方出版社	3.54	92	0.90	24
3	北京教育出版社	3.20	139	1.36	12
--	前 10 名合计	41.14	1305	12.75	--
1	人民文学出版社	15.74	251	2.45	1
5	中国大百科全书出版社	2.83	101	0.99	21
41	商务印书馆	0.57	167	1.63	6

表38　2008年高考考试图书零售市场领先出版社

码洋排名	出版社	码洋占有率（%）	动销品种数（个）	品种占有率（%）	品种排名
1	西藏人民出版社	17.50	541	4.29	2
2	首都师范大学出版社	13.55	301	2.39	6
3	文化艺术出版社	5.87	71	0.56	45
--	前10名合计	57.54	3122	24.75	--
85	中国大百科全书出版社	0.15	165	1.31	17
164	现代教育出版社	0.03	35	0.28	84

集团在中小学教辅市场上的份额不高，一方面是民营机构和专业类出版社占据了市场空间；另一方面需要更新观念，鼓励选择优秀出版机构、品牌教辅读物合作，改变"广种薄收"的局面，同时要重点开发"大教辅"。

我们的教育产品线，是大力推广中小学教材，重点发展高等教育，择优选择课堂教辅，以"大教辅"观念重点开发课外文教读物。

（九）动漫图书产品线

动漫市场经历了三个阶段，即卡通阶段、绘本阶段和影视互动性动漫阶段。三个阶段代表了三种热点、三种出版形态。集团进入这一领域的出版社先后有三联、现代、商务和文学社。从市

场份额来看，2008 年的成人绘本市场上，现代社和文学社分列第
1、2 位，市场份额分别为 19.2% 和 18.0%，领先优势比较明显。
三联书店位列第 5 位，但市场份额仅 4.9%，与前 4 名的差距较大。
前 10 名出版社的市场份额为 77.5%，说明成人绘本对作者品牌有
很高的依赖性。少儿卡通市场，现代出版社名列第 12，美术总社
位居第 16 位。第 1、2 名是童趣出版公司和上海人美社，我们的
资源优势没有在市场上体现出来。（见表 39—表 41）

表 39　集团 2008 年在动漫图书市场份额

类别	市场份额第一位（%）	市场份额第二位（%）	集团其他单位及份额
成人绘本	现代社 /19.15	人文社 /18.02	三联 / 第 5 位
卡通	童趣 /13.63	上海人美 /9.68	现代 / 第 12 位，美术总社 / 第 16 位

表 40　2008 年成人绘本漫画图书零售市场领先出版社

码洋排名	出版社	码洋占有率（%）	动销品种数（个）	品种占有率（%）	品种排名
1	现代出版社	19.15	199	14.11	1
2	人民文学出版社	18.02	16	1.13	13
3	陕西师范大学出版社	11.35	25	1.77	7
4	上海锦绣文章出版社	11.09	12	0.85	22
5	生活·读书·新知三联书店	4.85	125	8.87	2
--	前 10 名合计	77.53	485	34.39	--

表41　2008年卡通图书零售市场领先出版社

码洋排名	出版社	码洋占有率（%）	动销品种数（个）	品种占有率（%）	品种排名
1	童趣出版有限公司	13.63	642	5.53	1
2	上海人民美术出版社	9.68	640	5.51	2
3	二十一世纪出版社	7.36	476	4.10	4
4	浙江少年儿童出版社	5.87	311	2.68	8
--	前10名合计	60.56	3774	32.5	--
12	现代出版社	2.31	182	1.57	16
16	中国美术出版总社	1.64	504	4.34	3

集团将动漫列为第一级产品线的原因：一是要巩固现代社、文学社（天天社）的领先地位，鼓励美术总社发挥资源优势；二是要推动动漫的立体开发，包括影视网络图书期刊多形态多样化开发；三是要巩固好与老作者的关系，蔡志忠、几米、朱德庸是王牌，不要随便流失；四要提高创新能力，动漫市场上的产品稳定性好，只要一本畅销，整个系列就跟着畅销。童趣出版公司的《喜羊羊与灰太狼》、安徽少儿社的《虹猫蓝兔七侠传》、云南教育社的《漫画派对》等，2008年少儿卡通前50名的畅销书全是这三个系列。

动漫行业的创新能力、动漫作品的原创性，是决定这一市场兴衰的核心问题；图书与影视动画之间的互动，则是决定出版单位市场份额的核心武器。

（十）生活图书产品线

生活类图书正处于快速增长期。人称旅游、大众健康、心理自助为"阳光产业"。这些图书是出生于专业、生活在大众。（见表 42—表 44）

表 42　集团 2008 年在生活类图书市场份额

类别	市场份额第一位（%）	集团出版社排位
旅游类	中国旅游 /22.74	三联书店 / 第 4 位
大众健康类	江苏文艺 /11.73	世图公司 / 第 36 位，中译 / 第 37 位
心理自助类	新世界 /4.44	现代社 / 第 53 位，世图公司 / 第 149 位

表 43　2008 年旅游图书零售市场领先出版社

码洋排名	出版社	码洋占有率（%）	动销品种数（个）	品种占有率（%）	品种排名
1	中国旅游出版社	22.74	819	11.73	1
2	吉林出版集团有限责任公司	8.13	25	0.36	65
3	旅游教育出版社	5.67	293	4.20	2
4	生活·读书·新知三联书店	5.34	52	0.74	23
5	广东旅游出版社	5.03	280	4.01	3

表 44　2008 年大众健康图书零售市场领先出版社

码洋排名	出版社	码洋占有率（%）	动销品种数（个）	品种占有率（%）	品种排名
1	江苏文艺出版社	11.73	20	0.10	162
2	吉林科学技术出版社	5.28	524	2.56	4
3	青岛出版社	4.40	292	1.43	19

（续表）

码洋排名	出版社	码洋占有率（%）	动销品种数（个）	品种占有率（%）	品种排名
4	中国中医药出版社	4.36	336	1.64	11
---	前 10 名合计	43.25	3775	18.46	---
36	世界图书出版公司	0.64	316	1.55	15
37	中国对外翻译出版公司	0.63	7	0.03	285

旅游图书市场，三联书店位居第 4，其中"出境游"排名第 1。市场份额前 10 名的出版社，既有中国旅游、旅游教育、广东旅游等专业性出版社，更有非专业性的吉林出版集团有限公司和我们的三联书店。专业社主要靠品种规模，非专业社则靠主打产品。三联凭借 LP 系列就在"出境游"方面排名第 1。其中，中国旅游的市场份额达到 22.7%，但其单品种的码洋贡献率仅 1.3%，三联主要靠品种规模制胜。吉林出版集团有限公司靠一套《图说天下：国家地理系列》，码洋占有率就达到 8.1%。这反映了旅游出版市场的巨大潜力。

大众健康出版市场，2008 年的动销品种超过 2 万种。专业类出版社并不占优，2008 年市场第 1 名是江苏文艺出版社，市场份额达到 11.7%，第 2 名才是吉林科技出版社。世界图书出版公司排名第 36 位，中译公司排名第 37 位。从品种来看，吉林科技社品种多、规模大，江苏文艺社主要是《国医健康绝学系列》，中译公司也仅有《曲黎敏养生十二说》等 7 个品种，很少的品种让江苏文艺、中译占据了一定市场份额。这反映了这个市场的不成熟。

心理自助类图书是近些年来主要的畅销书来源之一，并演变成"职场励志"等社科、文学图书。集团出版社的市场份额刚刚建立。现代社以 0.5% 的码洋占有率排名第 53 位，世界图书出版公司排名第 149 位。但是，心理自助类的市场发育还远没有成熟，2008 年排名第 1 位的新世界出版社码洋占有率也不过 4.4%。世图公司的心理学图书已经有了一定优势，面向大众开发普及性的心理自助图书应该顺理成章。

（十一）科技文化产品线

总体上，科技出版不是我们的强项，但科技文化却能成为我们的出版方向。（见表 45—表 48）

表 45　集团 2008 年在科技文化类图书市场份额

类别	市场份额第一位（%）	集团出版社及排名
医学	人卫 /23.15	世图公司 / 第 25 位
科普	湖南科技 /12.83	三联 / 第 24 位

表 46　2008 年医学图书零售市场领先出版社

码洋排名	出版社	码洋占有率（%）	动销品种数（个）	品种占有率（%）	品种排名
1	人民卫生出版社	32.15	5824	18.68	1
2	人民军医出版社	11.07	2732	8.76	2
3	中国协和医科大学出版社	3.93	628	2.01	11
4	北京科学技术出版社	3.66	449	1.44	15
--	前 10 名合计	69.38	16970	54.43	--
25	世界图书出版公司	0.61	368	1.18	20

表47　2008年科普图书零售市场领先出版社

码洋排名	出版社	码洋占有率（%）	动销品种数（个）	品种占有率（%）	品种排名
1	湖南科学技术出版社	12.83	163	4.52	2
2	科学出版社	6.27	168	4.66	1
3	中国友谊出版公司	4.93	42	1.16	11
4	上海科学技术文献出版社	3.63	128	3.55	4
5	中央编译出版社	3.59	23	0.64	32
6	吉林出版集团有限责任公司	3.24	15	0.42	66
--	前10名合计	43.97	642	17.8	--
24	生活·读书·新知三联书店	1.06	41	1.14	12
46	世界图书出版公司	0.48	19	0.53	45
104	中国大百科全书出版社	0.14	18	0.50	49

表48　三联书店2008年版科技类图书畅销书
（共117个图书品种）

排名	ISBN	书名	定价（元）	监控销量（册）
1	9787108028372	协和医事	32	4299
2	9787108029034	采访本上的城市	69.50	2135
3	9787108025982	穿越时空系列——生命起源	38	1366
4	9787108026385	中国古代建筑师	33	1155
5	9787108018168	城记	58	1129

集团产品线建设，一是要巩固世图公司的影印科技图书出版；二是开发医学、建筑以及介绍新知的科技文化类图书。"专

业社领先现象"在科技出版市场方面体现明显，医学方面人民卫生出版社绝对垄断，世图公司目前排名第 25 位。科学普及方面，湖南科技出版社和科学出版社位居市场前两位。但在科技文化方面，三联书店、上海三联、广西师大出版社三家相对突出。广西师大 2008 年有 115 个动销品种，他们的"探索丛书"市场冲击力比较强。三联书店有 117 个动销品种，主要包括建筑、医学文化等各类新知图书，包含在《新知文库》、"穿越时空系列"等系列内。

（十二）古籍图书产品线

在集团图书产品线中，这是一条专设性产品线。古籍图书产品线，重在古籍整理和传统文化普及。主要指对中国古代典籍进行审定、校勘、注释等加工整理工作。中华书局是我国古籍整理的重镇。集团提出这条产品线，一方面是对古籍整理的重视，另一方面则提出要求，中华书局在全面开展古籍整理工作中，既要争取国家补贴，又要自力更生。如何自力更生？有几个例子，一是吸收社会资本，共同开展大型古籍整理项目，共同投入共同受益，《影印文津阁四库全书》是个例子。二是加强普及性和市场性，目前的古籍整理大多在专业书店为专业人士所用，但一些白话文本、典藏本也为大众广泛接受，三秦出版社的《中华国学百部》在零售市场上占据突出地位，经典古籍的现代解读类图书，如《于丹〈论语〉心得》等，也成了这两年的超级畅销书。

集团的目的是巩固中华书局在古籍整理中的龙头地位，同时要有危机感，市场化、大众化、网络化来势汹汹，要求我们必须从思想上、策略上进行恰当应对。在传统文化普及（文普）方面，中华、文学要承担重任。

（十三）外向型图书产品线

外向型图书，这是集团参与国际竞争的战略方向。开发外向型图书包括实物出口、版权输出，也包括在海外成立机构。集团的实物出口多年来占据全国 35% 的市场份额。2007 年、2008 年集团输出版权位列全国第 2，2009 年法兰克福书展签订版权输出协议达到 169 项，还有意向协议 478 项，《于丹〈论语〉心得》《藏獒》等图书成为代表。集团在机构上已经布局，中版国际公司成立，伦敦、巴黎、悉尼等地的合资公司已经创办，中图公司也加大了力度。集团及各单位的成绩也有目共睹。集团发展外向型图书产品线，要大力推动各单位出版外向型图书，扩大版权销售和产品出口。

（十四）部分有成长性产品线（三级）

集团部分有成长性的图书产品线，包括经管类、法律类、农村市场类等，其在 2008 年的市场份额见表 49—表 51。

表 49　集团 2008 年在经管类图书市场份额

类别	排名第一出版社	市场份额（%）/品种	集团出版社	市场份额（%）/排名
产业经济管理	人民邮电出版社	6.46/1	商务印书馆	0.22/68
经济理论	中信出版社	15.19/1	商务印书馆	0.93/24
金融	中信出版社	27.77/1	商务印书馆	0.30/27
财务会计	立信会计出版社	8.34/1	商务印书馆	0.11/77
企业管理	民主法制出版社	11.77/1	商务印书馆	1.81/16
个人理财	机械工业出版社	8.33/1	世图公司	0.43/118
销售 / 营销	机械工业出版社	10.15/1	商务印书馆	0.09/105
商务贸易	中国经济出版社	10.00/1	世图公司	0.34/66
人力资源	人民邮电出版社	21.71/1	商务印书馆	0.41/32
管理学与实务	机械工业出版社	12.21/1	商务印书馆	0.37/47

表 50　2008 年法律类图书的市场份额排名

类别	市场份额第一位（%）	集团其他出版社及排名
法律学术	法律社 /24.01	百科第 /32 位，中译 / 第 265 位
法律实务与案例	法律社 /28.51	百科社 / 第 114 位
法律基础	法制社 /37.51	百科社 / 第 134 位

表51 北京市新闻出版局"读书益民"工程领导小组
关于农村居民"最需要的图书类型"调查统计

排序	需要图书类型	百分比（%）
1	农业生产	29.61
2	科技科普技术	16.31
3	法律法规	12.02
4	致富	8.15
5	文学小说	7.30
6	子女教育	3.00
7	英语	3.00
8	就业职业培训	3.00
9	电脑计算机	2.58
10	管理市场	2.58
11	健康养生保健	2.58
12	杂志期刊	1.72
13	影视娱乐	1.29
14	少儿	1.29
15	历史文化	0.86
16	手工工艺	0.86
17	美容化妆	0.86
18	旅游	0.86
19	民俗	0.86
20	光盘	0.86
21	烹饪	0.43
总计		100.00

（十五）集团各出版社承建的产品线

表52—表65是中国出版集团各出版社承建上述产品线的情况。

表52　人民文学（天天）出版社承建产品线

一级产品线	子产品线 （二级）	有成长性子产品线 （三级）
文　学	小说	文学理论
	戏剧诗歌	
	散杂文	
	中国古典文学	
少　儿	少儿文学	
动　漫	成人绘本	
教材教辅	课外文教读物	大中专教材
古　籍	传统文化普及	
	外向型图书	

表53　商务印书馆承建产品线

一级产品线	子产品线 （二级）	有成长性子产品线 （三级）
工具书	汉语工具书	
	英语工具书	
	学生工具书	
语言学习	英语学习	
	汉语学习	
	小语种	
学术文化	哲学	法律 经管
教材教辅		大中专教材
	外向型图书	

表54　中华书局承建产品线

一级产品线	子产品线 （二级）	有成长性子产品线 （三级）
文　学	中国古典文学	文学理论
学术文化	历史	
	哲学	
古　籍	古籍整理	
	传统文化普及	
教材教辅		大中专教材
		考级教材
	外向型图书	

表55　中国大百科全书出版社（知识出版社）承建产品线

一级产品线	子产品线 （二级）	有成长性子产品线 （三级）
工具书	百科工具书	
	学生工具书	
学术文化		法律
教材教辅		中小学教辅
		考级教材
科技文化		科普
	外向型图书	

表56 中国美术出版总社承建产品线

一级产品线	子产品线（二级）	有成长性子产品线（三级）
美 术	美术理论	美术欣赏
	艺术画册	
	绘画技法	
教材教辅	中小学教材	
		大中专教材
		考级教材
动 漫		卡通
	外向型图书	

表57 人民音乐出版社承建产品线

一级产品线	子产品线（二级）	有成长性子产品线（三级）
音 乐	音乐理论	音乐赏析
	器乐声乐	
少 儿		少儿艺术
		幼儿园教材
教材教辅	中小学教材	大中专教材
		考级教材
	外向型图书	

表58　三联书店承建产品线

一级产品线	子产品线 （二级）	有成长性子产品线 （三级）
学术文化		经管
生　活	旅游	
文　学	散杂文	文学理论
动　漫	成人绘本	
科技文化		科普
	外向型图书	

表59　中国对外翻译出版公司承建产品线

一级产品线	子产品线 （二级）	有成长性子产品线 （三级）
语言学习	英语学习	
教材教辅	课外文教读物	
生　活		大众健康
	外向型图书	

表60　东方出版中心承建产品线

一级产品线	子产品线 （二级）	有成长性子产品线 （三级）
文　学	散杂文	
美　术		美术赏析
	外向型图书	

表61　现代教育出版社承建产品线

一级产品线	子产品线 （二级）	有成长性子产品线 （三级）
教材教辅		中小学教辅
		考级教材
	外向型图书	

表62　荣宝斋出版社承建产品线

一级产品线	子产品线 （二级）	有成长性产品线 （三级）
美　术	艺术画册	美术赏析
	绘画技法	
	外向型图书	

表63　现代出版社承建产品线

一级产品线	子产品线 （二级）	有成长性产品线 （三级）
动　漫	成人绘本	卡通
学术文化		经管
音　乐		音乐赏析
生　活		心理自助
	外向型图书	

表64　世界图书出版公司承建产品线

一级产品线	子产品线 （二级）	有成长性产品线 （三级）
语言学习	英语学习	
	小语种	
少　儿	少儿英语	
教材教辅		中小学生教辅
		大中专教材
生　活		心理自助
		大众健康
科技文化	影印科技图书	
		医学
		科普
	外向型图书	

表65　商务国际承建产品线

一级产品线	子产品线 （二级）	有成长性产品线 （三级）
工具书	英语工具书	
	汉语工具书	
	学生工具书	
	外向型图书	

第三部分　深化产品线建设的措施和要求

（一）五项措施

1. 政策扶持和资金倾斜，主要包括：

（1）书号向一级产品线全面开放；

（2）申报各种奖项重点考虑产品线中的项目；

（3）集团"双推计划"和组织参加的政府采购，重点推荐产品线内的图书；

（4）专项资金向产品线及其项目倾斜。

2. 重奖畅销书。集团公司将制定奖励办法，补充奖励资金，加大奖励力度，关键是保证奖励到位，要到关键岗位的关键人员。

3. 建立产品线数据监测机制。

（1）集团将追踪关注全集团的产品线发展数据，以此评判各单位图书出版物的市场状况。

（2）各单位也要时刻关注本单位产品线的市场数据。根据产品线发展状况，集团将对产品线进行动态调整。

4. 大力推动市场营销和产品价值链的多元化开发。鼓励图书与影视、网络、巡回演讲、品牌形象营销甚至玩具等商业制品之间的互动。集团公司和各单位要紧密合作，大力开展"双推计划"，加强市场推广和营销的力度。

5. 放权让利，鼓励各社按照产品线建立分社。鼓励各单位立足专业市场，独立建立事业部或者分社，要给予负责人用人权、奖金分配权，在职位晋升上重点考虑。

（二）五项要求

1. 高度认识产品线建设的意义。一个出版单位是否拥有竞争力，好产品很重要，良性的出版结构、持久的竞争能力更为重要。产品线是形成出版结构、持久竞争力的核心所在，国际出版巨头的成功经验已经验证了这一点。我们大到一家出版集团小到一家出版社，现在多是综合性的，有些更是到了什么书赚钱出什么书、今天不管明天事的地步，这是我国出版业的总体弊端，但也是出版集团或出版社战略转型、长远发展的重要机遇期。有了合理的出版结构，有了清晰的产品线，我们才知道从哪里用力，又怎样发展。有了清晰而强大的产品线，我们才知道怎样设计公司结构和配备人力资源、构筑作者资源，从而为上市融资、为融资后的兼并收购做准备。

2. 进一步提高市场意识。产品线建设不是集团公司的任务，而是来自市场的命令。市场表现已经说明，我们有些单位表面强大其实不强，至少是新产品不强（如商务、美术），有些单位产品很多但市场份额很差（如商务的学术图书），有些单位总体上品牌突出但哪一类产品都不强（如三联），还有些单位至今还在摸索自己究竟要做什么（如现代教育、东方）。

3. 推行以产品线为纲来做出版工作的发展方式，发展目标是"两个梯队"。第一梯队，是每家出版社至少要有一条产品线保证在全集团位居第 1，并进入全国前 3；第二梯队，是每家出版社至少要有一条产品线在全国占据前 3，并争取第 1。

4. 深化内部机制改革。一旦产品线成为各单位的龙头，组织机构上就要给予保证。集团将鼓励各单位围绕产品线，进行内部机制改革，建立分社制和事业部制度。各个分社进行专业化分工，以产品线中的某个关键点、某个更细的图书类别，甚至以某套系列化品牌图书为重点，深入开掘，增加产品的价值链开发。

5. 推动外延式的兼并重组。上市之后怎么办？在新一轮文化体制改革中，我们如何应对当前的国有与民营合作？或者说，我们该选择什么方向、什么内容来兼并重组、参股合作呢？从完善产品线建设入手，就是我们的思路之一。我们要从产品线的关联性、产业链的延伸性、价值链的提高等，来选择我们的外延式扩张对象。产品线建设，不仅关系到当前我们的出版结构优化工作，还关系到我们未来上市之后的长远工作。

打造亮点　主攻重点　努力提高市场份额★

一、集团重点出版项目

（一）加速推进既定重点项目

1. 国家出版基金项目 11 个，共 3 个亿。《辉煌历程》的 2 个项目直接下拨人民出版社，另外 9 个项目、7 个社共下拨 1745 万元。9 个项目分别是：文学社的《20 世纪中国新诗总库》1 月发稿，《鲁迅大辞典》年底完成编校；美术社的《漫画中国文化》年底完成 1～2 册出版，《红旗飘飘》年底完成搜集资料、图片和文字编校工作，《任伯年全集》由人美和天津人美共同完成；音乐社的《国韵华章》已经出版，《中国当代作曲家曲库》年底出版 8 册；东方、商务、百科的《世界历史文库》；上海世图的《颅颌面损伤治疗学》。

2. 完成国家"十一五"规划项目，共 78 项；国家古籍"十一五"规划项目，共 41 项。

★　2010 年 3 月 10 日，在中国出版集团 2010 年度出版工作座谈会上的讲话提纲。

3. 推进国家及集团大型出版项目《二十四史》《清史稿》《辞源（修订版）》《世界历史文库》丛书等。

4. 2010 年集团出版专项资金项目 49 个，其中图书 41 个，报刊 8 个。

5. 服务上海世博会。如中译公司《中国 2010 年上海世博会概览》（英、法、日文版）；东方中心《上海世博会官方图册》（2 种中文版，5 种外文版），《上海世博会官方导览手册》（5 种外文版）；上海市新闻出版局还将在全国遴选 15 种世博特许期刊，推出"世博专题书坊"，在全市各大中型书店开设世博图书专区、专柜、专架。

此外，服务广州亚运会，各社尤其是广州世图也要有作为、有重点。

（二）积极申报新的重点项目

1. 申报 2010 年国家出版基金的项目。国家出版基金一是只资助优秀公益性出版项目，主要是大项目，具公益性、文化价值高的大部头，如《中国文库》《世界历史文库》《院士文库》《中国大百科全书（第三版）》《辞源》等等；二是凡是哲学社会科学基金、自然科学基金以及诸如古籍出版资金、民族出版资金等资助的出版项目，国家出版基金原则上不再资助。2009 年申报、下拨的 2010 年项目，集团 9 家单位 11 个项目，共获得国家出版基金 1800 多万元，占总额的 12%。2010 年即将申报 2011 年的项目，资金总额 1 亿元，3 月底将出"申报指南"。

2. 申报第二届中国出版政府奖的图书奖、音像奖、电子出版物奖。中国出版政府奖奖励数额计约 200 个，包括 6 个奖项：图书奖 60 个，音像制品、电子出版物、网络出版物奖 20 个，毕昇优质印刷复制奖 10 个，装帧设计奖 10 个，先进出版单位奖 50 个，优秀出版人物奖 50 个。

3. 申报 2010 年国家基金出版资助项目。

4. 申报向青少年推荐优秀出版物、"农家书屋"推荐书目。

5. 申报集团公司 2011 年出版专项资金的项目。

（三）及早筹划新的重点项目

1. 服务大局的项目。纪念建党 90 周年相关项目，纪念辛亥革命 100 周年相关项目，如文学《辛亥革命》小说与纪实文学，中华书局《中华民国史（修订本）》，音乐、中华、百科、世图《院士文库》等。

2. 本单位、集团、国家三个层次的"十二五"规划项目。

二、努力提高集团市场份额

（一）中国出版集团出版主业的全国市场地位

1. 资产地位

目前全国"双百亿"企业集团 1 家，市场值超百亿出版发行集团 3 家；中国出版集团 2009 年资产 70 亿，净资产 48 亿，负债 45 亿，主营收入 40 亿，经济实力差距还比较大。

2. 集团图书

从市场份额看，竞争对手离我们越来越近了。集团 2010 年 1 月份市场份额 5.85%，2009 年 12 月是 6.54%，降低了 0.69 个百分点；位居第 2 位的吉林出版集团 2010 年 1 月份 4.09%，2009 年 12 月 3.75%，上升 0.34 个百分点。这一个月内，前 10 名集团中，陕西集团市场份额上升最快（上升 0.90 个百分点），长江集团上升 0.64 个百分点，科学集团上升 0.50 个百分点。

3. 单体出版社市场份额

从全国范围内看，机械工业、外研社、长江文艺分别位居单体出版社前 3 位。集团成员单位单体出版社排名比较好的有：文学第 4，商务第 11，世图第 34，中华第 39，百科第 44，三联第 87，美术第 161，音乐第 202。

4. 分类图书市场份额

13 个图书大类里，中国出版集团只在学术文化、英语 2 类排名第 1。其他排名比较好的是：文学社在文学上排名第 2，中华在学术文化上排名第 2，商务在英语上排名第 3。其他社都没有进入前 3 名。

5. 原因何在

中国出版集团出版主业在全国市场地位格局的形成有以下原因。

一是要看出了多少书。集团层面看，中国出版集团1月份出书491种，吉林集团619种。出版社层面看，机械工业一家387种，而文学84种，商务49种。显然，我们品种规模略显不足。

二是要看多少书能卖。中国出版集团1月份动销品种是23671种，外研社是5908种，化工社是9899种，文学社是2859种，商务是3000种。我们的动销品种在数量上也有差距。

三是要看多少书能卖好。1月份，综合畅销书前50名中，我们有3种，就是文学的小说《失落的秘符》，商务的《新华字典》和《现代汉语词典》。虚构类畅销书前30名，我们有2种，就是文学的《失落的秘符》《达·芬奇密码》，长江文艺有10种，接力社4种。非虚构类畅销书前30名，我们有3种，就是三联的《目送》，东方的《文化苦旅》，中华的《于丹〈论语〉心得》，江苏文艺有4种。少儿类畅销书前30名中，我们有文学的《哈利·波特》2种，明天出版社有11种。

（二）出版主业在集团整体经营中的地位

中国出版集团10家一级出版社占主营收入的1/3（12.5亿，世图、现代、荣宝斋、中版教材、商报未计入），其中，收入过亿的有商务、文学、三联、中华、美术5家。其他企业中，中图公司一家的收入超过22亿，比10家出版社的总和高出10亿。

但是，10家一级出版社利润为1.71亿，占集团的63%。

从收入增长率看，出版企业2009年增长率8.37%，中图公司的增长率为 1.74%。也就是说，与中图比，集团出版企业收入增长率、利润率较高。

这也说明：第一，传统出版主业是稳定集团利润率的重要因素，进一步增强出版主业的经营规划和能力，仍是重要的发展途径；第二，传统出版主业目前的增长能力有限，要提高集团整体收入，集团的经营结构要更为完善。

三、主要措施

（一）两个落实

一是落实重点项目。出版业务部将会加大重点项目的督促落实和验收力度，完成重点图书的出版计划，以重点带一般，可用出版专项资金扶持。

二是落实畅销书奖励。各单位放下身段、转变心态，以市场为导向，搞活畅销书的出版机制。针对优秀畅销书，集团和各单位分别给予奖励，以畅销带动销售。每年评选十大畅销书，事后予以重奖；也可以专项资金形式，事前支持可能畅销图书的出版。

（二）两个倡导

一是倡导加大宣传营销。磨铁文化的营销之道是靠投入，每年投入 1000 万；长江文艺（北京）中心靠的是与经销商的频繁沟通。集团用"双推计划"来配合各单位，把"双推计划"的工作重点放在宣传上，由双推评委会组织交流会、推荐会、现场会。集团和各单位加强互动，来打造亮点，多做面向社会大众的宣传。

二是倡导机制改革。过去讲体制较多，现在要多从微观入手，讲机制改革、机制创新。有条件的单位研究挖掘、进一步解放副牌社的生产力，利用"正牌"开发高端的常销书，利用"副牌社"开发市场类的畅销书。

同时要放下身段关注民营出版，与其开展项目合作和机构合作。

（三）一个通报

建立市场份额动态通报机制。出版部做一份"市场销售通报"，每月或每季度向各单位通报一段时间内每个出版社的市场份额、畅销书等。排名、排分，并作为双效考核的重要内容。

总之，希望大家共同努力，以重点项目为抓手，打造亮点、主攻重点，以提高市场份额为目标，进一步推进出版主业的发展。

用出版人的方式服务世博会★

　　在上海举办世博会，是我国继奥运会之后举办的又一项重大国际活动。中国出版集团作为出版的国家队，把服务好世博会作为自己义不容辞的责任。2009 年 7 月，世博会官方出版物公开招标，我们集团立即成立了以集团公司总裁为组长，以所属东方出版中心和中国对外翻译出版公司为基础的团队，全面策划竞标方案，积极参加竞标工作。在 8 月的招标会上，集团公司党组书记亲自到场陈述，表达了服务世博、做好官方读物的强烈意愿。最终，我们获《官方图册（中外文版）》和《官方导览手册（外文版）》共计 15 个版本图书的独家出版权。这个任务，光荣而又十分艰巨。令人欣慰的是，今天，《世博官方图册》中、英文版以及《官方导览手册》的外文版已经印制完成，法、日、韩等语种的出版物也将在世博会开幕前全部完成。国内外读者可以通过这些图书了解精彩的世博会。

★　2010 年 4 月 19 日，在《世博官方图册》首发仪式上的讲话。

《世博官方图册》是世博局编辑的一本大型图集，全面介绍世博会各方面的信息，具有权威性、欣赏性和知识性。因为涉及诸多环节，时间特别紧，要求特别高，版本特别多，压力也特别大。2009年12月起，我们以东方出版中心和中国对外翻译出版公司为主，调集了全集团编辑、翻译、设计、校对、印制等各个环节的精兵强将60多人，全面开展编辑出版工作。装帧设计，我们特别约请了大师级的吕敬人先生出马，希望能将最美的书献给世博会。2010年2月下旬起，两家承办单位先后集中了40多人的编、译、核、审团队，在东方出版中心安营扎寨，赶时间、抓质量，工作、吃住在中心，连续加班工作50多天，进行最后冲刺。其间，东方中心和中译公司两家单位的主要领导每天听取工作汇报，深入现场了解情况，解决问题。承担供纸任务的山东凯丽特种纸有限公司，承担印刷任务的上海中华商务联合印刷有限公司和当纳利印务公司也大力配合，优先支持本书的出版。

出版过程中，上海市委宣传部、市出版局的领导给予了我们极大的信任和支持，世博局朱咏雷副局长更是亲自到现场指导。为了确保出版物内容的准确与生动，世博杂志社的王铁成主编、吴佳副主编以及张小平、李明同志，对两本出版物从文字到内容严格把关，不厌其烦地与编辑们进行深入沟通，体现了一丝不苟的世博精神。

正是在上海市及世博局的领导下，集团的东方中心与中译公司及纸张、印务各单位、各环节，竭尽全力，确保了官方出版物高质量的顺利出版。

我们深知，完成出版工作只是阶段性目标。下一步，我们要继续依靠上海各级领导和机构，宣传好、发行好上述读物，把宣传世博会、服务世博会观众的效果落到实处。

中国出版集团的总部设在北京，但我们与上海渊源很长、联系很多、感情很深。我们集团的商务印书馆、中华书局和三联书店，历史上都是在上海创办的，至今与上海有着广泛联系；集团的中国图书进出口（集团）总公司，在上海设有子公司，长期驻沪服务；东方出版中心，更是设于上海，受惠于上海。近年来，我们集团把为上海的文化繁荣服务、为上海的改革发展大局服务，作为我们的重要责任和任务。这次，我们积极竞标，顺利推出世博会官方出版物，也是我们一贯追求的结果。

这里，我代表中国出版集团，再一次感谢上海市各级领导的信任和支持，同时也希望今后继续与上海有关方面深入合作，为我们共同的"大上海"作出应有的贡献！

出版物存在的低俗之风及应对思考★

这些年，出版物当中存在的低俗之风有蔓延之势，已经引起许多正直的读者的强烈不满和中央领导的高度关注。比如：盗墓、后宫、返祖、官场小说等类的文学作品过多过滥，风水、看相、星座、运程等迷信类图书频出，随意戏说历史、颠覆经典、颠覆重要历史人物和重大历史事件的噱头之作、不负责任之作不在少数，不少养生、保健类图书脱离科学基础、夸大其词、误导读者，一些出版物充斥暴力、色情内容，一些出版物热衷抖落乃至夸大社会阴暗面和个人隐私，一些出版物引导盲目追星、追求名利与享乐，一些出版人与一些影视节目遥相呼应、制造"绯闻"来推销图书，一些出版社不思创新而是随波逐流、跟风炒作，等等。这些出版物，背离了社会主流价值观和正确的出版导向，在社会上产生了消极的甚至恶劣的影响。

低俗文化的沉渣泛起，背后存在着唯利是图、获取利益的动

★ 此文撰于 2010 年 6 月 23 日。

机，但绝不是市场经济的必然，更不是出版产业正在进行的文化体制改革的必然。恰恰相反，这些现象是与文化体制改革和文化大发展大繁荣的要求格格不入的。我们应该看到，低俗文化的涌动，既与当今社会文化，尤其是影视、互联网带动的"娱乐至上"潮流有关，又与我国文化发展不够均衡、文化表现形式不够多样、文化创新能力亟须提高、文化核心价值观亟待加强有关。

第一，文化发展的不够均衡，既指我们的文化发展有城乡之差、层次之别，还指文化有高雅、通俗之别。低俗文化与高雅文化有天壤之差，同时又与通俗文化有根本区别。低俗文化之所以防不胜防，实际上是我们的文化给它留出了空间，我们还没有将先进的、优秀的、高雅的文化充分通俗化，我们对这些优秀文化的表现还没有做到充分地多样化，我们对这些优秀文化的传播还没有做到充分地覆盖。这是出版产业必须努力改进和发展的一个方向。

第二，我们要从源头做工作。创造者和传播者是文化之所以能成为文化的两个关键。首先要控制低俗文化的创造者。低俗文化并不是凭空而来，也要进行加工和创造。谁创造了低俗文化？这才是根本。我们也不讳言，正是包括出版人在内的某些文化从业者，为低俗文化打开了传播的渠道。对待这些从业者，既要严格教育，提高其文化品位和素质，更要依据国家出版相关法规进行严厉管理，问责惩治。

第三，我们要扬正气、走正路，大力弘扬优秀文化，提高创新能力，推出精品出版工程。"精品出版工程"不是一个出版阶段的要求，也不是一个或一批大型出版项目，而是应当永久坚持的出版理念，是贯穿在大项目或单本书、大工程或小册子中的出版品位。坚持精品不动摇，"唯精品是举"，这样的出版人才有战略眼光，这样的出版社才能成就传世品牌。

第四，我们还要改变两种认识误区，一是低俗之作能实现高利润。事实上，低俗文化在全世界都遭到反对。比如美国，专门制定了禁止向未成年人传播淫秽色情的法律。制造和传播低俗文化，就是在以身试法；比起优秀的、受到大众欢迎的作品，低俗读物的是难以产生长久收益的。因此，我们也要从销售渠道着手，明定规则，让低俗文化读物永远缺乏正规、广泛的销售渠道，缺乏获利空间。第二个认识误区是把一些模仿、尝试新样式的作品误读为低俗作品。比如这些年模仿欧美恐怖小说出现的一些文学作品，读者因为新奇会有兴趣，无奈模仿者还处于模仿阶段，作品的水平不高。对此，我们认为文学样式无罪，应当允许尝试，经过一段时间的积累，就会有更优秀的写作者出现，这个领域中也会出现好的作品。

回望作品亮点多　前行出版任务重★

　　总体上讲，2010 年上半年，集团各单位围绕中心、服务大局，因应形势、求新求变，配合集团整体工作，保生产保增长，顺利完成了出版经营任务。围绕中心，就是围绕党和国家的工作中心。服务大局，就是按照科学发展观的要求，建设学习型政党、转变经济发展方式、深化文化体制改革、推动出版业大发展大繁荣、加速中华文化"走出去"。因应形势、求新求变，这里说的形势有三层意思：第一是努力适应各大集团、各大出版社、各民营出版机构，在市场化、数字化、多元化、国际化等方面日益激烈的产业竞争态势；第二是努力适应教材招投标、图书馆馆配招投标、"农家书屋"等公共文化建设招投标过程当中出现的行业和区域竞争特点；第三是努力适应广大读者在阅读形式、传播方式、内容、口味、品质、价格、出版品牌、作者影响力等方面日益复杂、多样、多变的文化需求。上半年，我们的出版和进出口单位，积

★　2010 年 7 月 21 日，在中国出版集团 2010 年上半年工作会议上的出版工作报告。

极因应这样的形势，及时调整、创新我们的产品和营销机制，努力配合集团出版业务整体上市的中心工作和上海世博会的专项工作，积极推动重大标志性出版工程，积极筹划明年建党 90 周年、辛亥革命 100 周年重点选题，带动出版经营工作顺利开展，并取得了很好的成绩。上半年的工作为下半年奠定了良好的基础，使我们对顺利完成全年的生产经营任务充满了信心。

一、上半年出版工作总结

经过多年的实践，集团在出版主业方面形成了比较成熟的经营管理思路。

（一）坚持导向，强化管理，发挥集团的示范作用

坚持正确的政治方向和出版导向，是集团反复强调的重大原则性问题，也是集团的警戒线、生命线。总体来说，上半年，集团出版工作基本延续近年以来的好势头，保证了出版安全，而且在一系列重大活动中表现突出，受到了上级领导的充分肯定，在全国出版界继续发挥了表率作用。

制度建设是强化管理、保证导向、保证质量、维护品牌的基本手段。集团现有各级各类出版单位 34 家，其中，集团公司直接进行出版业务管理（专项管理、单列管理）的有 21 家；另有黄河出版传媒集团（包括 4 家出版社）和华文出版社目前实行的

是与集团业务对接关系，其出版数据暂时未统计在下文所说的全集团数据之内。对 21 家出版单位，集团上半年在继续有效实行了书号实名申领制度、重大选题备案制度、编校质量检查制度、出版物审读制度、年度选题计划论证机制、出版专项资金项目论证机制、中宣部通气会精神传达机制等基本制度之外，还及时修订了《双推计划评选办法》和《集团出版专项资金项目管理办法》，开始了出版物质量大检查。

做好服务是强化管理的题中应有之义。上半年，集团组织了全国图书订货会和成都全国图书博览会的参展工作，组织了向青少年推荐的百种重点图书申报、向"农家书屋"推荐书目、申报文化产业发展专项资金项目、申报国家"十二五"重点图书音像电子出版物出版规划项目、参评中华优秀出版物奖等活动。

在制度实施和管理工作中，大家力求将经验性的管理、服务转向符合上市公司要求的制度化管理。

（二）服务大局，发挥集团的表率作用

1. 为纪念建党 90 周年和辛亥革命 100 周年，集团公司出版部在 2009 年年底就作出提示，各出版单位在各自的年度选题会上早作安排，集团主要领导在年度工作会议上重点强调，3 月份又开了专题工作会议进行周密部署。在全集团的努力下，我们已向中宣部、总署上报了 54 种重点选题，其中，纪念建党 90 周年的 30 种，纪念辛亥革命 100 周年的 24 种，包括中华书局的《中

华民国史（修订本）》，百科社的《中国共产党与中国道路丛书》《辛亥革命大型文献丛书》，三联书店的《亲历者的记忆》，东方出版中心的《辛亥革命史》，现代出版社的《黄花落，黄花开》等。目前，文学社的《1911》（作者王树增，30 万字，计划 2011 年 8 月出版）已经列入中宣部确定的 8 大重点选题之一；文学社的另一本书《武昌城》（作者方方，30 万字，也计划 2011 年 8 月出版）已经列入中宣部确定的 4 大备选重点选题之一。

2. 配合上海世博会，集团从几个方面发挥了建设性作用。经过激烈竞争，东方出版中心、中译公司获准编写、翻译、出版了 5 个语种 10 个版本的《中国 2010 年上海世博会官方图册》，4 个语种的《中国 2010 年上海世博会官方导览手册》等，双效良好，反响热烈。中译公司经过激烈竞争，成为世博会主要翻译赞助商，目前有 70 多人的团队常驻世博，为集团赢得了美誉，也为自己挣得了效益。中图公司的上海分公司在世博村成功设立了"世博书报亭"，直接服务世博参观者；荣宝斋在世博园区搭建"木版水印"场馆，专门开展"木版水印"的现场制作、表演和营销活动；《三联生活周刊》《汉语世界》等 5 家报刊，也以专刊形式对世博会进行了深度报道。这些，对于营销产品、宣传企业、服务世博，都产生了良好效果。

3. 配合"学习型政党"建设，中华书局策划推出了《月读——干部经典读本》，获得中央领导同志好评，并号召各级领导干部订阅该系列图书。

4. 总署向全国青少年推荐的百种优秀读物，集团有文学、商务、百科、世图、现代 5 家出版社的 8 种图书入选。

5. 总署向全国青少年推荐的优秀少儿报刊，集团有美术、百科 2 家出版社的《儿童漫画》《漫画大王》《小百科》3 种期刊入选。

6. 国家古籍整理出版资助项目，集团有 2 家出版社的 14 个项目得到资助，包括中华的《王应麟著作集成》《春秋公羊传译注》，人文社的《姚燧集》《恽寿平全集》，占全国 93 个项目的 15%。

7. 财政部等部委的文化产业发展专项资金，集团积极上报了 10 个项目，《中国大百科全书（网络版）》和"《三联生活周刊》跨国跨地区经营" 2 个项目入选。

8. "第三届中华优秀出版物奖"，集团积极申报了 19 家出版单位的 36 种优秀图书、19 种优秀音像电子和游戏出版物、16 篇优秀出版科研论文。

（三）着力锻造标志性出版工程和重大、重点出版项目，发挥集团的领军作用

国家级项目《中国大百科全书（第二版）》出版后，迄今已累计发行 1.1 万套，收入近 5000 万元。对于社会，影响大、贡献大；对于出版社，也从很大程度上扭转了经济形势。目前，多种媒体形式的《中国大百科全书（第三版）》的规划，已经初步形成，并已上报总署，争取继续作为国家重大出版项目立项。

国家级项目"二十四史"及《清史稿》的点校本修订工程，

2006 年开始启动，至 2010 年 7 月中旬召开了 4 次修纂工作会议，目前进展顺利，可望 2012 年出版第一批，2015 年全部出齐。

其他国家级和集团级的重大项目，比如《任伯年全集》已经顺利出版；《汉译世界学术名著丛书》第 11 辑、第 12 辑以及姊妹项目《中华现代学术名著丛书》第 1 批 100 种，《辞源（修订版）》等等，也都在顺利推进。

集团公司主持、集团内外几十家出版社参与的《中国文库》第四辑，上半年完成了入库发行（包括平装本和精装本总共 212 种 268 册，造货总码洋 1621 万元）。预期能像第三辑那样做到收支平衡、有所盈余，主要效果还是出版后反响良好，比如应上级部门的要求，将整套图书赠与了中央领导同志；铁凝、厉以宁等学者自己出资全套购买；第二外国语学院购买了其中《天安门诗抄》800 本作为校庆礼物。这些购买行为，都按照合同交由商务印书馆处理。

《中国文库》第五辑 6 月份已经开始启动，将体现"民国"和"辛亥革命"的特色，在 2011 年纪念建党 90 周年和辛亥革命 100 周年时推出。

集团公司主持、三家出版社承担的《世界历史文库》，商务、百科、东方上半年又出版了 7 种，目前已经出版包括《德国史》《西班牙史》《荷兰史》等在内的 22 种；另有 15 种进入三校和出片阶段；还有 15 种下半年收回翻译稿。预计到 2010 年年底共出版 52 种。

根据集团 2010 年度工作会议的精神，上半年，出版业务部组织有关出版社，对编辑出版《院士文库》的可行性进行了深入调研和反复论证，并拟订了编辑出版方案。如能获得国家出版基金支持，将先启动《院士文库》第一批，以获得"国家最高科学技术进步奖"的 16 位院士为对象。

获得集团出版专项资金支持的项目，也是集团公司关注的重点项目。上半年，集团公司对 2003～2009 年各社出版专项资金项目的落实情况进行了追踪调查。调查发现，总体落实情况较好，但也有少数项目延期太长、变更太大、问题突出，出版业务部已要求有关出版社重新制定执行计划，保证项目顺利完成。上半年，还对 2010 年的项目资金进行了拨付，通过签署并审核合同，共办理了 14 家单位 49 个项目 762 万元的资金拨付。2011 年专项资金项目的申报和专家论证工作已经初步完成，意见汇总后，将送集团总裁办公会进行综合平衡。

上半年，集团各单位涌现了一大批精品图书和畅销图书，如文学的《鲁迅大辞典》，商务的《汉译世界学术名著丛书（第 11 辑）》，中华的《商周金文摹释总集》《梁任公先生年谱长编》，百科的《中国幼儿百科全书》《中国儿童立体百科全书》，美术的《任伯年全集》《中国碑刻全集》，音乐的《义务教育课程标准实验教科书·音乐（修订版）》《中国当代作曲家曲库（新辑）》，三联的《毛泽东的读书生活》《鲁迅箴言》，东方的《世博官方图册》《导览手册》，中译的《伟大的思想》系列，现代教育的《红楼梦》系列，民主法制的《孔子是怎样炼成的》，世图的"三新馆配"千书工程、《西氏内科学（第 22 版）》，现代的《流沙河认字》《世界历史有一套》，荣宝斋的《三吴画集》，等等。这些精品和畅销图书，与前面所说的标志性出版工程和重大出版项目一起，对于体现集团品牌特色，强化集团在业界的领军地位，起到了重要作用。

（四）深化产品线建设，优化产品结构，转变经营机制，以改革创新促进集团主业发展

集团产品线建设工程实施三年来，围绕产品线建设来优化产品结构、转变经营机制、保证重点出版、带动一般出版的做法，已经深入人心。2009 年集团召开的第二次产品线专项工作会议确定的 13 条一级产品线，正在成为各社规划自己发展重点的基础依据。

上半年，各社纷纷实行机构改革，以机制改革保证和促进了产品结构的优化。比如，文学社将天天出版社确定为少儿社并独立运作；商务在成都、上海设立新的分馆；中华以专业公司开展培训，带动古典文化普及；百科升格学术分社；美术建立艺术教育研发中心，专攻大学教材；音乐社让副牌华乐出版社独立运营，开发少儿教材；三联重新梳理调整三大出版中心；中译公司和东方出版中心针对世博分别建立专门团队；世图统一开发"三新馆配"并采取事业部制进行落实。民主法制社的并入，拓展了集团的法制法律图书产品线；而文学、中华、现代教育等社与黄河出版集团的公司制或项目制联合（《教育周刊》，已出版第一期试刊），不仅将直接带来发行效益，还将在出版内容上产生新的增长点。

此外，中国图书商报社强化专题报道、重点报道，办好高校教材专刊、少儿专刊、童书专刊、助学专刊、美术专刊等各类专刊的做法，积极开展各类专题调查并发布调查报告的一系列作为，凸显了《中国图书商报》在业界的领先地位，也随之带来了良好广告效应和经营收入。中版联公司在集团公司支持和各社配合下，加强与银行、纸厂、社会用户的合作，克服因集团内部个别出版社欠款较多而导致周转资金不足的困难，基本实现了全集团纸张的集约经营，实现了较大的经济增长。

这些改革创新，有力促进了集团出版主业的发展。

（五）抓好营销推广活动，把出版工作的重心落实到提高集团出版物的市场占有率和两个效益上

集团在全国图书订货会和成都全国图书博览会上，表现抢眼，营销、宣传的效果明显。

2010 年 4 月份在成都举办的第三届"读者大会"，成为成都书博会上开幕式、高层论坛之外的三大重点活动之一，吸引了中宣部、总署、四川省领导和莫言、杨红樱、阎崇年、鲍鹏山、邓贤等名家亲临现场，星云大师等名家发来视频，现场参与的读者1000 多人，反响非常强烈。

围绕"双推计划",大力宣传了集团的畅销书和常销书。1月份的北京图书订货会上,举办了"2009年度"双推计划"颁奖大会及经销商见面会",10种年度优秀畅销书和20种优秀常销书获奖;上半年,畅销书评选了6期,常销书评选了2期;最近修订的《"双推计划"评选办法》,依据全国图书零售畅销书排行榜,从第二季度开始,对集团各社上榜前20名的畅销书,每月给予相应的编辑出版人员每种5000元以下不等的奖励,这将有助于激发编辑出版人员的创造活力。

集团支持各社积极开展各种营销活动,与"双推计划"形成呼应。上半年各单位开展的重点活动包括:文学社的《鲁迅大辞典》出版座谈会、《柏杨全集》首发式;中华的《我们心中的任继愈》,梁启超、陈寅恪先生年谱长编等座谈会;美术总社的《国家重大历史题材美术创作工程作品集》新书发布会;音乐社依托《中国音乐教育》《音乐研究》等杂志开展了评奖活动;三联开展了《谁造就了赵小兰》等12种图书的营销推广活动。规模最大的营销活动是《中国大百科全书(第二版)》的全国推广,效果也最为显著。

集团公司和各出版单位,通过狠抓出版物生产经营,取得了明显成效。

表现之一,再版重印率等生产指标,显示了集团出版工作的优质高效。年初上报总署的年度选题计划中,集团各出版单位2010年拟出版图书7311种,其中,新书4940种,重印图书

2371 种，重印率 32%。实际情况，截至 6 月底，集团共出版图书5244 种，包含新书 2512 种、再版重印图书 2732 种，再版重印率达到 52.1%。已经出版的图书总品种、再版重印书率高过了预期，值得肯定。

表现之二，占有率和动销品种等市场指标，显示集团出版物仍然保持竞争优势。根据开卷统计，集团 1～6 月在全国零售市场上的销售码洋占有率为 5.9%；动销图书 3 6830 种，动销品种占有率 4.3%。码洋占有率和动销品种占有率均保持在全国第一。6 月份，集团在工具书、文学、传记、英语、法律等分类市场的占有率高达百分之几至百分之几十，继续遥遥领先；音乐、学术文化、美术门类，位列第二；教辅、生活、少儿、经管、医学门类，分别位列第 3、6、8、9、11 位；全集团 6 月份总码洋占有率为 6.1%，保持了与追赶者的差距。

表现之三，比较畅销的图书表现出集体上扬的态势。如文学社的《失落的秘符》《马上天下》，商务的"蔡志忠漫画系列"，中华的《康震评说唐宋八大家》、"星云大师"系列，百科的《中国大百科全书（第二版）》，三联的《老子十八讲》《目送》《也同欢乐也同愁》，东方的《世博官方图册》，现代的《走向春天的下午》，等等，都受到读者的广泛欢迎。

总体上讲，出版的造货码洋、发货码洋、销售收入等经济指标，上半年均有较大增长。

二、下半年出版工作重点

一是持续抓好导向管理工作。上半年开始的出版物质量大检查，近期要拿出专家们的抽检结果。集团将召开一次质量交流会议，公布质量检查结果，同时选择做得好的单位就审读和编校经验作重点讲解。

二是抓好重大出版项目。包括：《中国文库（第五辑）》的编辑出版工作，《世界历史文库》（50 种）的编辑出版工作，纪念建党 90 周年和辛亥革命 100 周年的前期出版工作，等等。

三是做好"十二五"国家重点图书、音像、电子出版物的申报工作，同时做好集团公司"十二五"规划中出版项目的规划工作。

四是抓好重点出版项目的资金申报工作，包括国家出版基金项目上报工作、集团出版专项资金项目的申报工作。

五是继续推进机构、机制创新，鼓励和促进出版物总量的规模增长和新产品的开发。目前不少集团外大社的品种规模已经达到每年数千种，而我们集团几十家出版社的年出版总量只有 8000 种左右。总量不足，影响了动销品种和总市场占有率。目前在动销品种中，我们当年新书占往年图书的比例为 0.8%，吉林集团当年新书占往年图书的比例为 16.1%。这一方面显示我们的图书质量好、生命周期长，另一方面也显示我们的新品种开发力度需要加强。

六是抓好营销宣传工作。包括：参加 8 月份的上海书展、9

月初的北京国际图书博览会、年底的北京图书订货会以及其他书展。同时，配合发行机构，针对"农家书屋""万村书库"以及政府采购等，做好规划、主动出击。

9月份通常是黄金销售期。回顾2007、2008、2009这三年的开卷数据，我们发现集团市场份额的最低谷值基本在春季，最高峰值在秋季，准确地说是在9月份。比如2007年的5月份是当年最低，为6.51%，9月份则为9.49%；2008年谷值在3月，是6.13%，峰值也在9月，是9.94%；2009年谷值是2月，为5.56%，到9月份则上升到10.30%。2010年的谷值在2月，是5.53%，但从4月份已经开始超过6%，目前正在持续回升。我们要为9月份做好准备。

七是在下半年完成全集团主要规格品种的出版用纸（占总用纸量的90%～95%）的统一招标，对特种用纸则进一步明确定点纸厂，对印刷业务进一步收缩定点印厂，巩固和扩大纸张印务集约经营的成效。

深耕少儿图书　筹谋发展突破★

　　这次研讨会的主题，是借天天出版社成立一周年的契机，就少儿图书出版的走向，请各位领导和专家，指导提示、建言献策，畅言发展、筹谋未来。

　　大家知道，我国目前正在由出版大国向出版强国迈进。出版强国的要素，既包括总的出版规模与市场规模、出版能力与消费能力，也包括有一批在国内外叫得响的明星企业和明星产品。就出版内容而言，出版强国应当在各个出版领域全面推进。少儿出版这个领域，这几年就发展得特别快。从 2004 年至 2009 年，少儿类图书零售市场的年增长率，都明显高于同期整体市场的增长率，比如 2009 年，整体图书市场的增速只有 4.21%，而少儿图书零售的同比增长率仍旧达到 10.21%。我国目前有 3.67 亿少年儿童，年销售的少儿图书达到 6 亿册，市场空间很大，成长性也很好。正因为如此，大家都很关注少儿出版这一块大市场，90% 的出版

★　2010 年 8 月 6 日，在"畅言发展，筹谋未来——少儿图书出版走向研讨会"上的主持词。

社都在出版少儿图书。在激烈的竞争中，也出现了一些优秀的少儿出版社和畅销的少儿图书。

我们中国出版集团在出版方面的整体优势比较突出，在全国图书零售市场的（销售码洋）占有率一直在 7％左右，一直领先；有的门类是遥遥领先，比如 2010 年 6 月，工具书类占有率为 50.9％，文学（12.1％）、学术文化（10.2％）、音乐（17.4％）、美术（6.8％）、英语（6.3％）、传记（8.7％）等门类，都名列前茅。少儿图书这一块，我们集团 2010 年 6 月份的占有率是 3.5％，列全国第 8 位，相对较弱一些，但在集团图书的总收益中，却占 8.9％的比重。这个情况，集团非常重视。前几年，我们把少儿图书列为全集团 13 条重点发展的产品线；2009 年，集团又进一步决策，把人民文学出版社原来的副牌单列出来，成立专门出版少儿图书的天天出版社，进行实体化运作。这是我们集团打造"国际一流出版传媒企业"，在保持出版的综合优势的同时，强化少儿专业出版的重要举措；是集团公司不断深化改革、优化治理结构、调整产业布局、加快发展步伐的重要举措；也是人民文学出版社多年以来在少儿图书板块不断开拓和耕耘，出版了一系列少儿明星产品，其影响力发展到一定程度后的必然选择。

现在，天天出版社已经成立运作一年了。一年来，天天出版社得到了中宣部、国家新闻出版总署、中央文明办、中国版协等各方面领导的关怀、支持和帮助，也得到了各位作家的鼎力加盟和各位经销商同人的大力支持，得到了媒体朋友们的关注和支持。

因为有了这些支持，天天出版社才能够在短短的时间内、在激烈的市场竞争中，站住脚跟、有所前进。少儿出版的市场虽然很大，但是竞争也在加剧。无论是在对整个少儿图书出版走向的把握和判断方面，还是在具体的选题确定、产品定型、营销手段、市场效果、读者影响方面，都对出版社的决策和经营管理提出了很高的要求。因此，我们特别邀请各位领导和专家，指导、帮助、支持我们，深耕少儿图书，筹谋企业发展的突破。

以文化大发展大繁荣为己任★

一、学习贯彻全会精神，做好集团"十二五"规划

党的十七届五中全会通过的"十二五"规划建议，对我国未来的发展方式、发展路径、发展目标进行了战略规划和部署，对我们出版集团具有重要的指导意义。学习贯彻十七届五中全会精神，从出版业务上讲，就是要立足文化大发展、大繁荣的要求，联系、结合实际，做好集团年度选题论证工作和"十二五"规划编制工作。我们要结合编制"十二五"规划，广泛开展调研活动、听取意见和建议，深入开展创先争优活动、调动干部职工积极性和创造性，凝聚智慧、形成共识、锻造合力，推动集团出版工作又好又快发展。

★　2010 年 11 月 16 日，在中国出版集团关于学习贯彻十七届五中全会精神图书、期刊出版工作汇报会上的讲话。

二、注重图书选题开发，为文化大发展大繁荣作贡献

2010 年 1 月至 10 月，集团共计出版图书 9925 种，其中新书 4806 种。对比 2009 年全年出书 8000 余种、新书 4170 种的情况，2010 年的图书出版规模将大大超过 2009 年。

根据开卷的统计数据，2010 年 9 月，中国出版集团以 10.4% 的市场占有率在全国各出版集团中位列第一，是排名第二、三、四位的出版集团之和，比 8 月的 6.9% 上涨了 3.5 个百分点。这个成绩的取得，得益于 2010 年以来中国出版集团公司从上到下在图书的选题开发、营销推广、市场开拓以及奖励激励机制上的大力推进。

集团公司要求，各出版单位在年度选题研讨和论证中，要认真贯彻十七届五中全会精神，为文化大发展大繁荣作贡献。要从服务大局出发，弘扬主旋律，注重文化创新，从源头抓起，做好年底选题论证工作和集团"十二五"规划重点出版项目设计工作。目前，集团二十几家出版社年度选题论证已陆续开始，集团分管领导和出版部门、对外合作部门的同志，逐个参加各社选题研讨和论证，就推进文化创新、选题创新，发挥文化引导社会、教育人民、推动发展的功能，就贯彻云山同志 11 月 11 日对集团公司提出的"保证出版方向和导向，绝对不能出问题"的要求，就围绕明年党和国家中心工作，出好主旋律作品、出好标志性产品、出好畅销作品、发挥主力军作用、巩固市场领先地位等，与各社

进行充分交流，并提出明确要求。

1. 坚持正确导向，体现历史责任与文化担当

人民文学出版社近期出版了展现中华民族自强不息精神的大型图文书《承载》，成功地塑造了一代中国知识分子不屈不挠的形象。同时开发了王树增的长篇纪实文学《1911》和方方的长篇小说《武昌城》等重点选题，两书均列入中宣部纪念建党 90 周年和辛亥革命 100 周年百种重点选题。

2. 推动当代中国马克思主义大众化，加强通俗理论读物编写

中国大百科全书出版社计划组织理论界专家学者编写一套理论通俗读物丛书，内容包括经济建设篇和文化繁荣篇，丛书名暂定为《为什么与怎么办》；同时规划中国共产党发展道路研究丛书 3 种，包括：经济卷《复兴与增长：政党推动的制度变迁与战略抉择》，政治卷《中国共产党的修复力与转型力》，社会卷《从弥散到秩序："制度与生活"视野下的中国社会变迁（1921—2011）》。

三联书店计划 2011 年出版吴敬琏的《中国经济改革二十讲》和通俗理论读物《中国马克思主义艺术理论发展史》，推动马克思主义理论大众化。

民主法制出版社计划出版"建设学习型机关博学文库（第二辑）"——《马克思主义经典著作导读》（共 10 种）和"思想文化与社会发展研究"系列丛书，从马克思主义中国化、时代化、大众化课题入手，着力探寻马克思主义传入中国的文化机制、展现

马克思主义中国化的民生视角，第一期包括：《马克思主义传入中国的文化机制研究》《马克思主义理论发展的中国文化基因》《马克思主义中国化的民生视角》等 11 种。

现代出版社 2011 年上半年将推出通俗理论读书系列丛书:《中国住房梦》《打开城市之门》《汇率:致命的游戏》《资源战争》《网路生存的危机》，就住房、城镇化、汇率、资源环境、青少年文明上网等社会热点，请权威专家作出通俗解答。

3. 弘扬中华文化，做好文化古籍整理工作

中华书局 2010 年出版了古籍整理项目《商周金文摹释总集》等国家古籍整理项目，《琴曲集成》等有关非物质文化遗产保护的图书。2011 年计划出版《文献统考》等计划内的国家古籍整理项目，非物质文化遗产保护重点项目《中国木版年画集成》22 种将全部出齐。

人民文学出版社系统整理了目前流传的《红楼梦》各种善本，影印出版了《红楼梦》古抄本系列，包括甲戌本、己卯本、杨本、蒙古王府本等各种版本，是体现中国传统文化积累与建设的重要项目，取得了很好的双效。

4. 提升国家文化软实力，推进中华文化"走出去"

大百科全书出版社 2010 年完成出版了《中华文明史话（中英文双语版）》，继续为中华文化"走出去"作贡献。

人民音乐出版社开展了《中国当代作曲家曲库》系列出版活动，中央电视台《新闻联播》报道称:"《曲库》系列出版活动标

志着中国的音乐出版社开始在中国音乐家走向世界的过程中扮演极为重要的角色。"

商务印书馆计划编纂《当代汉语词典》,已申报国家"十二五"规划项目。《当代汉语词典》突出实用,兼顾规范,是一部查考型兼学习型的中型语文词典;努力反映当代普通话词汇的主流面貌,关注全球华语区的语言生活,为构建社会主义和谐社会提供全新的大汉语学习环境。

5.关注环境保护,树立绿色低碳发展理念

商务印书馆将于11月出版《中国资源报告——新时期中国资源安全透视》,三联书店出版《参与——中国环境记者调查报告》《为谁保护城市》,民主法制出版社出版《环球同此凉热——气候文明之旅》(共3部),这些图书均关注环境保护、城市规划等社会问题,突出绿色、低碳、环保等发展理念。

三、立足期刊自身特色,推进文化创新,弘扬主旋律

集团所属期刊共有48种,涵盖文学、历史、美术、音乐、百科、经济、时政综合等13个不同学科门类,形成了6大版块,即:以《读书》《文史知识》《新文学史料》等为代表的"核心学术期刊版块",以《当代》《荣宝斋》《钢琴艺术》等为代表的"文学艺术期刊版块",以《三联生活周刊》《现代阅读》等为代表的"时政综合期刊版块",以《英才》《竞争力》等为代表的"经济管理期刊版块",

以《英语世界》《中华活页文选》《百科知识》等为代表的"教育少儿期刊版块"和以《大都市》《动感》《中华遗产》等为代表的"生活时尚期刊版块",等等。

2009年,《当代》《英语世界》《读书》《文史知识》《三联生活周刊》《百科知识》《荣宝斋》等8种期刊获"新中国60年有影响力期刊"荣誉称号。2009年,集团期刊收入达到2亿元,成为新的经济增长点。在确保社会效益的同时,集团期刊也取得了很好的经济效益。比如《三联生活周刊》,单期发行量达25万册,年经营收入达8000万元,年利润1700多万元。

为贯彻十七届五中全会精神,集团公司要求各期刊在立足自身特色的同时,深挖选题,开拓思路。为配合"十二五"规划中提出的实施科教兴国战略和人才强国战略,《当代》杂志特别刊发了鲁迅文学奖获得者李鸣生的《发射将军》,讴歌了为我国航天事业无私奉献的一群西北航天英雄,并刊发原创长篇《县长们》,重塑基层党员干部形象,弘扬主旋律。

《三联生活周刊》为配合低碳环保、推广循环经济,以"封面故事专题""硬事件软视角"的报道风格,特别制作了"农民刘兴山:太阳能别墅的设计者""棉花战争""没有垃圾的天堂"等专题;为繁荣文化市场,丰富社会文化生活,特别制作了人民群众喜闻乐见的封面故事,如:"最值得信赖的面孔——影帝葛优""为什么喜欢王菲""六个女儿的类型分析——《红楼梦》里的洁与浊""一枚多方营造的催泪弹——冯小刚与感伤主义"等。

《百科知识》杂志"绿色观察"栏目，也组织了关于低碳生活的系列文章，如人人可以做到低碳生活等。

《中国图书商报》根据自身特点，用大量的专题形式，宣传报道"十一五"成就，如《两批24家中央部委出版社率先完成转制任务迈上发展快车道》《"7+2"热议书业跨区域合作》《出版集团数字教育显后发之势》等，并连续发表了《要继续组织好五中全会精神新闻宣传》《旗帜鲜明地宣传科学理论，划清重大是非界限》《"十二五"时期仍要以经济建设为主》《"十一五"期间我国文化产业年均增长速度超过15%》《我国投入文化事业的费用超过900亿》的消息。中国图书商报社还密切关注新闻出版总署"十二五"出版规划制定进展情况，以及各省级新闻出版局、大的出版集团"十二五"出版规划制定情况，安排在2011年年初集中报道。

我们要认真学习、深刻领会、广泛宣传五中全会精神，把五中全会精神贯彻落实到实际工作中，以文化大发展大繁荣为己任，推动集团出版主业的科学发展。

做我们自己想买想读想收藏的图书[★]

出版是主业，关系到集团的可持续发展和健康发展，关系到集团的行业地位，关系到集团的社会贡献和社会影响。抓出版，要从源头抓，要从选题抓，要从生产计划抓。前几年，各社的年度选题会，集团公司都有领导和相关部门参与，最后由集团论证、批复。2011 年是先布置下来，集团公司集中参与各社选题会，并向大家通报。原因是选题报总署的时间提前了，各社论证比较成熟。我具体讲几点意见。

一、坚持出版导向，做到出彩而不添乱

不添乱，就是要注意防堵"问题"出版物，不出政治倾向不好的、反科学伪科学的、低俗庸俗媚俗的图书；出彩，就是要更加注意推出优秀的主旋律作品，为党和国家的工作大局增光添彩。

★　2011 年 2 月 23 日，在中国出版集团 2011 年选题工作会上的讲话。

2011 年是"十二五"开局之年，党中央提出要进一步转变发展方式，进一步提高人民物质文化生活水平和幸福感。我们要顺应潮流，推出一批优秀理论读物、优秀通俗读物、优秀文艺娱乐作品。

2011 年是建党 90 周年和辛亥革命 100 周年，各单位共策划了 224 种选题。围绕两大纪念主题，集团各单位高度重视，提前做准备，积极开发选题，取得了显著成效。一是从选题总量看，目前已积极策划了 224 种选题，超过了 2008 年纪念改革开放 30 年的 110 多种，超过了 2009 年纪念新中国成立 60 周年的 100 种。二是从选题类别上看，除了传统的文学、音乐、美术、百科、历史、学术文化方面的选题外，还新增了不少法律类的选题和统一战线方面的选题。三是从选题表现形式看，既有传统类型的出版物，也有音像电子出版物，载体丰富。有些单位还在深入开发新的选题或衍生出版物。

我们抓好"七一"和"双十"两大出版节点，形成两次出版热潮。2010 年的两大出版主题不仅具有很强的针对性，还具有很强的时效性，我们要找准最佳的出版节点，力求形成最明显的冲击力和最强烈的影响力。原则上，所有庆祝中国共产党 90 周年的选题要在"七一"之前出版；所有纪念辛亥革命 100 周年的选题要在"十一"之前出版。集团将在"七一"之前和"十一"之前，围绕两大主题纪念活动，举办两次新闻发布会，向社会各界宣传介绍集团出版的各类出版物和重点出版活动。因此，请各单位妥善安排好出版节奏和出版周期，力争在这两个重要时点上将全部重点出版物出齐、出好、出利落。如果不能在这个时点出版，其宣传效果就会打折扣，后续的发行工作也会受到影响。

2008年纪念改革开放30年，我们出了110多种书，开展了十几项重大活动；2009年纪念新中国成立60年，我们出了近100种书，开展了一系列活动；2010年配合世博会，我们出了110种书，除了图书，报刊、现场、专题营销，也有声有色；2011年，主题出版也要做好、做出彩、做出亮点来。重大主题出版，是做服务大局的契机，也是做市场的契机。

二、保证重点出版，做到出众而不平庸

重点出版工作包括：服务大局的重点；"十二五"规划重点，总署初步确定的有81个；国家出版基金项目，2010年列入的有6个，分别是《中国当代作曲家曲库》《中国书法全集》《辞源》《三联经典文库》《中国儿童立体百科全书》《中华民国史》；未完成的"十一五"重点和古籍整理项目；"三个一百"原创工程；向青少年推荐书目；"农家书屋"书目，《新华字典（简装本）》；集团专项资金支持项目；《中国大百科全书（第三版）》立项、机制、资金；《中国文库（第五辑）》《世界历史文库》；等等。

这些重点项目篇幅大、投入大、周期长、质量要求高，要调配好人力、财力、物力，妥为安排，保证进度和质量。要实行项

目负责人制度和进度月报制度，通过抓好两项基本制度，提高项目执行力。

一是抓好项目负责人制度。每个重点选题都要有一个项目负责人，负责全面跟进选题开发和编辑出版工作的各个环节，这样就可以保证责任到人。

二是抓好重点选题月报制度。对于上述重点选题，集团公司出版业务部要建立重点选题月报制度，各社总编室要每月及时了解重点选题进度，并及时向出版业务部反馈。对于书稿编辑出版过程中碰到的问题和困难，出版业务部和集团公司都会积极帮助协调解决。凡是入选集团重点选题名单的，各社也要优先安排人力、物力、财力，以保证出版发行进度。

三、推进产品线建设，做出特色，创新品牌，保持市场领先

光有出彩的项目、重点的项目还不够，重点不过几百个，而我们一年出书 1 万种，新书五六千种。我们还要围绕产品线建设，全面提高选题质量，发挥各社优势，扬长避短，有所为有所不为，不要跟风盲从，而要体现各社特色，创新、强化各社品牌，保持在优势领域的优势地位。

产品线建设是集团挺拔主业的基础，是重要的工作抓手。集团公司 2009 年召开了图书出版专题工作会议，确立了工具书、文学、语言、音乐、美术、古籍、学术文化、教材教辅、生活、

少儿、动漫、科技文化、外向型等 13 条一级产品线，以及汉语工具书、英语工具书、百科工具书、小说、戏剧诗歌、历史、哲学、美术理论、艺术画册、音乐理论、器乐、旅游、影印科技图书、古籍整理、少儿文学、课外文教读物、成人绘本等 31 条二级产品线。目前，这两级产品线整体运行正常，发展势头良好。

总体感觉，集团 2011 年的选题计划比较好地体现了集团产品线建设的思路，比较好地凸显了本单位的产品线定位和品牌定位。如人民文学出版社将推出贾平凹、王安忆、张洁、关仁山、迟子建、杨争光、王军等 10 多位著名作家的最新力作。商务印书馆将着重推出《牛津英汉双解词典》《朗文商务英语词典（英汉双解）》以及《中华现代学术名著丛书》近 60 种。中国大百科全书出版社在全力推动《中国大百科全书（第三版）》立项的同时，还将推出一系列专业百科全书。中国美术出版总社将继续推出一批美术类的大中专教材，等等。我们要从中选出一批更加具有代表性的产品，作为国家"十二五"重点项目或者国家出版基金项目予以重点打造，同时也作为集团产品线建设的重点项目加以打造，从而不断提高集团在各个细分市场的市场占有率和核心竞争力。

2010 年，集团 18 家出版社（含黄河 3 家，含法制社，不含华文社）在开卷 13 个细分市场中，名列第一的 6 个，名列第二的 2 个，名列第三的 1 个。总占有率 7.1% 左右，9 月高达 10.36%。这个业绩，与各社重视产品线建设，重视特色、专向出版有关。

大家要注意处理好重点出版与产品线建设的关系，一组重点带动一条产品线；要处理好书与报、与数字出版、与对外合作的关系。

四、强化出版管理，多出精品，维护品牌，保持读者美誉度

我们要的市场领先，不是领一时之先，而要长期领先、永远领先。因此，不能投机取巧，不能靠一时炒作技巧蒙骗读者，而要在保证质量、多出精品上下功夫，让读者信得过我们。读者心里有我们，我们就有了市场。做精品的一个重要衡量标准，就是做我们自己想买、想读、想收藏的图书。

要保证质量，就得加强管理。质量包括政治质量、学术质量（思想性、科学性、艺术性、知识性、独创性）、技术质量（编、校、印、装）。要切实履行三审制、重大选题备案制，认真研究合作出版，防范可能出现的各类问题。

在 224 种两个周年的选题中，初步统计有 41 种选题需要履行重大选题备案手续。从目前的选题内容来看，涉及 5 种情况：一是涉及党史、军史、共和国史，如《中国军事百科全书》《中国军事百科全书（简明版）》；二是涉及国防、外交、民族、宗教、统一战线政策，如《中国当代政教关系研究》《大凉山往事》；三是涉及曾经的党和国家领导人的生平和生活，如《早年毛泽东》《镜

里千秋史——孟昭瑞镜头中的国事风云》；四是涉及国民党的高层人物和高层将领，如《蒋介石传》；五是涉及一些重大历史事件和历史问题，如《我的"文革"岁月》。对一些重点图书，我们不仅要与《关于建国以来党的若干历史问题的决议》保持一致，也要与中央的精神和宣传口径保持一致。

由于重大选题备案的时间比较长，流程相对复杂，为了确保选题备案工作更加方便、快捷地通过，有必要从以下四个方面做好重大选题备案工作：一是各单位要对目前的选题进行全面梳理和排查，确定一份需备案的全部选题名单。对于需要备案的书稿，一定要报送，不要有任何侥幸心理，并尽早地从作者那里拿到书稿，尽早地分批次履行报备手续。二是集团出版业务部给大家开通一个绿色通道，原则上确保当日之内完成集团层面的审核和签字手续，尽量给大家争取更多的出版时间。三是集团层面会密切保持与总署相关部门的联系，积极争取总署的支持，尽量缩短备案时间。四是有关单位也要积极联系备案选题的归口审核部门，不断加强交流与沟通，以争取这些部门尽快地审读放行，为尽早出版争取时间。

当然，除了履行重大选题备案手续外，还要继续严格履行三审三校制，严格印前检查制度等制度，确保出版物质量合格。对于重点书稿，要适当增加审稿次数和校对次数。

从集团 2011 年的选题计划中可以看出，大部分出版单位的选题基本为自主开发、自主出版、自主发行，体现了自主知识产权和自主品牌。这类图书既是我们着力打造的品牌图书，也是我们的利润来源，是我们的安身立命之本。但是，也有部分出版单位（如华文社、中译公司等）的选题结构中，合作开发的选题比重偏大，自主研发的选题比重相对偏少。这个情况有的是历史原因，有的是发展思路的原因造成的。无论是哪种情况，我们都要注意与民营公司合作的比例，要理性把握合作规模和合作尺度。

2009 年 4 月份的出版政策放开之后，全国各出版社与民营公司合作的情况更加普遍，这是有利于解放出版生产力、有利于打造更多优秀作品的。但坦率地讲，它又客观地加深了市场竞争的白热化程度，导致国内一些出版社的生存空间更为逼仄，甚至出现了"空心化"现象。比如华文社的市场占有率挺高，在全国甚至可以进入前 50 名乃至前 20 名，但是实际上它的大部分品种是与各类文化公司合作开发的选题。这种倾向，华文社已经开始纠正，正在调整出版结构。我们都要高度重视这个问题，控制合作范围和结构，尤其要履行好合作选题的导向把关责任，严格履行三审制，全盘掌握书稿情况，决不可流于形式。

五、重视宣传营销，提高经济效益

我们是企业，是即将上市的企业，策划、出版的选题，最终要落实到经济效益上来。集团层面，我们组织了"双推计划""读者大会"，各社也要开展一系列重点宣传推广活动，抓住各项社会营销契机和重大社会事件契机，进一步扩大销量，尤其是要提高单品种销量。

六、做好服务、支持、配合工作

出版社要为读者服务，为经销商服务，为作者服务；集团公司相关部门则要为各社服务，寓管理于服务之中。集团公司的服务主要体现在：一是日常管理、危机处理；二是申报项目、争取资金、争上目录、争上榜单；三是重大项目的组织协调；四是重要活动的参与、支持。总之，各部门把服务工作做好了，就是对各社选题工作、出版工作的最大支持！

公平公正评奖　再接再厉创优★

一、集团出版物评奖机制的完善

中国出版集团成立以来，十分重视对出版物的评奖工作，先后举办了4届图书奖、3届报刊奖的评比，有力地促进了集团出版工作。结合评奖工作的经验和集团出版企业发展的实际需要，我们对奖项的设置、评奖标准、参评条件、评奖程序、奖金数额等及时进行调整，不断完善了评奖机制。

2010年，为整合集团出版资源，推进书报刊音像电子出版物各板块的协调发展，提高工作效率和效果，经集团总裁办公会研究，决定将2008～2010年3年的报刊、2009～2010年2年的图书音像电子出版物评奖合并统称为中国出版集团出版奖。考虑到工作的延续性，明确本届评奖为第五届集团出版奖。2010年12月开始启动，2011年3月16日开评本届出版奖报刊种类，3

★　2011年4月5日，在第五届中国出版集团出版奖颁奖会上作评奖情况通报。

月 30 日开评图书和音像电子出版物种类，4 月 2 日结束评选工作，并报集团公司总裁办公会议审定通过。最终评审确定 126 种出版物获得了 142 个奖项。

二、本届出版奖参评情况

1. 各单位积极申报各类出版物，普遍把集团出版奖看作本单位的重要出版成果。第五届中国出版集团出版奖于 2010 年 12 月正式启动，首先启动的是报刊部分的评选，2011 年 2 月启动图书音像电子出版物部分的评选。评奖工作开始以来，各单位表现了很高的热情。首先表现在踊跃参评上，参评材料较之往届相对整齐、完备，能认真做好专家推荐和质检自查工作。截至 2011 年 2 月下旬，共有 23 家单位推荐了 175 种图书、13 种音像电子出版物，12 家单位推荐了 24 种期刊、2 种报纸参评本届出版奖。其次表现在精选参评出版物上。以 2010 年为例，集团 2010 年出版了 14600 余种出版物，其中图书 11962 种、音像制品 1177 种、电子出版物 442 种、网络出版物 10 种、报刊 936 期，但参评的图书只占到集团 2009 年和 2010 年度新书出版总量的 1.65%，参评报刊也只占到集团报刊总数的 52%。

2. 评奖办公室组织专家对参评出版物严把质量关，认真做好会前的各项工作。一是组织编校质量的全面检查。请 24 位专家耗时 2 个月进行检查，结果图书中共有 13 种差错率超标，由于编校质量实行"一票否决"不能入围参加评奖。从检查结果看，不合格率较上届下降6个百分点，集团的出版物质量总体上有了提高。二是公平公正对待各参评单位。此次评奖因有4家图书出版单位参评出版物超出奖项申报数量，经与其沟通，分别自动减报1种。三是提前组织各位初评委准备评审意见。

经过前期的认真准备，最终有197种合格出版物进入集团出版奖评奖程序。

三、本届出版奖评选情况

1. 领导重视。本届出版奖设立了以集团总裁聂震宁同志为主任，集团党组书记王涛同志、集团副总裁刘伯根同志为副主任的中国出版集团出版奖评选委员会。评选委员会之下，图书、音像电子出版物部分设9个奖项评选小组，报刊部分设6个评选小组。

2. 评委们规范、认真的工作态度保证了本届评奖质量。

3. 评选工作坚持优中选优，评选结果符合大家的期待。会议期间采取了专家独立评审、分组讨论和专家集中大会评审的方式，在初评环节，本着公平、公正的原则，评出了入围"复评"的出版物120项。复评委仍然采取专家独立评审、分组讨论和集中评审的方式，评出了获奖出版物95项。

四、本届出版奖评选中发现的问题

在评奖过程中，评奖办公室发现各申报单位在奖项申报中仍然存在一些问题，现归纳通报如下，希望各单位认真对待，在今后的工作中认真加以改进。

1. 极少数推荐参评的出版物编校质量不合格。此次评奖工作中，评奖办公室在会前将所有参评出版物提交校对专家进行编校质量检查。经查验，报刊部分申报的都是合格品，但也发现有8家出版社的13种图书经检查差错率超标，为不合格品，因为不合格，很遗憾被取消参评资格。如某出版社的工具书，经专家简单翻阅竟发现诸如体例、排版等数十处错误，这种出版物的存在，不仅影响了单位的声誉，自毁品牌，还会误导读者，造成不好的社会影响。编校质量不合格还参评，这说明我们的一些出版单位日常工作中没有将责任落实到人，工作表面化、形式化，走过场，满足于应付，存在着得过且过的现象。

2. 有的推荐材料严重缺漏。在对各单位上报的样本及书面材料进行认真审核后，发现少数单位报来的关键材料缺失。如参评优秀选题奖的应提供选题策划报告等、参评优秀栏目奖的应提供栏目策划报告、参评优秀编辑奖的应提供能反映编辑工作含量的书稿修改意见等文字材料、参评优秀畅销书奖的应提供有关销售数据及营销方案和营销落实情况材料、参评优秀走出去奖的应提供样本及版权合同，但在审核材料及评委评审中发现这些材料有不少漏报。评奖办公室多次通知相关单位做了材料的补充和修订工作，但有些单位做具体工作的同志没有责任心，不及时补充材料，延误了评奖工作进度。

3. 有的推荐材料表述不明确、不充分。上报的材料好像要与评委猜谜语、捉迷藏。如某份期刊推荐材料不愿意告诉其发行量，但说到该刊"自创刊以来，每年发行量平均增长 20%"。创刊时的发行量不知道，现在的发行量是多少也不知道，只知道每年都在增长，大约该刊发展得不错，但这样的申报材料确实影响评奖。

4. 有的推荐材料与所申报奖项不一致。有的单位报送的参评材料中，不同专家的推荐意见完全一样，只是签名不一样；有的专家推荐意见连专家名字都是打印的；有的单位同一种参评意见却用来申报参评多个奖项，并没有在意不同的奖项需要有针对性地撰写不同的推荐意见；有些单位盲目邀请专家写推荐意见，而该专家的专长与所推荐奖项没有任何关联，所写结论又大又空。凡此种种，都说明一些单位申报工作不认真，分管的社领导没有尽到把关责任。

5. 有的期刊推荐参评奖项多年一成不变。有的单位在推荐刊物参评时已形成思维定式，总是推荐几种固定的刊物参评固定的奖项，且多年一成不变，这不利于集团报刊的全面发展。

针对此次评奖活动中存在的上述问题，评奖办公室正在加紧梳理，准备召开相关会议，本着是什么问题就解决什么问题的精神，就评奖中发现的问题邀请评委进行点评，届时请集团各单位相关部门和有关编辑踊跃参加。

五、本届评奖后的安排

这次颁奖大会后，出版部将组织召开几个专题会，分别就选题、编辑、装帧设计以及评奖、报奖过程中的一些情况，与评委一起，向各社有关人员反馈。

中国出版集团出版奖评选活动是集团出版工作的重要组成部分，通过评奖，评出导向，评出榜样。希望获奖单位和个人在今后的工作中要再接再厉，百尺竿头，更进一步；同时，希望参评而没有获奖的单位和业务部门要迎头赶上。

抓精品　保重点　出版主业优势明显★

2011 年是国家"十一五"规划全面完成之年，也是国家"十二五"规划开局起步之年。根据中宣部出版局的指示精神，按照集团公司总裁办公会关于做好 2011 年选题论证和编辑出版工作的要求，结合集团公司深化产品线建设、挺拔出版主业的实际，集团公司在 2010 年 10 月上旬至 2011 年 1 月上旬组织召开了 2011 年度选题调研论证的系列会议。集团公司领导高度重视，要求进一步做好 2011 年选题规划和实施工作，大力挺拔主业，弘扬品牌，打造精品。现将集团 2010 年的图书出版情况和 2011 年图书出版计划汇报如下。

一、2010 年图书出版情况的简要回顾

2010 年，集团继续围绕中心、服务大局、挺拔主业、打造精

★　2011 年 5 月 8 日，向中宣部汇报中国出版集团 2011 年图书出版计划。

品开展出版工作，取得显著成绩。

1. 全年出书 10761 种，其中新书 5349 种，重印书 5412 种；动销品种总计 44562 种，达到历史最高水平。集团出版物的市场占有率为 6.61%，继续稳居全国第一名。

2. 在第二届中国出版政府奖中，集团公司共获得 39 个奖项，获奖总量名列全国出版集团第一名；其中《中国大百科全书（第二版）》《明式家具研究》《北京跑酷》《当代》《三联生活周刊》《中国可供书目数据库》等 32 种图书、期刊、音像电子出版物获得优秀出版奖，聂震宁同志等 5 人获优秀出版人物奖和编辑奖，三联书店、人民音乐出版社 2 家单位获先进出版单位奖。

3. 在第三届中华优秀出版物奖中，集团公司的《中国美术百科全书》《中国学案史》等获得 25 个奖，获奖总量名列全国出版集团第一名。

4. 在 2010 年国家出版基金资助项目评选中，集团公司的《辞源（修订本）》《中华民国史》《中国当代作曲家曲库》《三联经典文库》《中国儿童立体百科全书》《中国书法全集》等 6 个项目入选，获得资助 1729 万元，资助总数和资助额度都名列全国出版集团第一名。

5. 在 2010 年国家古籍整理出版资助项目评选中，集团公司的《侯方域全集校笺》《王应麟著作集成》等 11 个项目入选，二者合计占全国 93 个项目的 15%，入选总数名列全国出版集团第一。

二、2011 年选题总量和结构

1. 选题总量

集团所属 17 家出版单位（黄河出版传媒集团按照属地管理的原则，暂不统计在内）分别制定了各自的出版计划，拟出版新书 6055 种，拟重印图书 2785 种，重印率 46%，年内将根据生产经营情况适当增补。其中，列入国家"十一五"规划、国家"十二五"规划、国家古籍整理规划重点选题 235 种，省部级选题 82 种，各单位重点选题 1204 种。

2. 选题结构

集团公司坚持优化选题结构，以"产品线"为抓手，以市场目标为对象，合理布局各单位的出版方向和出版重点，力求在总体市场和各个细分市场上占领制高点。

（1）着力打造包括工具书、文学、语言、音乐、美术、学术文化、古籍、生活、科技、动漫、外向型等在内的 13 条一级产品线。这既是集团公司的传统优势，市场份额也长期位居全国第一名，是集团必须巩固的出版重点。

（2）着力打造小说、英语学习、汉语工具书、百科工具书、历史、哲学、漫画、旅游等 31 条二级产品线，这些属于集团各单位的出版重点。目前普遍进入各类别市场的前三名，属于集团进一步强化的出版方向。

（3）着力打造大中专教材、理论普及、音乐赏析、大众美术等 15 条三级产品线，为集团公司充满活力、成长性十分看好的重点出版方向。

三、2011年图书出版重点

1. 围绕中心，服务大局，庆祝中国共产党成立 90 周年和纪念辛亥革命 100 周年

围绕庆祝建党 90 周年和纪念辛亥革命 100 周年，集团公司早做部署，认真策划了 233 种图书。经专家论证，拟从中遴选部分重点图书进行重点宣传推广。

围绕庆祝建党 90 周年，集团公司已策划了 173 种选题，其中有：中国美术出版总社着力打造的《庆祝建党 90 周年 100 种优秀连环画》；人民文学出版社策划的《东方的太阳》（作家市长谭仲池著）、《共和国部长访谈录》（刘茵选编）；现代出版社策划的《纪委书记》；商务印书馆策划的《中华现代学术名著丛书》（100 种）；中国大百科全书出版社策划、上海市委宣传部组织编写的《中国共产党与现代化使命丛书》（5 种）；东方出版中心策划、上海市社科联组织编写的《纪念建党九十周年丛书》（23 种）；华文出版社策划、中央统战部组织编写的《重庆与中国统一战线》等。

围绕纪念辛亥革命 100 周年，集团公司策划了 60 种选题，其中有：集团公司总部主持的《中国文库（第五辑）》（100 种），遴选民国时期的 100 种经典学术文化著作；人民文学出版社策划

的《武昌城》（方方著）、王树增创作的长篇纪实作品《1911》；中华书局策划、历史学家李新主编、历时近20年编撰而成的《中华民国史》；三联书店策划、历史学家金冲及主编的《辛亥革命——研究论文集》；东方出版中心策划、画家戴敦邦绘制的《纪念辛亥百年戴敦邦绘人物谱》；中国大百科全书策划的《辛亥革命实绩史料汇编》丛书等。

2. 实施精品拉动战略，打造重大出版工程，实施国家"十二五"重点出版项目

国家"十二五"重点图书、音像、电子出版物出版规划已正式颁布实施，集团公司共有103种项目入选，比"十一五"时期的93种增长10.05%，入选数量再创历史新高。

在入选项目中，社会科学与人文科学项目60种，重大出版工程规划项目14种，古籍整理规划项目11种，"走出去"规划项目2种，少数民族规划项目4种，科技规划项目1种，未成年人规划项目1种；音像出版物4种，电子出版物6种。

入选项目具有四个鲜明特征：

（1）汇聚众多集大成、标志性的厚重之作。《中国大百科全书（第三版）》《辞源（第二版）》《世界历史文库》《汉译世界学术名著丛书》《辞渊》《台湾百科全书》《巴金全集》《曹禺全集》《王世襄集》《王力全集》《中国书法全集》"三联·哈佛燕京学术丛书（14—17辑）"等都是众星拱月的扛鼎之作和骨干项目，具有重要的文化集成性和典藏性，在业内能够发挥以点带面、"四两

拨千斤"的精品拉动效应。其中，集团公司总部主持的《世界历史文库》（80种）是我国规模最大、品种最多的高水平引进版"国别史"著作，已在学术界产生了重大影响。

（2）体现了原创性和自主知识产权。一批由知名学者和作家领衔的多学科、多题材的原创作品占有很大比重，如《中国新诗编年史》《中国当代文学史读本》《中国现代美术理论批评文丛》《新闻传播学大辞典》《中国回族文学通史》《中国设计全集》，"现代新经典原创漫画工程"等。

（3）体现集团公司产品线建设导向，基本涵盖了集团公司13条一级产品线。《现代汉语大词典》《三联经典文库》《荣宝斋珍藏》《中国钢琴音乐博览》《北魏墓志全集》《中华民国史》《改变世界的科学家》等，渗透了文学、工具书、语言、学术文化、音乐、美术、古籍、生活、少儿等集团公司的优势细分市场，有助于进一步优化集团出版结构，提升产品整体竞争力。

（4）体现数字出版的新成果。"文津阁四库全书数据库""中华基本史籍知识库""商务印书馆百种精品工具书数据库""东方杂志数据库（全文检索版）"等采用现代数字技术，复活文化经典和重要文献，具有积极的行业示范作用。

3.传承民族优秀文化传统，大力实施2011年度国家古籍重点项目

2011年度国家古籍整理出版资助评审工作结束，集团公司所属中华书局和人民文学出版社共有29个项目入选，占比32%，

名列全国出版集团第一;资助金额共计663万元,在全国名列前茅。

古籍出版是集团公司的优势出版板块,也是着力打造的13条一级产品线之一。入选项目涵盖了众多领域和各类题材,具有重要的文化传承和文化积累价值,如:

《民国时期总书目》(第1期10卷)是我国回溯性国家书目的重要组成部分,也是纪念辛亥革命100周年的重要成果。

《散失海外中国古籍总目》(第1期10卷)将古籍目录整理与"散失海外中国古籍珍本回归工程"相结合,为有计划地复制、影印国内没有或稀见文献提供了重要参考依据。

《殷虚书契五种》《洛阳新获七朝墓志》等注重对出土文献的系统整理,填补了史料的不足,丰富了古籍的佐证。

《鲍照集校注》《欧阳修诗编年笺注》《元好问文编年校注》《全元诗》《邓汉仪诗文辑校》《毕沅诗集》等书"系列性"地关注历代重点作家的重点作品,进一步拓宽了古籍出版视野。

4. 深化产品线建设,着力打造原创精品和自主知识产权作品

围绕集团公司三级产品线建设,重点实施"八大原创精品出版工程",推出一批具有鲜明原创性、自主知识产权的图书,不断增强内容生产的原创能力和传播载体的创新能力。

(1)打造原创长篇小说精品工程。人民文学出版社将推出贾平凹、王安忆、张洁、关仁山、迟子建、杨争光、王军等10多位著名作家的最新力作。目前,《古炉》(贾平凹著)、《白雪乌鸦》(迟子建著)已经出版,获得很好的市场反响。《武昌城》(方方著)

正在紧张的编辑加工中。

（2）打造原创工具书精品工程。商务印书馆的《现代汉语大词典》《汉语图解小词典》，商务印书馆国际有限公司的《新华大字典》等都是具有自主知识产权的语言工具书。

（3）打造原创学术精品工程。中华书局的《朱光潜全集》《张政烺文集》，商务印书馆的《中国经济体制改革二十讲》，三联书店的《王世襄集》《徐铸成作品系列》《从大逆转到新思潮——启蒙运动与五四运动的比较重探》《思想的享受——王蒙谈话录》，世界图书出版公司的《口腔医学精粹丛书》《现代脊柱外科学》都是由不同学科的名家领衔的高水平学术著作。

（4）打造原创百科精品工程。中国大百科全书出版社的《中国军事百科全书（第二版）》《中国军事简明百科全书》《音乐百科全书》《中国小学生百科全书》，世界图书出版公司的《中国民族百科全书》等是一批具有自主知识产权的百科工具书系列。

（5）打造原创美术精品工程。有人民美术出版社的《中国现代美术理论批评文丛》《红旗飘飘——20世纪主题绘画创作研究》，荣宝斋出版社的《吴作人全集》。

（6）打造原创音乐精品工程。有人民音乐出版社的《中国当代作曲家曲库》《21世纪中国音乐学文库》《中国钢琴音乐博览》。

（7）打造动漫精品。现代出版社推出的"漫画中国思想家""中国十大本土原创漫画家作品系列中国元素系列"等，都是国产知名漫画家的原创作品，该社正着力打造国内一流的原创动漫出版基地。

（8）打造原创"走出去"精品工程。展现中华悠久历史文明、反映当代中国和平发展的主题，将推出《汉语图解小词典》《漫画中国历史》《绘本西游记》《中华文明史话》等。

5. 注重"科学普及"和"文化普及"，持续引领传统历史文化阅读热潮

大力普及科学文化知识，中国大百科全书出版社将推出《中国大百科全书（简明版，新版）》《不列颠简明百科全书（新版）》《美丽的地球》《多彩中国》《与达尔文一同航行》等图书。

在已有传统文化读物市场基础上，中华书局、中国民主法制出版社、商务印书馆将陆续推出"《百家讲坛》系列丛书"《郦波评说曾国藩家训》《传奇王阳明》《孔子是怎样炼成的》《王蒙的红楼梦（讲点本）》等精品图书。

中华书局还策划了《一本书读懂中国书法》《一本书读懂汉字》《一本书读懂中国道教》《中国人应知的茶道常识》等普及图书，继续着重加强传统文化和历史知识的普及。

6. 注重"农家书屋"和馆配图书，继续提升公共文化服务能力

在 2010 年 303 种"农家书屋"图书的基础上，集团公司继续加大"农家书屋"图书和中小学图书馆馆配图书的策划力度，为基层读者和中小学生读者提供更加丰富多彩、质优价廉的精品图书。如中国大百科全书出版社策划了《幸福生活系列》《家庭教育系列》丛书，三联书店策划了《中学生图书馆系列》

丛书等。

　　4月26日，中国出版集团公司还赶赴云南省腾冲县，向该县和顺乡图书馆捐赠576册集团公司标志性出版工程《中国文库（1—4辑）》。在5月底即将召开的哈尔滨书博会上，集团公司还将向当地中小学、企业、基层文化单位、"农家书屋"等9家单位捐赠图书。

四、2011年选题计划执行保障措施

　　1. 严格履行重大选题备案制度，确保政治导向正确

　　全面贯彻各项出版法律法规，牢牢坚持正确方向导向。凡涉及重点敏感问题的选题一律履行重大选题备案制度，先立项、再申领，规范操作，严格程序。集团公司在2010年7月份开展了编辑工作质量检查活动，推动各社普遍建立审读室。目前各单位至少安排2～3人为专职审读员，关口前移，严格把关。此外，集团总部将延续2010年管理经验，继续设立专项审读经费，聘请知名出版老专家审核重点出版物，加强重点图书的审读工作，确保正确的政治导向，确保国家文化安全。

　　2. 全面履行三审三校制度，确保图书编校质量

　　按照分工明确、职责明确的基本原则，所有书稿必须严格经过责任编辑初审、编辑室主任复审、社领导终审的三审制和初校、二校、三校制度。对于重点图书和大型出版项目，还需要适当增

加编辑加工次数和校对次数，确保不出重大政治问题，确保不出编校质量问题。对于未能认真履行三审三校制度的书稿，一律不予出版发行，并对有关责任人予以警示。对于未履行三审三校制度，造成重大损失的图书，要在全集团通报批评，并严肃追究有关责任人的责任。

3. 开展系列宣传营销活动，努力实现社会效益和经济效益双丰收

（1）继续实施"双推计划"。集团公司在 2010 年修订了"畅销书推广计划"和"畅销书推荐计划"，加大了奖励力度和奖励频率，由此前的一年奖励一次改为一月奖励一次，同时每月在《环球时报》《中国图书商报》和有关大书城开展定期的重点图书推介活动。

（2）开展国内外重点书展展销。集团公司将在 5 月哈尔滨全国图书博览会上的"读者大会"、9 月的北京国际图书博览会和 10 月的法兰克福书展大力宣传推广重点图书。

（3）举办重点图书新闻发布会。集团公司将在"七一"前夕举办庆祝建党 90 周年和纪念辛亥革命 100 周年重点图书新闻发布会。

（4）组织系列出版文化活动。组织 10 多项出版座谈会、音乐会、媒体见面会等出版文化活动。

通过这一系列的宣传营销活动，不断扩大重点新书在海内外读者的影响力和知名度，拉动图书的市场销售。

4. 加大专项资金支持力度，努力打造一批专、精、新、特作品

2011 年，集团公司将继续积极申报国家出版基金和新闻出版总署重大项目库，同时还从集团内部拿出 1000 万元左右的年度出版专项资金，重点用于扶持一批围绕中心、服务大局的重点项目，扶持一批具有重大文化传承价值的优秀作品，扶持一批思想性、原创性兼具的佳作精品，扶持一批具有较好市场潜力的高成长性图书，扶持一批有利于本单位产品线建设的畅销书和常销书。通过有力的资金扶持，努力打造一批专、精、新、特的重点图书。

5. 狠抓督促落实，确保高质量完成全年出版计划

为确保选题计划有着比较高的完成率，集团公司出版业务部将通过书号实名申领制全程跟踪重点选题的进展情况和重大选题备案情况。同时，将不定期派专人到相关单位进行督促和检查，狠抓重点项目的日常管理和应急管理，不断增强执行力，提高执行水平，确保全部重点选题按时、保质、保量完成。

百种图书献礼中国共产党成立 90 周年★

再过 4 天，我们就将迎来中国共产党成立 90 周年光荣华诞。自 2010 年 4 月份以来，中国出版集团公司在中宣部和新闻出版总署的领导下，按照"围绕中心，服务大局，服务人民，改革创新"的总要求，积极组织集团所属各出版单位认真开发相关选题 167 种，为迎接党的生日献上一份大礼，同时从中遴选出 100 种重点图书予以重点宣传和展示。

总体上，中国出版集团公司从图书出版、新闻报道、出版活动等三个方面，唱响主旋律，打好主动仗，为中国共产党成立 90 周年营造昂扬积极、安定和谐、吉祥喜庆的社会舆论氛围，力图全景式地展现中国共产党 90 年不平凡的光辉历程，反映中国共产党 90 年来在谋求民族独立、人民解放、国家富强、改革开放伟大实践中所取得的辉煌成就，书写中国共产党 90 年气势恢宏、磅礴厚重、光焰万丈、彪炳千秋的壮丽史诗。这三个方面的具体

★ 2011 年 6 月 27 日，在庆祝中国共产党成立 90 周年百种重点图书新闻发布会上的讲话。

情况如下。

一、推出 100 种意义重大、反响强烈的精品图书

集团公司按照中央部署，围绕主线、把握主题，坚持"隆重、喜庆、节俭、祥和"的主基调，部署安排 100 种重点图书，礼赞祖国、讴歌时代、振奋民心，大力唱响共产党好、社会主义好、改革开放好、伟大祖国好、各族人民好的时代主旋律。

这 100 种重点图书包括 80 种原创图书、20 种编创类图书，涵盖马列经典理论、政治、文学、历史、经济、法律、音乐、艺术、文化、百科、纪实、文献、音像电子等 13 个门类。其中，人民文学出版社出版的《武昌城》入选中宣部庆祝中国共产党成立 90 周年的 8 种重点选题；《武昌城》还和华文出版社的《重庆与中国统一战线》一起入选新闻出版总署庆祝中国共产党成立 90 周年的 68 种重点图书。这些图书具有四个突出的特色：

第一，紧扣主题，真情颂党。集团公司多部重点图书紧扣国家宣传主题，得到了政府管理部门的大力支持，在社会上产生了强烈反响。

（1）《庆祝中国共产党成立 90 周年百种红色经典连环画》是在中央领导同志的亲切关怀、在中宣部的直接部署和新闻出版总署的大力支持下，由集团公司组织人民美术出版社等四家单位共同出版的。首批 40 种出版后，6 月 2 日中央电视台《新闻联播》

节目进行专条报道。在 6 月 20 日举行的新闻发布会上，中央电视台、新华社、中新社、中国日报社等 20 多家中央媒体分别采用中英文给予报道。最近几天，中央电视台《焦点访谈》栏目还将对该套书给予重点报道。

（2）人民音乐出版社密切配合由中央电视台在全国范围内开展的"唱响中国——群众最喜爱的新创作歌曲"征集评选活动，出版了征集评选活动的两大成果《唱响中国——群众最喜爱的新创作歌曲 36 首集锦》《"唱响中国——群众最喜爱的新创作歌曲"征集评选活动 10 首获奖歌曲集萃》。中央电视台《新闻联播》节目在 5 月 31 日给予专门报道。

（3）中国民主法制出版社出版的《重访》栏目组"红"系列丛书，是由中央电视台、中央新闻纪录电影制片厂联袂推出的同名历史专题片，以珍贵老影像资料为主线，将镜头对准平常的人、事、物、景，重新解读，再次追访，揭秘经典背后鲜为人知的隐秘历史，在广大基层群众和农村读者中产生了广泛影响。

（4）商务印书馆的《信仰的力量——红岩英烈纪实》根据央视 10 套《百家讲坛》同名讲座整理润色而成，由"红色演讲第一人"——重庆红岩革命历史博物馆馆长厉华讲述信仰的力量，讲述了江姐、陈然（成岗原型）、宋振中（小萝卜头原型）、韩子栋（华子良原型）、许晓轩（许云峰、齐晓轩原型之一）等 10 位红岩革命志士，在渣滓洞、白公馆等人间魔窟不屈不挠、可歌可泣的真实斗争。该讲座将于 7 月 1 日左右正式播出。

　　第二，名家领衔，打造精品。人民文学出版社出版的长篇小说《武昌城》是由著名作家、湖北省作协主席方方创作，以小说的形式讲述北伐战争中一场轰轰烈烈的围城战役，以厚重、深邃、悲壮的语言再现了一段波澜壮阔的历史风云。人民文学出版社出版的长诗《东方的太阳》由著名"市长作家"、湖南省文联主席谭仲池创作，热情讴歌中国共产党在艰难岁月里领导中国人民奋发向上、振兴祖国的丰功伟绩。中国民主法制出版社出版的《建设学习型机关博学文库（第二辑）》对《共产党宣言》《资本论》《新民主主义论》等12部马克思主义经典著作重新导读，由著名学者、马克思主义工程理论专家艾四林领衔编写。华文出版社的《党员领导干部能力素养大课堂系列丛书》（17种），由葛剑雄、陈丹青、俞可平、王缉思等名家领衔编撰，分别从历史镜鉴、文学修养、国际关系、领导艺术等方面提升干部能力素养，被网民誉为"建设学习型党组织第一读本"。

　　第三，内涵丰富，突出系列。商务印书馆推出的《中华现代学术名著丛书》（100种），遴选诸多学科的开山之作、奠基之作或经典之作，努力展现中国现代学术体系建立及发展过程，为各领域研究者提供基础性的经典范本，如《论社会学中国化》（吴文藻著）、《中国经济思想史》（唐庆增著）等皆为新中国成立后第一次出版。中国大百科全书出版社的《中国共产党与现代化使命丛书》（3种）从政治学、经济学、社会学的学科角度，确定了三个领域的研究主题，即《创新与修复——政治发展的中国逻辑》

《复兴与增长——共容性组织推动的经济制度变迁》《从弥散到秩
序——"制度与生活"视野下的中国社会变迁》。东方出版中心的
《上海市社会科学界纪念建党九十周年书系》（26 种），遴选了 26
种优秀的社科学术著作，内容涵盖党史党建、政治学、哲学、法学、
管理学、历史学、经济学等 10 多个学科，深入分析了党的执政
能力、党内民主、干部教育、基层建设、人代会制度、核心价值
体系等重点话题。

第四，凸显原创，风格多样。在集团公司庆祝建党 90 周年
百种重点图书中，有 80 多种是原创图书。现代出版社的原创长
篇小说《纪委书记》作为中纪委和辽宁省纪委重点关注的反腐图
书，描绘了从土地领域掀起的反腐风暴，表现了新时期先进共产
党人恪守党性、坚守正义的高尚品质。人民文学出版社的长篇小
说《嘎达梅林》讲述了 20 世纪 30 年代前后蒙古族传奇英雄嘎达
梅林的英勇事迹。东方出版中心的《中外马克思主义经济思想简
史》，简明系统地论述了世界范围内马克思主义经济思想史上主
要流派的思想脉络，是一部研究马克思主义经济思想的最新力作。
华文出版社的《中共党史青年读本》展示了中国共产党救国救民、
传播真理、建设新中国、开创中国特色社会主义事业的辉煌历程。

此外，从表现风格上，有的从音乐角度庆祝建党 90 周年，如《童
歌唱给党——少儿歌曲精选 71 首》《大众合唱——唱支山歌给党
听红歌金曲专辑》；有的从绘画角度庆祝建党 90 周年，如《革命
胜景图册》《光辉的历程》；有以人物传记的形式再现历史名人的

光辉形象，如《早年毛泽东》《感恩毛泽东》《陈独秀的最后岁月》《共和国的部长们》《风中玫瑰——回忆我家与孙夫人宋庆龄的友谊》《百战归来认此身》等；有以随笔散文形式表现历史事件和人物故事的，如《田家英与小莽苍苍斋》《文化人随笔系列》；还有以儿童文学形式反映抗日战争故事的，如"不一样的花季"抗战题材三部曲《小城花开》《柳哑子》和《绝响》；等等。

二、刊登一批视角独特、影响深远的新闻报道

围绕庆祝建党 90 周年，集团的 50 多种报刊也认真履行使命，组织策划了一批反映我党 90 年辉煌历史和社会进步的新闻报道。其中，表现比较突出的如下。

《三联生活周刊》：在 6 月 27 日（第 26 期）策划了一期封面专题《1921 年的中国　领袖们的青春年代》。该组封面文章共计 45 页，图文并茂，再现了 90 年前中国半殖民地半封建社会的历史状况，重点讲述了中国共产党诞生的历史必然性，以及渴望拯救中国的热血青年们接受马克思主义、最终选择社会主义道路这一救国之路的伟大历程。

《读书》杂志：2011 年第 7 期以头版发表了《斯诺的红色中国》和《同行》两篇文章，前者讲述了一个外国记者如何被中国共产党的革命精神所感染，后者则记述了新中国成立前夕中国共产党如何团结民主知识分子，组成统一战线而取得革命最后胜利

的。第 8 期发表的《素面伟人》，则将斯诺到延安采访毛泽东等中共领导人的过程再度呈现出来。《一本画史的命运》记录了著名学者曹聚仁作为亲历抗战的战地记者的不平凡生活。

《连环画报》：在 2011 年第 7 期特设"纪念中国共产党 90 周年"专栏，其中，《青少年时代的毛泽东》栏目由著名画家潘鸿海绘画，反映了毛泽东同志自小立志高远、卓尔不凡的事迹；《周恩来同志在长征路上》栏目由著名画家汪观清绘画，描绘了周恩来同志在长征途中身先士卒、英勇战斗的感人事迹；另外还包括《沈尧伊历史油画作品选》《难忘的抗美援朝》《隐蔽战线的无名英雄》等。

《中国图书商报》：连续推出了两个《红色读物专刊》。第一个专刊（4 版）于 2011 年 5 月 20 日出版，第二个专刊（8 版）于 6 月 27 日出版，不仅重点介绍了中国出版集团百种重点红色图书，还介绍了人民出版社、中共中央党校出版社、党建读物出版社等全国 20 多家出版社出版的红色读物，如《中国共产党党史（第二卷）》《武昌城》《建党伟业》《亲历中国共产党的 90 年》《中国共产党历史大辞典》《中国共产党历史纪事本末》等。商报记者还深入解读这些优秀红色读物，概括出"红色经典有不朽的魅力""红色经典连环画再次走进人们的视线""党建类图书摒弃假大空传统说教模式"等特点，有助于引导读者更好地选购图书。

《新华书目报》：推出建党 90 周年图书专刊，包括 8 个版面，介绍了中宣部、新闻出版总署和各地宣传部门下发的建党 90 周年图书出版和发行的相关政策；介绍了各主要出版集团（社）出版选题和品种，各大新华书店和各大卖场发行举措；此外还对领导人及优秀共产党员相关图书进行盘点。

三、组织一批异彩纷呈、形式多样的出版活动

围绕庆祝中国共产党建党 90 周年，集团公司上下齐心，积极营造浓郁的节日氛围，组织了一批异彩纷呈、形式多样的出版活动，努力构建书香社会、和谐社会。

（1）5 月 29 日，第 21 届书博会在哈尔滨开幕，集团公司组织策划的 170 种选题名单首次向新闻媒体集中发布和宣传，并在现场展示了第一批 50 多种图书。

（2）6 月 2 日，《"唱响中国——群众最喜爱的新创作歌曲"征集评选活动 10 首获奖歌曲集萃》由集团所属人民音乐出版社联合学习出版社共同出版发行。经过来自 31 个省区市的群众评委、专家评委和广大网民的认真评选，《走向复兴》《迎风飘扬的旗》《阳光路上》《最美的歌儿唱给妈妈》《国家》《两岸一家亲》《我要去延安》《相亲相爱》《好男儿就是要当兵》《卢沟谣》等 10 首获奖歌曲脱颖而出，为党唱响时代最强音。

（3）6 月 3 日，集团公司组织华文出版社举办了《百年西藏——20 世纪的人和事》中英文同步出版发行仪式。该书全面展示了 100 多年来尤其是近 60 年来在党领导下西藏经济、文化、

社会、政治等各方面取得的伟大成就，被誉为"百年西藏史的简明读本"。

（4）6月19日，由中国出版集团公司和上海市社会科学界联合会主办，中国大百科全书出版社承办的纪念中国共产党成立90周年京沪学术论坛暨《中国共产党与现代化使命丛书》出版座谈会召开。京沪学者围绕中国共产党建党90周年以来，我国政治、经济、社会各方面理论发展的脉络和思想价值进行了热烈的讨论和精彩的对话。

（5）6月20日，《庆祝中国共产党成立90周年百种红色经典连环画》新闻发布会在人民大会堂举办。由中国出版集团公司组织人民美术出版社、连环画出版社、上海人民美术出版社、天津人民美术出版社编辑的"百种红色经典连环画"共计104种、170册已于20日前全部出版，包括《毛泽东同志在陕北》《刘少奇同志在安源》《地球的红飘带》《铁道游击队》《狼牙山五壮士》《南京路上好八连》等。

（6）6月21日至7月31日，集团公司组织荣宝斋举办"风展红旗如画——庆祝中国共产党成立九十周年荣宝斋藏现代绘画作品展"，此次展览从荣宝斋藏品中精选出徐悲鸿等21位画家的60余幅作品。这些作品以毛泽东诗词、革命事件、革命圣地、社会主义建设等为题材，历史感与时代精神相融合，让我们在领略大师非凡的艺术魅力的同时，更重温历史，讴歌党的光辉历程。

（7）6月27日，集团公司组织了庆祝中国共产党成立90周年书画摄影展览暨全国出版界同仁书画邀请展。

（8）6月29日上午，华文出版社出版的《中共党史青年读本》在三军仪仗队驻地首发，向全军发行。

出版专项资金要扶优助强、注重效益★

一、出版专项基金项目的使用情况

国家财政部的"全国宣传文化发展专项资金"，支持方向包括出版项目、科技项目、人才建设项目、销售网点建设项目。集团的出版专项资金，属于"全国宣传文化发展专项资金"，对于推动集团出版主业的发展起到了很大作用。

自 2003 年以来，集团公司已经累计资助了 741 个专项资金项目，其中骨干项目 300 多个，资助资金总额达 1 亿元。具体情况如下。

人民文学出版社获得资助项目 83 个，占资助项目总数的 11.2%；资助金额 907 万元，占总资助金额的 8.74%；完成项目 68 个，未完成 15 个，完成率为 81.9%。资助对象主要是原创中外文学名著、著名作家全集和《当代》《新文学史料》杂志，先后推出了《萧乾全集》《穆旦诗全集》《老舍全集》《鲁迅译文全集》《曹禺全集》

★　2011 年 7 月 4 日，在中国出版集团 2012 年度出版专项资金项目专家论证会上的讲话。

《果戈理文集》《萧伯纳文集》《中国当代长篇小说藏本》《21 世纪年度最佳外国小说》丛书等一批奠基性精品著作。

商务印书馆获得资助项目 46 个，占资助项目总数的 6.2%；资助金额 889 万元，占总资助金额的 8.57%；完成项目 23 个，未完成 23 个，完成率为 50%。资助对象是汉语工具书、语言学著作、汉译名著等，其中《辞源（修订本）》《新华大字典》《尼采著作全集》《罗素全集》《日本学术文库》《现象学文库》《利玛窦全集》等产生了比较大的学术影响。

中华书局获得资助项目 98 个，占资助项目总数的 13.2%；资助金额 931 万，占总资助金额的 8.97%；完成项目 80 个，未完成 18 个，完成率为 81.6%。资助对象主要是古籍整理项目，推出了一批具有重要的文化传承积累价值的学术著作，如《岑仲勉文集》《王钟翰清史论集》《张政烺文史论集》《唐长孺文集》《顾颉刚全集》《琴曲集成》《清代升平署戏曲档案》《南明史》《全明杂剧》《四库全书总目提要》等。

中国大百科全书出版社获得资助项目 39 个，占资助项目总数的 5.3%；资助金额 595 万元，占总资助金额的 5.73%；完成项目 27 个，未完成 12 个，完成率为 69.2%。资助对象是百科工具书、"走出去"图书和学术文化著作，如《中国儿童百科全书》《音乐百科全书》《中国西藏》《中华文明史话》《中华口述历史丛书》《外国法律文库》《韦氏大词典》《中国少数民族古籍总目提要》等。

中国美术出版总社获得资助项目 52 个，占资助项目总数的

7.0%;资助金额 755 万元,占总资助金额的 7.27%;完成项目 32 个,未完成 18 个,完成率为 66.6%。资助对象是美术画作和学术著作,如《三江源》画册、《任伯年全集》《中国当代美术理论批评丛书》《国家博物院馆藏品丛书》《历代印论类编》等。

人民音乐出版社获得资助项目 68 个,占资助项目总数的 9.2%;资助金额 606 万元,占总资助金额的 5.84%;完成项目 60 个,未完成 8 个,完成率为 88.23%。资助对象主要是经典音乐作品和学术著作,如《中国音乐史图鉴》《欧洲文艺复兴时期合唱曲选》《中国当代作曲家曲库》《外国音乐学术经典译著文库》《伟大的音乐国韵华章》《21 世纪中国音乐学文库》等。

三联书店获得资助项目 67 个,占资助项目总数的 9.0%;资助金额 635 万元,占总资助金额的 6.12%;完成项目 55 个,未完成 12 个,完成率为 82%。资助对象是人文社科类的精品学术著作,如"三联·哈佛燕京学术丛书"《冯友兰作品系列》《曹聚仁作品系列》《沟口雄三著作集》《西学源流丛书》《新知文库》《明式家具研究》《公共政策经典译丛》《邓广铭历史人物传记系列》等。

中国对外翻译出版公司获得资助项目 34 个,占资助项目总数的 4.6%;资助金额 483 万元,占总资助金额的 4.65%;完成项目 26 个,未完成 8 个,完成率为 76.5%。资助对象主要是双语作品和学术文化著作,如《世界地名翻译大辞典》《汉英对照中国语文读本丛书》《外语院校翻译系列教材》《非洲通史》等。

东方出版中心获得资助项目 65 个,占资助项目总数的 8.8%;

资助金额 506 万元，占总资助金额的 4.87%；完成项目 45 个，未完成 15 个，完成率为 81.6%。资助对象主要是哲学社科类著作，如《马克思主义经济思想史》《东方学人自述丛书》《中国园林史》《中国馆藏满铁资料联合目录》《中国符号学丛书》等。

现代教育出版社获得资助项目 19 个，占资助项目总数的 3.2%；资助金额 438 万元，占总资助金额的 5.39%；完成项目 13 个，未完成 6 个，完成率为 68.4%。资助对象是中小学教材和教育论著，如《高中语文读本》《21 世纪高校公共课精品规划教材》《网式教辅》《图说二十四史》《汶川震撼》等。

现代出版社获得资助项目 24 个，占资助项目总数的 3.2%；资助金额 416 万元,占总资助金额的 4.01%;完成 23 个，未完成 1 个，完成率为 95.8%。资助对象主要是动漫产品和文学作品，如《蔡志忠漫画中英文版》《老夫子漫画系列》《"家有儿女"漫画版》《本土原创动漫绘本系列》《中国青年漫画家作品集系列》等。

世界图书出版公司获得资助项目 92 个，占资助项目总数的 12.4%；资助金额 2003 万元，占总资助金额的 20.00%；完成项目 58 个，未完成项目 34 个，完成率为 63%。其中，最近三年的项目完成率比较低，只有 40% 左右，是老单位中最低的。资助对象主要是引进版的科技、医学、语言著作以及综合图书，如《购权重印外文科技书》《购权重印外文语言书》《百种购权重印世界医学名著》《口腔临床医学精粹丛书》《西氏内科学》《世界遗产丛书》《邮票上的新中国》等。

中国图书商报社获得资助项目12个，占资助项目总数的1.6%；资助金额265万元，占总资助金额的2.55%；完成项目10个，未完成2个，完成率81%。资助对象主要是集团公司"双推计划"工程以及报社自身品牌建设。

新华书店总店的《新华书目报》获得资助项目2个，资助金额56万；完成项目1个，未完成项目1个，完成率为50%。资助对象主要是《新华书目报》的数据分析系统和报刊品牌发展项目。

荣宝斋出版社获得资助项目6个，资助额度125万；完成4个，未完成2个，完成率为66%。资助对象主要是书法艺术类作品和学术著作，如《当代中国书法论文选》《吴作人书画全集》《中国书法全集》《阿诗玛》木版水印。

中国民主法制出版社2011年新批资助项目2个，资助金额40万；项目正在执行中，还没完成。资助对象是政治类和法律类重点图书，包括《建设学习型机关博学文库丛书》《中国特色社会主义法律体系系列丛书》。

商务印书馆国际有限公司2011年新批资助项目1个，资助金额10万；项目已完成，完成率为100%。资助对象是语言工具书和文化工具书，即《中国历代辞书鉴赏辞典》。

天天出版社2011年新批资助项目1个，资助金额40万；项目已完成，完成率为100%。资助对象是《中国现当代儿童名家文学典藏书系》。

二、项目论证的原则和方法

1. 优先考虑国家"十二五"出版项目

2011 年申报的 102 个项目中，有 6 个是国家"十二五"规划出版项目，如《全元诗》"三联·哈佛燕京学术丛书（第十四辑）"《历史·田野丛书》《东南亚研究丛书（第一辑）》《拉丁美洲通史》《当代汉语学习词典》等。集团共有 103 个项目入选国家"十二五"项目，在全国排名第一，其中有的项目已经申报了国家出版基金，有的是分批申报集团的出版专项资金。对于"十二五"规划项目，出版专项资金可以适当优先考虑。

2. 符合集团产品线原则

集团现有 13 条一级产品线，由文学、语言、工具书、古籍、少儿、学术文化、音乐、美术、生活、科技文化、动漫、教材教辅、外向型等 13 个细分市场门类组成。目前，集团公司在这 13 条产品线领域都是名列全国前三名，其中一半多是全国第一名。

13 条产品线一方面是集团出版物的发展方向，另一方面也是选择专项资金项目要考虑的方向。也就是说，集团是以重点出版项目为抓手，以专项资金项目为杠杆，来建设集团的产品线。因此，本次评审会，要通过培育专项资金项目，来进一步深化和加强集团公司的产品线建设，继续巩固集团各出版社在优势产品线的龙头地位，并实现产品的系列化、规模化、集群化发展。

3. 创新精品原则

所谓精品原则，就是在同类领域的学术水平、文献价值、社会效益都处于领先位置，对该领域的发展能够作出比较大的、创新性的贡献。

4. 具有重大文化积累传承价值原则

集团的出版范围主要是人文社科领域的著作，在全国具有领先优势。我们也要考虑重点扶持那些具有重要的文化积累和传承价值的项目，尽管这些项目的市场效益可能不会太好。

5. 扶优不扶亏原则

只扶持暂时需要资金支持的、社会效益预期良好的优秀出版项目，不扶持内容平庸的、预期亏损的出版项目。

6. 整体把握原则

一方面，专项资金项目要放在集团发展的整体格局、出版单位的整体需要、集团及出版单位的品牌建设上面来考虑；另一方面，又要适度考虑集团公司各单位发展不平衡的现状，做到既保证重点出版社，又适当兼顾具有一定成长性的出版社。

7. 论证方法

这次共有 20 个单位的 102 个项目申报专项资金，其中图书项目 93 个，报刊项目 9 个；一共有 16 位评审专家参加评审论证，分为 8 个小组。

项目论证分为四个环节，即审读申报材料——撰写评审意见——大会讨论——集中投票。

市场占有率优势明显　社会影响力持续扩大[★]

一、2011 年上半年出版工作总结

2011 年上半年，集团各单位围绕中心、服务大局，因应形势、求新求变，配合集团整体工作，保生产保增长，顺利完成了出版经营任务。

围绕中心，就是围绕党和国家的工作中心，上半年主要是迎接建党 90 周年。

服务大局，包括按照科学发展观的要求，建设学习型政党、转变经济发展方式、深化文化体制改革、推动出版业大发展大繁荣、加速中华文化"走出去"。

因应形势、求新求变，有 4 层意思：第一是努力适应产业竞争的新态势。目前各大集团、各大出版社、各民营出版机构，在市场化、数字化、多元化、国际化等方面的竞争日趋激烈，不少

★　2011 年 7 月 11 日，在中国出版集团 2011 年上半年工作会议上的出版工作报告。

集团都在搞兼并重组，都在搞跨区域、跨所有制联合，都在搞跨国发展，都成立了专门的数字出版开发机构，都在搞上市融资，都在争当双百亿集团、争当出版传媒的航空母舰，许多家集团正在毫不客气地争当出版界的"老大"。第二是努力适应行业和区域竞争的新特点。在教材招投标、图书馆馆配招投标、"农家书屋"等公共文化建设招投标过程中，出版业与其他相关行业之间、国企与民企之间、不同区域之间，存在着各种各样的竞争与合作关系。第三是努力适应广大读者的新需求。当前，读者在阅读的内容、口味、品质、形式、传播方式、价格、出版品牌、作者影响力等方面的需求，日益多样、多变、复杂。第四是努力适应国际出版交流和合作的新形势。当前中国出版"走出去"速度整体加快，国外读者对中国出版物的需求已经不再停留于传统文化的层面，对中国出版企业的认识也不再局限于过去的老品牌。在这个新情况下，我们的出版老字号和进出口龙头老大地位，在境外也受到了严峻挑战，要保住我们的优势比过去更难了。

上半年，各出版单位积极因应前面所说的形势，及时调整、创新我们的产品和营销机制，努力配合集团出版业务整体上市的中心工作，积极谋划集团公司"十二五"规划和整体布局，组织出版庆祝建党 90 周年、纪念辛亥革命 100 周年重点选题，积极推动重大标志性出版工程，带动出版经营的各项工作顺利开展，取得了良好的成绩。上半年的工作为下半年奠定了良好的基础，使我们对顺利完成全年的生产经营任务充满了信心。

经过多年的实践，集团在出版主业方面形成了比较成熟的经营管理思路。

（一）坚持导向，强化管理，改善服务，发挥集团的表率作用

坚持正确的政治方向和出版导向，是集团各级领导反复强调的重大原则性问题，也是集团的警戒线、生命线。总体来说，上半年，集团出版工作基本延续近年以来的好势头，保证了出版安全，而且在纪念建党 90 周年等一系列重大活动中表现突出，受到了上级部门和业界的好评，在全国出版界继续发挥了表率作用。

制度建设是强化管理、保证导向、保证质量、维护品牌的基本手段。集团现有各级各类出版社、报刊社 34 家[1]，这 34 家出版单位以及《新华书目报》《三联生活周刊》等 49 种社办报刊，是集团进行出版业务管理的对象；此外，黄河出版传媒集团的 4 家出版社目前实行的是与集团业务对接关系。对上述出版管理对象，集团上半年在继续有效履行了书号实名申领制度、重大选题备案制度等基本制度之外，还开展了出版物质量检查活动。

做好服务是强化管理的题中应有之义。上半年，集团组织了北京全国图书订货会和哈尔滨全国图书博览会的参展工作，组织申报了 2011 年国家出版基金项目、2011 年国家古籍整理出版项目、2011 年向青少年推荐的百种重点图书和报刊、向"农家书屋"推荐书目、新闻出版总署项目库等活动。

[1] 一级出版社 14 家，副牌出版社 4 家，下属社 4 家，音像电子出版社 11 家，独立报刊社 1 家。

完成了中国出版集团公司第五届出版奖评奖工作。142 种图书、音像电子出版物、报刊获得了奖励。

完成了 2011 年度集团报刊年检工作。49 种报刊全部通过年检，得到总署领导的表扬。

在总署开展的养生保健出版物检查工作中，集团公司组织得力，获得总署的通报表扬；中国大百科全书出版社、世界图书出版公司获得养生保健类图书的出版权。

在总署开展的文艺类、少儿类、教辅类图书检查中，集团公司对 17 家图书出版单位开展了编辑工作质量专项检查活动，随机抽取出版物，送集团外专家进行了编校质量检查，检查结果为 96.2% 合格，有 8 种不合格。对不合格的，出版业务部将直接约谈有关单位负责人，以期引起重视。

在总署开展的《农家书屋必备书目》申报中，集团共有 303 种出版物进入书目。

(二) 服务大局，发挥集团的示范作用

围绕 2011 年四个重要的出版节点，集团各单位策划组织了一大批精品力作，表现非常突出。

1.配合庆祝建党 90 周年，集团各单位从图书出版、报刊宣传和活动组织三个方面开展了全方位、多层次的红色主题宣传热潮。在图书出版上，策划了 170 种选题，其中包括《百种红色经典连环画》《中国共产党与中国现代化使命丛书》《建设学习型机关博学文库（第二辑）》《中华现代学术名著丛书》等 100 种重点图书。文学社的《武昌城》（作者方方，30 万字，已出版）列入中宣部确定的 4 大重点选题之一。在报刊宣传上，《三联生活周刊》《读书》《连环画报》《中国图书商报》《新华书目报》等报刊都开办了专栏。在活动组织上，集团公司举办了纪念中国共产党成立 90 周年京沪学术论坛暨《中国共产党与中国现代化使命丛书》出版座谈会，《庆祝中国共产党成立 90 周年百种红色经典连环画》新闻发布会，庆祝建党 90 周年百种重点图书新闻发布会。

2. 配合纪念汶川地震 3 周年，人民音乐出版社出版了《羌山采风录》，在人民大会堂召开新闻发布会。

3. 配合西藏和平解放 60 周年，华文出版社出版了《百年西藏——20 世纪的人和事》，并与美国普利尼斯出版社同步推出中英文版。

4. 配合纪念辛亥革命 100 周年，集团公司组织策划了 60 种选题，包括中华书局的《中华民国史》，百科社的《辛亥革命大型文献丛书》，东方出版中心的《辛亥革命史》，现代出版社的《黄花落，黄花开》等。其中，文学社的《1911》（作者王树增，30 万字，计划 2012 年 8 月出版）列入中宣部确定的 8 大重点选题之一。

此外，配合总署向全国青少年推荐百种优秀读物，集团有文学、商务、百科、世图、现代 5 家出版社的 7 种图书入选。配合总署向全国青少年推荐优秀少儿报刊，集团有美术社、百科社的《儿童漫画》《漫画大王》《小百科》3 种期刊入选。

（三）精心谋划布局"十二五"重点项目，发挥集团对我国出版业的基础支撑作用

2011 年是国家"十二五"开局之年，也是集团公司"十二五"规划启动之年。集团公司围绕"十二五"国家经济社会发展规划和新闻出版总署制定的"十二五"出版规划，确定了以国家"十二五"出版项目为核心，以国家级出版资助工程为依托，以集团"十二五"项目和"双效"项目为支点的集团产品布局方案，并在国家"十二五"出版项目、2011 年国家古籍整理出版项目、2011 年国家出版基金项目等三大国家级项目立项中，都名列全国第一。这些谋划布局，不仅为集团公司确定未来五年出版工作的主攻方向，进一步优化整体出版结构、形成产品集群效应奠定了雄厚基础，也在全出版行业切实发挥了"国家队"的领军作用，表现出集团强烈的文化担当和历史责任。

第一点，承担的国家"十二五"出版规划项目名列全国第一。集团共有 103 个项目入选国家"十二五"图书、音像、电子出版物出版规划，比"十一五"国家重点出版规划中入选的 78 种增长 32.1%，入选数量创历史新高，继续保持在全国名列第一。入选项目具有四个鲜明特征：一是汇聚了众多集大成、标志性的文化工程。二是体现了原创性和自主知识产权。三是基本涵盖了集团产品线。四是体现了数字出版新成果。

第二点，2011 年国家古籍出版项目入选数名列全国第一。4 月，中华书局和人民文学出版社共有 29 个项目入选 2011 年度国家古籍整理出版资助项目，占全国总量的三分之一；获得资助金额共计 663 万元，在全国名列前茅。

第三点，2011 年国家出版基金项目入选数名列全国第一。6 月，集团 7 个单位的 11 个项目入选 2011 年度国家出版基金项目。获得资助总额达 2249 万元，资助数量和资助额度再创历史新高，为基金办成立以来最多的一年。

在上述三大出版项目的立项中，集团公司出版业务部及相关出版社，通过各种方式做了大量深入细致的沟通、说明、协调工作，争取到有关管理部门的支持，获得了总共 3000 万元的资金支持，为我们做好各项出版工作提供了坚实保障。

第四点，集团公司还初步遴选了 100 多个集团的"十二五"重点出版规划项目，目前正处于最后审阅会签阶段，本月底前将印发执行。

（四）着力锻造标志性出版工程和重大、重点出版项目，发挥集团的领军作用

国家级项目《中国大百科全书（第三版）》在总署同意立项后，已经上报中宣部和国务院相关部门，正在积极立项过程中。《台湾百科全书》的首批资金 1100 万元已经拨付，正在组稿。《中国大百科全书（第二版简明版）》的编辑出版工作基本完成，即将出版。

国家级项目"'二十四史'及《清史稿》点校本修订工程"，2006 年开始启动，可望 2012 年出版第一批，2015 全部出齐。

其他国家级和集团级的重大项目，比如《新编诸子集成》（40种）历时 30 年，2011 年已全部出齐；《汉译世界学术名著丛书·分科本》（500 种）的前期编辑出版工作已经完成，7 月中下旬将全面上市；其姊妹项目《中华现代学术名著丛书》（第 1 批 100 种）已出版 50 多种，年底出齐 100 种；《辞源（修订第三版）》的修订工作已经全面铺开，正在顺利推进。

集团公司总部主持、集团内外 30 多家出版社参与的《中国文库》（第五辑，100 种），是集团纪念辛亥革命 100 周年的"重头戏"，上半年完成了版权联系、封面设计、印制招标工作和近60 种图书的胶片收缴工作，目前即将交付印厂印刷。其中，文学社承担了 23 个品种的编辑出版工作，商务承担了 10 个品种，中华、三联、东方、华文也各承担了六七个品种。

集团公司总部主持、三家出版社承担的《世界历史文库》，上半年，东方、百科、商务又出版 10 种，目前累计出版了《法国史》《印尼史》等近 40 种；有 10 种进入三校阶段；还有 10 多种下半年收到翻译稿。预计到年底共出版 60 种。

上半年，集团公司对 2003 ～ 2011 年各社出版专项资金项目的落实情况进行了追踪调查。调查发现，总体落实情况较好，但也有少数项目延期太长、变更太大，一些单位的项目完成率太低（世图公司近三年的完成率不到 40%）。出版业务部近期将要求有关出版社重新制定执行计划，保证项目顺利完成。上半年，还对 2011 年的项目资金进行了拨付，办理了 18 家单位 49 个项目 1014 万元的资金批复。2012 年专项资金项目的申报和专家论证工作已经完成。

上半年，集团各单位涌现了一大批精品图书和畅销图书，如文学的《古炉》《1911》《武昌城》，商务的《新华字典（第 11 版）》《现代汉语学习词典》《信仰的力量——红岩英烈纪实》，中华的《姥姥语录》《走向辉煌》，百科的《中国儿童立体百科全书》《中国共产党与中国现代化使命丛书》，美术的《中国美术研究年度报告 2010》《庆祝中国共产党成立 90 周年百种红色经典连环画》，音乐的《唱响中国——群众最喜爱的新创作歌曲 36 首集锦》《中国当代作曲家曲库（辛亥革命专辑）》，三联的《金克木集》《鲁迅箴言》，东方的《纪念建党九十周年文库》《中国古代书画鉴定实录》，中译的《伟大的思想》系列，现代教育的《白话精华二十四史》系列，民主法制的《郦波评说曾国藩家训（上）》《重访》栏目"红"系列，世图的《跟李准基一起学习"你好！韩国语"》，现代的《纪委书记》，华文的《中共党史简明读本》《中国西藏》，荣宝斋的《中国印论类编》，商务国际公司的《英汉多功能词典》，等等。这些精品图书和畅销图书，与前面所说的标志性出版工程和重大出版项目一起，对于体现集团品牌特色、强化集团在业界的领军地位，起到了重要作用。

（五）深化产品线建设，优化产品结构，转变经营机制，以改革创新促进集团主业发展

集团产品线建设实施 4 年来，围绕产品线建设来优化产品结构、转变经营机制、保证重点出版、带动一般出版的做法，已经深入人心。2010 年集团召开的第二次产品线专项工作会议确定的 13 条一级产品线，正在成为各社规划自己发展重点的基础依据。

2011 年上半年，各社纷纷实行机构改革，以机制改革保证和促进了产品结构的优化。比如，文学社将《文学故事报》改刊为《帅作文》，商务与深圳职业技术学院成立人文教育研究中心，中华以专业公司开展培训、带动古典文化普及，美术建立艺术教育研发中心，专攻大学教材，三联成立哈尔滨图书零售店，中译公司成立 App 产品项目团队。华文出版社的并入，拓展了集团的政治图书和传记文化图书产品线。而文学、中华、三联、现代教育等社与黄河出版集团的公司制或项目制联合，不仅会直接带来发行效益，还将在出版内容上产生新的增长点。

中国图书商报社上半年全新改版，从内容到版式焕然一新，重点推出 10 多期封面人物专题，引起巨大反响；强化专题报道、重点报道，办好各类专刊，积极开展各类专题调查并发布调查报告，并相应举办了北京图书订货会高层论坛、营销创新论坛、民营书业峰会等成系列、高质量的活动，凸显了《中国图书商报》在业界的领先地位。

（六）推进纸张业务集约经营，提高集团主业发展的综合效益

在集团公司支持和各社配合下，中版联公司加强与银行、纸厂、社会用户的合作，克服因集团内部个别出版社欠款较多而导致周转资金不足的困难，基本实现全集团纸张的集约经营，实现了较大的经济增长。上半年实现销售收入 1.79 亿元，同比增长 5500 万元，增幅 44%。

（七）抓好营销推广活动，把主业发展的重心落实到提高市场占有率和两个效益上

在年初的北京图书订货会上，各单位召开近 10 次新书发布会，倪萍、西单女孩等与会介绍新书。同时，召开了集团公司"双推计划"年度优秀图书表彰暨新书推介会，发布了 2010 年度 10 种优秀畅销书和 20 种优秀常销书。这些工作，继续扩大了集团公司在业界的影响力。

在哈尔滨第 21 届全国图书交易博览会上，展出了近 6000 余种图书，宣传了《中国文库（第五辑）》书目、集团庆祝建党 90 周年和纪念辛亥革命 100 周年重点选题，开展了 18 场新书发布、名家访谈、新书签售等活动，获得了组委会颁发的"设计创意奖"。同时 17 家出版单位对哈尔滨儿童福利院等 9 家单位捐赠 83.5 万码洋的图书，受到了组委会的表彰并被黑龙江当地媒体广泛报道。

在第四届"读者大会"上，新闻出版总署副署长阎晓宏，文化名人余秋雨、倪萍、迟子建、王树增、连丽如、郦波等参会，

与读者互动，气氛热烈。集团着力打造的面向全国的"大佳网"也在"读者大会"上正式上线。第四届"读者大会"成为第21届书博会当之无愧的最大亮点，获得了书博会组委会颁发的"活动创意奖"。

围绕"双推计划"，大力宣传集团的畅销书和常销书。"双推计划"的工作分两种形态。一是常规性工作，每个月组织评委评选畅销书、每个季度组织评委评选季度常销书，然后通过媒体向公众发布，通过书城向销售渠道发布。二是评选年度优秀畅销书和常销书。在1月份的北京图书订货会上，10种年度优秀畅销书和20种优秀常销书获奖。同时根据修订后的《"双推计划"评选办法》，依据全国图书零售畅销书排行榜，对集团各社上榜前20名的畅销书，每月给予相应的编辑出版人员每种5000元以下不等的奖励，激发了编辑出版人员的创造活力。

集团支持各社积极开展各种营销活动，与"双推计划"形成呼应。其中，集团公司举办的第四届"读者大会"、音乐社的《"唱响中国——群众最喜爱的新创作歌曲"征集评选活动10首获奖歌曲集萃》、美术社的《百种红色经典连环画》、商务的《新华字典（第11版）》等，在短短的两个多月内先后四次受到中央电视台《新闻联播》节目的专条报道。这样的宣传报道频率在全国都少见，大大提高了集团公司和各单位在全国公众中的影响力和号召力。

集团公司和各出版单位，通过狠抓出版物生产经营，取得了明显成效。

表现之一，众多出版物获得政府奖励。集团共获得第二届中国出版政府奖 39 个，占 8.1%；其中出版物获奖 32 个，占获奖出版物总数 8.9%。获奖出版物中，装帧设计获奖 9 个，占该奖项总数的 30%。

集团共获得第三届中华优秀出版物奖 25 项，占 6.3%。

表现之二，再版重印率等生产指标，显示了集团出版工作的优质高效。截至 6 月底，集团核发书号 6246 个，追加书号 2040 个，重印率预计达到 52%。已经出版的图书总品种、再版重印率高过了预期，值得肯定。

表现之三，市场占有率和动销品种等市场指标，显示集团出版物仍在全国保持竞争优势。根据开卷公司初步统计，集团 1～5 月在全国零售市场上的销售码洋占有率为 6.52%，比 2010 年同期提高 0.7 个百分点，其中 5 月份达到 7.26%；动销图书 40007 种，首次突破 4 万种大关。码洋占有率和动销品种数均保持在全国第一。

表现之四，比较畅销的图书表现出集体上扬的态势。

总体上讲，出版的造货码洋、发货码洋、销售收入等经济指标，上半年均有较大增长。

二、2011 年下半年出版工作重点

一是持续抓好导向管理工作。坚持履行"通气会"精神传达

制度。2012 年要召开党的十八大，要为迎接十八大营造良好的出版舆论氛围，坚决杜绝各种违规的、打擦边球的出版物出版。

二是抓好纪念辛亥革命 100 周年的主题出版工作。

三是抓好重大出版项目的组织落实工作。包括：《中国文库（第五辑）》的印制发行工作，《世界历史文库》（2011 年共出版 60 种）的后期出版工作等；配合新闻出版总署，积极推动《中国大百科全书（第三版）》在国务院的立项工作。

四是做好"十二五"国家重点图书音像电子出版物、国家出版基金项目、国家古籍整理项目、集团"十二五"规划项目的落实工作，不断提高项目的执行力和完成率。

五是做好 2012 年集团出版专项资金分配和预算上报工作。

六是继续推进机构、机制创新，鼓励和促进出版物由规模增长向效益质量增长转变。目前集团年出版能力已经超过 1 万种，市场动销品种也突破 4 万种大关，出版总量得以大幅攀升。但也要清醒地看到，在集团前 100 名的畅销书中，有超过 60% 的品种是 2009 年前的品种。这一方面显示我们的图书质量好、生命周期长，另一方面也显示我们的新品种创利能力和销售数量还需要大力增强。

七是继续抓好营销宣传工作。包括：参加 8 月份的上海书展、10 月底的厦门书展、年底的北京图书订货会以及其他书展。同时，配合发行机构，针对"农家书屋""馆配图书""万村书库"以及政府采购等，做好规划、主动出击。

9 月份通常是黄金销售期。回顾 2007 ～ 2010 年这 4 年的开卷数据，我们发现集团市场份额的最低值基本在春季，最高值在秋季、通常是在 9 月份。2007 年的 5 月份最低，为 6.5%，9 月最高，为 9.5%；2008 年 3 月最低，为 6.1%，9 月最高，为 9.9%；2009 年 2 月最低，为 5.6%，9 月最高，为 10.3%；2010 年 2 月最低，为 5.5%，到 9 月份飙升到 10.4%，创历史新高。2011 年 1 ～ 5 月，集团市场平均占有率为 6.5%，5 月份已回升到 7.3%。我们要为下半年市场占有率的回升做好准备，争取 9 月份的市场占有率再创历史新高，从而为全年市场占有率的提高打下更好的基础。

八是继续巩固和扩大纸张印务集约经营的成效，着重解决少数出版社长时间大量欠款问题。截至 2011 年 6 月，纸张公司 3 个月以上的应收账款达到 5260 万元，有个别出版社仍有部分纸张还在自行采购。这两种情况，严重影响了公司的正常经营，也是对其他出版社、其他股东的不公平。希望有关单位注意调整、改进。

九是在年底布置、组织各出版社 2012 年选题计划的制定和论证工作，为明年的产品开发和重点项目出版打下好的基础。

处理好产品与产品线、品牌产品与品牌企业的关系★

选题会是出版企业的生产计划会，是产品设计（选题确定）、生产、营销的安排会，是市场分析、需求把握、作者选择、资源配置的研究考量会，对出版企业的发展至关重要。这次选题会开得很好，总的感觉是：思路开阔，选题类型、层次广泛，品牌丰富；关注热点，关注可读性，多数有较好市场前景；更重要的，大家有股精气神、进取心，积极思考、策划，挖掘选题的意识很强。但是也有不足，主要是：开选题会，应当更多地结合市场上同类图书情况、竞争对手情况、本选题市场预期、投入预算等做些说明；应当更多地分类型、分板块地说，加强辩驳、探讨，而不仅是孤立地说明一个个的选题项目；产品线的概念还有待强化，主攻方向还有待清晰。作为一个中等规模的出版社，有一两条、两三条一级产品线，把它做好就很不容易了，不能贪多求全，而要突出重点。一级产品线下面可以再细分、深化成二级、三级、四级，

★ 2011 年 12 月 12 日，在华文出版社选题研讨会上的讲话。

向着专、深、特发展。

今天我主要讲五个问题。

一、关于产品（选题）——选什么

1. 要策划国家、社会需要的时代性选题。要善于抓导向，在抓导向当中要能够出彩。这方面可做的选题很丰富，比如在社会主义核心价值体系方面，涉及中国模式、中国道路、中国特色的选题，体现中国气派、反映主流思想、体现主流文化的选题；在围绕中心工作方面，十八大、邓小平南行 20 年，十四大"中国特色" 20 年，人大决定建三峡 20 年、863 计划 20 年、1982 年邓小平首提一国两制、1982 年《宪法》、1982 年中日邦交正常化、1962 对印反击战、1942 毛泽东在延安文艺座谈会上的讲话等等，都有可选之题。对于一些重大历史事件，要善于抓住现实时机，挖掘现实意义，形成历史性话题和选题，比如 2012 年可以做文章的就有：1942 年 26 国发表《联合国宣言》，1932 年伪满洲国成立，1922 年苏联成立，1912 民国成立，1842 中英《南京条约》签订，1812 年狄更斯诞辰，1802 年雨果诞辰，1792 年雪莱诞辰，1782 年瓦特发明改良蒸汽机引发第一次工业革命，1772 年清朝建立乌鲁木齐城，等等。

2. 要策划文化传承、文化发展需要的精品力作。要善于抓重点，做好文化传承和传统文化的当代诠释，立足于文化发展和创新,做到"出色"。要聚焦于基础教育,从传统文化中挖掘做人做事、信仰、素质、修为、知识等方面的选题。

3. 要策划满足广大人民精神文化需求的多层次多样化的普及读物。要善于抓市场,多出畅销书,做出高效益。十七大提出、六中全会肯定的国家重大工程,比如五大文化惠民工程、三大出版惠民工程等,都要认真研究,找找出版的机会在哪里。

4. 要策划适合海外市场需求的"走出去"产品。要主抓国际影响力。要讲好中国当代故事,让海外了解中国;要讲清楚中国当代主张,从外交、主权、能源、人权、环境、民主等方面,让海外理解中国;要讲好中国历史文化、名胜古迹、历史上对世界的贡献,让海外喜欢中国;要多讲世界共同关心的话题,让海内外和谐共存,共同发展。

二、关于产品线——怎么选

华文社要思考怎么把选题类型划分好。现有的选题要进一步归类,哪些是一级的,哪些是二级的、三级的——就像文件夹,可以一级级的套着;但同一层级应当清晰,如传记这一级可以下分为政治的、历史的、社会的、文化的人物传记。读者看起来琳琅满目、"乱花渐欲迷人眼"可以,但我们自己应当有更清晰的思路、更明确的主攻方向。这方面尤其要注意以下三点。

1. 提高产品集中度、资源集中度。只选某几个类型的产品,不选、少选其他类型的产品，聚精会神，形成优势，形成核心竞争力。这几个类型，就是我们的产品线。

2. 把散漫的选题内容，改造成符合产品线要求的类型化产品。有些内容很好，不是传记的，可改造成传记；同样是传记，不是系列的，可归并为系列；已经是小系列的，可归为大系列，统一外观设计、表现风格，如"近现代人物大传"丛书。产品线就是要搞点"条条框框"，形成系列产品品牌，让读者好找、好记，一看就知道是华文社的系列产品。否则，每一新本都要让市场重新认识，市场切入成本就高了。

3. 产品线宜少不宜多。多了，成片成面的，就散漫了、模糊了。要舍得"舍"，只有"舍"才能"得"。华文属于中小出版社，搞 2～3 条过硬的产品线就可以了，决不能贪大求全。

三、关于品牌产品

要做好整理与创新、品位与格调、质量与风格（装帧）几个重点工作。有了产品线，长期在几条线上精耕细作，投入资源、财力、心力，心无旁骛，才可能做出好产品、影响大的产品、带来较多现金流的产品、成为核心竞争力的产品，才能形成和强化品牌，提升读者认知度和市场影响力、市场占有率。

华文社目前的市场占有率是比较高的：9 月为 0.43%，排在集团第 6 位，全国第 61 位；10 月为 0.53%，集团第 4 位，全国

46 位。这段时间的占有率超过百科、三联、音乐、美术等大社，这一点是很了不起的。但是要研究，超在哪里？不是什么都强，强就强在一两类产品（人物传记等），超就超在产品线上。所以，要通过打造优秀产品线，打造品牌、聚焦品牌、提升品牌、形成品牌集群，产生品牌效益。

四、关于品牌企业

品牌产品往往成就着品牌企业，品牌企业往往意味着优势产品、优势竞争力，优势的市场影响力和经济实力。但有时也不一定，华文就是一个例子。华文社目前的情况是：占有率较好，经济实力较弱；有产品优势，没有经济优势。华文社 1～3 季度的销售收入在集团 25 家单位中排第 21，在 14 家独立出版社中排最后；1～3 季度的利润在集团 25 家单位中排第 22 位，在 14 家独立出版社中排最后。这其中的突出问题，在于合作型产品较多，所谓的优势产品，并不真正是我们自己的产品。合作没有错，问题在于对合作的掌握和主导能力，在于合作成果的分享能力。

这个严峻的事实要求我们：既要创新选题（产品），创新产品设计，也要创新选题的生产方式、营销方式，要把选题的自主开发与合作开发结合起来，逐步过渡到以自主开发为主；要把选题的自主经营与合作经营结合起来，逐步过渡到自主经营为主；同时，继续发挥社会资源优势，可专门成立合作型公司，作为补充；

再同时，改进内部的考评、奖惩机制，提高经济效益。从经济规模上讲，华文社的起点低，可以比较大胆地尝试机制创新。

五、关于名牌企业

要成为名牌出版企业，就要有一批内容精良、制作精湛、市场影响深远的标志性产品。要打造标志性产品，就要有若干学界认知、出版界认同、读者认可、市场买账的职业出版人和领军人物。华文提出"中等强社，品牌一流"的目标，中等是就规模而言的，品牌是就品质而言的，规模不大照样可以品牌很强；品牌一流就意味着是名牌，出名牌产品，做名牌企业。

因此，"中等强社，品牌一流"这个目标并不低。"中等强社"，起码要进入前 50～60 强，在全国 580 家出版社当中位于前 1/10。这是个硬标准。华文社现在的市场占有率大约在 40～60 名，动销品牌占有率在 150～160 名，但是赢利能力不高。所以，要进一步努力提升市场占用率，要上升到 50 名内；要适度提高动销品种数量，并进入 100 名以内；要加快提高收入和利润，达到亿元级的销售、千万元级的利润。"品牌一流"，也就是成为名牌企业，应当有标志性产品，既包括当家的、常销的精品，也包括应时的、畅销的产品，既能囊括或者培养大牌作者，也有自己著名的编辑出版人。

要实现这个目标，应当做到以下几点：一要创新选题、创新产品，完善固化产品线，形成品牌集群、品牌特色；二要形成良好的内部经营机制（奖励激励、优胜劣汰）和外部竞争合作（与民营机构、其他机构）机制；三要充分依靠政府资源（上目录、上榜单）和部门资源（统战部、民主党派，国新办、总署、中宣部）；四要充分开发海内、海外两个市场，策划好"走出去"产品（国内企业、国际业务企业、国际化企业、跨国企业）；五要充分开发新、老读者，顺应数字化阅读和传播方式的新需求。

目前，华文社有好的带头人，有精神状态良好的团队，有挥洒空间很大的招牌，期待你们能在人文、教育等领域有所作为，有所成就。

选题：选什么、怎么选、怎么做★

一、2012 年集团选题开发的五个基本特点

集团公司所属 17 家出版单位计划申报的 2012 年度图书选题共计 6828 种，其中重点选题 650 余种，履行重大备案手续的选题有 314 种。实际出版过程中还会有增加、变动，但对总规模影响不大。这些选题的研究、形成过程，具有五个基本特点。

第一个特点：选题会的学习研究气氛较浓，具有强烈的问题意识、市场意识、竞争意识

一是全面全员覆盖

17 家出版社都按照总署通知精神和集团公司的要求，围绕集团 13 条一级产品线和 31 条二级产品线建设规划，召开了 2012 年度的选题论证会，其中 80% 的出版社选择在郊区集中开会，基

★ 2011 年 12 月 20 日，在中国出版集团 2012 年度选题计划通报会上的工作报告。

本上让所有的编辑、印制、发行、设计人员参会讨论。

二是会议形式活泼

绝大多数编辑同志都制作了精美的 PPT 文件，在现场向大家介绍选题的内容、特点，并运用开卷公司的数据分析各个细分市场和竞争对手的变化。不少编辑还特别注意选题的成本核算和市场营销。文学社和音乐社的选题会开得最生动、最活跃，像开新闻答辩会，务虚与务实结合，氛围很好。中华书局分阶段地召开了选题会。

三是高度关注数字出版

绝大多数出版社积极尝试数字出版的新模式。百科社的数字出版收入近 300 万元，已有 2000 多种产品在 iPad 和手机上线阅读。

第二个特点：服务大局意识不断增强，主动开发迎接党的十八大的主题图书

中华书局：组织中央党校的有关专家策划了《毛泽东著作精选精读》《领导干部读史指南》《资政新编丛书》等。

三联书店：策划了经济学家吴敬琏撰写的《中国经济改革二十讲》，以及《寻找朱枫》等。

百科社：联合上海市委宣传部策划了《文化强国论》。

法制社：联合中央电视台策划了《旗帜》（中央电视台同名大型纪录片）。

美术社：策划了《光辉历程》连环画。

音乐社：策划了《铺满鲜花的路——"阳光路上"红歌专辑 2》等。

第三个特点：选题结构不断优化，注重开发新的产品线

这个特点表现为两个方面。

一是多数单位聚集核心业务板块，逐步形成鲜明特色

文学社：虚构类、少儿类、理论类等领域在全国形成较强的核心竞争力。

中华书局：古籍整理、学术出版和大众出版形成三驾马车，在细分市场具有比较强的核心竞争力。

商务馆：在工具书、学术书、大众文化书方面形成三大板块，工具书的市场占有率长期以压倒性优势稳居全国第一。

百科社：主攻百科工具书、学术著作、教材教辅、大众图书以及数字出版等领域，初步形成具有核心竞争力的"4+1"板块。

音乐社：形成教材、普通图书、期刊、音像电子制品四大主营业务板块，中小学教材的市场占有率高达 80% 以上。

美术社：形成教材、论著、画册、书法篆刻、美术技法、设计图书六大板块，中学教材市场占有率达 50% 左右，其他各条产品线成长较快。

三联书店：书店形成学术出版、文化出版和大众出版的基本格局，产品线整体清晰。

中译社：在中英文双语图书和外语学习领域上形成了明显优势。

东方中心：在学术文化、大众散文领域形成较明显的特色。

教育社：在中小学教材教辅、少儿图书领域形成了一定特色。

荣宝斋：在画谱、技法、书法篆刻等领域形成一定的市场竞争力。

法制社：初步形成人大图书、法律图书、人文社科图书三大板块。

华文社：在传记、书法、宗教等领域形成了若干产品线，自主研发的图书日益增多。

世图公司：在影印科技、语言学、心理学、医学等领域形成了较强的市场竞争力。

现代社：在文学作品、成人绘本、财经图书方面形成规模，成人绘本的市场占有率一直位居全国第一。

商务国际：在工具书、大众图书、生活图书上形成三个板块。

天天社：在儿童文学、经典读物、低幼读物领域形成鲜明特色。

二是一些单位积极进入新领域，注重开发新的产品线

中华书局：成立新阅读分社，致力于党政领导干部读物的开发，填补了集团党政读物产品线的空白；成立人文阅读工作室，探讨新锐的思想文化作品。

商务馆：加大对大众文化图书的开发力度，积极打造畅销书。

美术社、音乐社：都积极开发面向大众、面向普通读者的专业鉴赏类、普及类图书。

教育社：积极开发传统历史文化图书，并逐渐形成规模。

第四个特点：大型工程和骨干项目多，形成较好的品牌拉动效应

文学社：将推出国家出版基金项目《中国诗歌编年史》，以及"迟子建系列""池莉系列""严歌苓新作"等当代著名女作家系列作品。

商务馆：将推出《中华现代学术名著丛书》《中国设计全集》等大型出版工程。

中华书局：将推出《全元诗》《中国地域文化通览》《朱光潜全集》等重大出版工程，"'二十四史'及《清史稿》点校本修订工程"2012年将推出4本新书。

音乐社：将推出《中国音乐百年作品典藏》《21世纪中国音乐学文库》。

三联书店：将推出《三联经典文库》《王世襄集》等。

华文社：将推出《纪晓岚全集》。

第五个特点：选题重印率高，具有比较强的发展后劲

这些年来，集团总体重印率基本保持在53%左右。较高的重印率不仅增加了图书的销量和利润，也体现出集约经营的能力，形成比较厚实的家底。

中华书局:2011 年选题重印率达 63%，走出了一条内部挖潜、资源积累的发展模式。

音乐社:选题重印率达 69%。2010 年有 500 种普通图书重印，其中重印 10 次以上的图书有 150 多种。

二、集团选题开发存在的五个不足

第一个不足：回溯历史的选题多，反映当代社会热点、焦点、难点的选题少，现实感不强，展现国家意志不够

有的社选题老面孔偏多，习惯于把既往选题重新包装后推出，对新锐作者关注不够。

有的社选题越来越小资化、个人情趣化，风花雪月的选题偏多，脱离市场、脱离大众的选题不少。

此外，一些中小出版社出于自身的经营压力，较少策划体现国家意志、具有时代感的大项目。

第二个不足：整体出版规模不够大，市场占有率徘徊不前

2010 年，集团 17 家出版社的总出书品种首次突破 1 万种大关，年出书品种（新书和重印书）在 1000 种左右的只有文学、商务、世图、美术四家出版社；与此同时，一个机械工业出版社的年出书品种就达到 3000 多种。

9 年多来，集团在全国图书零售市场占有率一直在 7% 左右徘徊，而兄弟出版集团与我们的差距正在不断缩小。比如前几年，我们的市场占有率是吉林出版集团的2倍，现在只是其1.5倍左右。2011年10月，集团图书的市场占有率虽上升到7.26%，但上扬幅度不够大。

第三个不足：畅销书持续跟进乏力，对畅销书的激励力度还不够大

一是畅销书的运作缺乏系统规划，具有明显的间断性

有些单位做了一些很好的畅销书，但后续跟进不足；有些家底厚实的单位（如商务）偏爱大码洋常销品种，对畅销书还不够重视；还有些单位心有余而力不足，资金链承受不起，比如三联书店一直很关注林青霞的作品，但由于版税和起印数要求过大，最后被广西师大社的贝贝特公司拿走。从提升集团在行业内外的影响力来看，从标志性产品的拉动效应来看，畅销书不仅要做，而且还要可持续地做。

二是机制改革还不够到位，利润考核制尚未全部覆盖

目前，17家出版社中只有4家建立了分社制或事业部制（百科、中华、现代教育、民主法制），10家左右（中华、三联等）基本建立了落实到人的利润考核模式和"双效"业绩考核办法，既解放了出版生产力，又激发改革发展活力。但是，还有一些单位（文学、商务等）对编辑的考核，基本上还是根据传统的看稿量考核，并没完全与利润、市场业绩挂钩；有的单位编辑新书提成的比例不够高（多在10%左右），重印书的提成核算不够健全，

缺乏激励性；不少单位没有建立滞销书和重大投资项目失败的风险管控机制。

第四个不足：少数单位对合作的民营公司掌控不够，成果分享能力不强

一方面，我们要积极鼓励与优质的民营公司合作，借船出海，增强活力，做大出版规模，做强出版品牌。

另一方面，在与民营公司合作时，要加强风险管理，做到以我为主，做到我营、我审、我印、我卖、我赚钱，增强掌控能力，特别要对合作成果形成分享能力。原则上，集团中小出版社与民营公司合作出书的比例不能超过40%，否则就会失去主动权，沦为加工厂。

第五个不足：一些单位的优质作者资源流失严重，导致内容创新能力有所减弱

一是来自外部竞争对手的价格竞争异常激烈

一些民营公司如磨铁、新经典、时代华语等，不惜血本抢挖优秀作者，甚至直接买断其全部作品版权。

二是一些单位对作者资源的内部维护非常不够

一些单位（如三联、中华）的编辑正面临新老交替，对优秀作者的维护未能有效接续；一些单位的生产节奏慢，服务不到位，引起作者的不满（如著名哲学家、北京大学教授汤一介曾对商务

的拖稿现象提出较激烈的批评）；一些单位（如华文、民主法制、现代教育等）大多是新进的年轻编辑，缺乏优秀作者资源。

三、进一步做好选题开发、打造出版品牌的三个基本要求

第一个要求：关于选题，要弄清"选什么"，要做到题材越广泛越好

一要选国家和社会迫切需要的题材——抓导向，要出彩

（1）表现社会主义核心价值体系的题材。如反映中国模式、中国道路、中国特色的选题。

（2）围绕中心、服务大局的选题。如落实六中全会要求，建设文化强国，围绕党的十八大、邓小平南方谈话 20 周年、人大决定三峡建设 20 年、邓小平提出一国两制构想 30 年、延安文艺座谈会讲话 50 周年等方面的选题。比如，三联的《邓小平传》在引进版权过程中竞争激烈，集团支持坚决拿下。

（3）历史话题。如 1492 年哥伦布发现新大陆、1712 年卢梭诞辰、1782 年瓦特发明改良蒸汽机、1802 雨果诞辰、1812 年狄更斯诞辰、1842 年中英签订《南京条约》、1922 年苏联成立等。

二要选文化传承和文化发展迫切需要的选题——抓重点，要出众

（1）具有重大文化传承和积累价值的大型出版工程。

（2）反映当代学术文化新成果、新成就的创新性选题。

（3）反映当代科技领域重大成就、重大进步的选题。

三要选国家级文化工程和出版工程迫切需要的选题——抓大项目，要出社会影响

（1）五大文化惠民工程：广电村村通工程、全国文化信息资源共享工程、农家电影放映工程（一月一次）、"农家书屋"工程、乡镇社区综合文化站工程。

（2）五大惠民出版工程：国家出版重点工程、少数民族出版工程（东风工程）、"农家书屋"工程、全民阅读工程、文化环境保护工程。

四要选满足人民群众精神文化需求，多层次、多样化的普及读物——抓市场，要出效益

（1）文化普及读物：集团大部分单位都有优势做。

（2）理论普及读物：集团开发不够，要加大力度。

（3）科普读物：全国较少，集团的百科、世图可在这个方向有所作为。

（4）艺术普及读物：音乐、美术、三联、荣宝斋都有优势做。

（5）生活类读物：目前集团只有百科和世图两家出版社具有养生读物的出版资质，其他社就不要做了。

（6）学生课余读物：各社应当注意重新申请教辅出版资质。

五要选适合海外需求的、走出去产品——抓国际影响力，要"出头"

（1）讲述中国当代故事的选题——让海外了解中国。

（2）讲述中国当代主张的选题——让海外理解中国。比如中国在外交、主权、能源、人员、环境、民主、东海、南海等方面的主张。

（3）讲述中国历史文化、名胜古迹，中国历史上对世界作出贡献的选题——让海外喜欢中国。

（4）讲述世界共同关心的话题——让海内海外和谐相处、共存共荣。比如教育、反腐、贫富、阴谋与爱情、现实困惑与理想世界等等。

第二个要求：关于产品线，要弄清"怎么选"，要做到体裁类型化

总体原则：选什么样的内容和把这个内容做成什么样的类型，是两回事。内容是题材，越广泛越好；类型是体裁，越集中越好。

一是提高产品集中度、资源集中度

只选某几个类型的产品，不选或少选其他产品，集中精力，形成优势，形成核心竞争力，形成产品线。

二是把散漫的选题内容改造成符合产品线需求的类型化产品

不论是满足国家社会需要的选题、文化传承发展需要的选题，或者是满足多样化需求的普及读物、适应海外市场的"走出去"产品，都可以从核心人物、重要话题出发，从人物故事、人物传记出发，既可讲理论、讲事件，也可讲知识、讲文化，可以是工具书，也可以是绘画和音乐，但最终聚焦在某一个产品线领域。

三是产品线宜少不宜多

产品线多了，成片成面，也散了、模糊了、无法聚焦了。

要搞清楚我们做什么、不做什么，就要舍得"舍"，有"舍"才有"得"。

第三个要求：关于品牌产品，要弄清"怎么做"，做到特色鲜明、资源聚焦

一是打造品牌产品要在内容、格调、装帧上具备鲜明特点

内容体现着书的基本价值和市场价值，是创新项目还是一般整理项目？是引领思想还是随波逐流？

格调体现着书的品位和旨趣。

装帧体现着书的品质和风格。

二是打造品牌产品要集中优势、聚焦资源

有了产品线，长期在几条线上精耕细作，不断投入资源、财力、人力、心力，心无旁骛，才可能做出好产品、影响大的产品、带来较多现金流的产品、成为核心竞争力的产品，才能形成和强化品牌，才能够提高读者认知度、市场影响力、市场占有率。用好资源，也包括用好各项社会资源，包括用好各类专项资金，"填表"也是生产力；包括用好社内、社外的人才，人才是第一生产力。

三是打造品牌产品要以适度规模为基础

品牌产品不可能旱地拔葱，孤立于市。任何产品的生产都遵

循"二八定律"，一定的规模基础才能形成高、精、尖，较高的市场占有率和动销品种占有率才能形成畅销书、畅销书的土壤。因此，要通过强化自主创新，同时有选择地与社会策划人、专业公司合作，及时发现优秀作者和题材，及时捕捉市场动向，在做足做好系列优秀产品的基础上，逐步打造品牌产品。

中国学术出版物的国际营销★

中国图书进出口（集团）总公司是我国出版业最大的进出口企业，其中学术出版物的进出口比重也最大。在此，我结合中图集团的情况，谈谈中国学术出版物的国际营销。

一、国际学术出版物在中国的营销

相比中国学术出版物的国际推广，国际学术出版物在中国的营销起步早，市场化、国际化、数字化水平也高。因此，分析国际学术出版物在中国的营销，可以为中国学术出版物在国际上的营销和"走出去"提供借鉴。

首先，进口产品中，多数是学术出版物

2012 年，全国出版物进出口企业累计进口纸质书、报、刊 3

★　2014 年 1 月 7 日，在 2014 年中国学术出版年会暨社会科学文献出版社经销商大会上的讲话。

亿美元，进口电子和数字出版物 1.65 亿美元，数字出版物的进口占到总进口的 35.4%。这些进口产品，主要是大专院校、科研院所的专业图书馆和公共图书馆采购的。其中，纸本书、刊多数是学术类的；期刊数据库和电子书则几乎全是学术类的。

其次，经过 30 多年的发展，国际出版商在中国的营销已基本实现本土化

20 世纪 70 年代末开始，培生、爱思唯尔等国际大型出版商，就通过中国的出版物进出口企业，进入中国出版市场。

90 年代以来，培生、爱思唯尔、汤姆森·路透、威科、威利、施普林格等全球出版 50 强中，已有 2/3 在中国设立了各种形式的"代表处"或相关机构。国际出版商进军中国市场的途径有三个：一是发掘中国作者，比如施普林格在中国成立作者学院，爱思唯尔也通过在中国开展语言润色服务，发掘了大量的中国作者。二是开展项目合作，包括出版项目、教育服务项目，比如培生与商务印书馆、外研社合作，出版《朗文英语辞典》《新概念英语》《当代大学英语》，比如收购戴尔国际英语、华尔街英语、环球雅思等英语培训机构。其中，学术出版的合作也是重要内容，西方各类经典和新近的学术译丛不断涌现。三是开展平台和渠道合作，比如爱思唯尔、施普林格、威利、英格拉姆等，已与中图这样的进出口企业和京东商城这样的电商合作，在中国建立了数字平台和产品营销队伍。

当前，国际出版商在中国的营销，主要是推广数据库、电子书等数字产品，并与国内出版社开展学术出版物的合作出版。其中，数字产品的营销是他们的重点业务。这是因为，国际大型出版商尤其是学术出版商，已经基本上完成了数字化转型，建立起了各具特色的期刊、电子书数据库和数字营销平台。比如，早在1996 年施普林格就推出首个期刊全文数据库——Springer Linker，2000 年爱思唯尔也推出 Science Direct 在线数据库等。2012 年全球出版 50 强中，数字业务收入已占到总收入的 41%。

从以上分析可以看出，国际学术出版物在中国的营销有两个鲜明特点：一是数字产品营销已经成为国际学术出版物进入中国市场的主要方式。二是无论是传统产品还是数字产品，无论是直接进口还是合作出版，其在中国的营销都是通过与中国本土进出口企业和出版社的合作，以实现渠道嫁接、队伍建设和本土化营销的。

二、中国学术出版物国际营销的现状

根据中图集团多年的经营经验和市场研究，中国出版"走出去"的市场主要有两大类：一是国外政府机构、大学图书馆和公共图书馆；二是海外华人群体、孔子学院、汉学研究者等。其中，尤以大学图书馆和公共图书馆等科研机构所占比重最大，采购的也主要是学术出版物。

在学术出版"走出去"方面,尤以实物出口和数字产品出口规模较大,合作出版也在加快发展。

实物出口方面,2012 年全国出口书、报、刊 7317 万美元,出口数字产品达到 2158 万美元。总出口 9475 万美元,其中数字产品占到 22.8%。这些出口产品中,学术出版物占有越来越大的比重。

合作出版方面,国内各出版机构都在加快对外合作。比如社科文献出版社近年来已与欧美、东南亚、日韩等国家和地区的 50 家学术文化和出版机构建立了长期稳定的合作关系,这其中有著名的剑桥大学出版社和荷兰的 BRILL 出版公司。上海交通大学也已与爱思唯尔、施普林格、圣智、剑桥大学、麦克米伦、德古意特等国际学术出版商建立了全面的战略合作伙伴关系,共同策划了近 100 种原创高水平英文版学术著作,如《钱学森文集》"大飞机出版工程""光物理研究前沿系列""东京审判""江泽民学术著作系列"等。这些,都是中国学术出版物通过合作出版实现国际营销的最新案例。

三、中图集团在推进中国学术出版物国际营销中的作用

中图集团是以渠道服务、国际营销为主业的进出口企业。

近年来,中图借鉴国际学术出版物在中国的营销模式,在与国外出版商和渠道商合作以开展数字化营销、借助会展服务以搭

建国际学术与版权交流平台、扩大学术出版物出口、开展本土化外向型出版等 4 个方面（即两个平台两个通道），有所突破。在推进中国学术出版物进入国际市场方面，中图集团可以提供两个平台两个通道。

1. 易阅通数字化营销平台

在 2013 年的北京国际图书博览会上，推出了中图国际数字资源交易与服务平台——易阅通（CNPeReading），以"一个平台、海量资源、全球服务"为定位，集聚合、加工、交易、服务于一体，具有数字资源进口和出口双重功能。

考虑到国际出版商的数字资源相对丰富、营销模式相对成熟，易阅通平台的建设采取了先国际合作再国内合作的思路。一是与国际数字技术商英国出版科技集团（PT）合作，完成技术平台的设计开发。二是与国际上数十家主要的出版商威利、威科、牛津大学出版社等签订协议，聚合了各类数字资源 150 万种。三是借助自有渠道并通过与国内外数字分销商超阅（Overdrive）、道森图书（Dawson Books）、英捷特（Ingenta Connect）、京东等合作，打通了销往海内外 4 万多家图书馆和海外 100 多万个人用户的营销渠道。四是对已聚合的国际数字资源进行本土化加工、实现交易。目前，国内已有中科院、社科院、吉林大学、云南大学等 20 多家单位开通试用易阅通平台并进行交易。相应地，用于高端个人客户的"易阅客"等专项服务平台也已推出；与易阅通配套的按需印刷公司，也已完成论证，即将开业。

有了这个中国最大的国际化的数字营销中盘，再回过头来聚合国内数字资源、开展中国出版的国际营销，就有了牢固的平台、资源、渠道基础。目前，中图已与国内的中华书局、人民文学出版社、法律出版社等 20 多家品牌出版社以及江西、贵州、陕西、宁夏等出版集团达成合作协议，聚合了 5 万种电子书、数字期刊等数字资源，重点是集聚中国的学术类数字出版物，打造中国古籍、法律、社会学、科技、文学等专业数据库，将其营销到国际市场，营销到前面所说的海内外 4 万多家图书馆和海外 100 多万个人用户。

易阅通平台按照国际数据加工标准、国际定价原则和国际交易方式，通过资源聚合和国际渠道合作，有针对性地解决了当前中国数字出版存在的格式不统一、定价较低和出口渠道狭窄的问题，从而显著提高了中国数字出版物的国际传播水平，实现了以实物出口为主向数字资源出口为主、以华人文化圈销售为主向国际主流社会销售为主的突破。

2. 国际会展服务平台

中图集团创办、承办的北京国际图书博览会（BIBF），主要功能是版权贸易、专业交流，已经成为国际四大书展之一。展场规模和参展商数量位居世界第二，仅次于法兰克福书展；达成的版权贸易数量位居世界第三，仅次于法兰克福书展和伦敦书展，已经成为在家门口开展国际营销、实现"走出去"的重要平台。同时，还承办每年一届的海外书展中国主宾国活动，以及近 20

个国家和地区的中国代表团组团参展服务。

近年来，中图集团通过不断创新办展形式、丰富办展内容、巩固和打造系列品牌论坛等措施，使得这些会展平台在促进中外出版交流和交易方面，发挥着越来越重要的作用。比如 2013 年的北京国际图书博览会，着力于版权贸易和数字出版交流，巩固和打造了一系列品牌论坛，包括：北京国际出版论坛、北京国际版权贸易高级研修班、中欧数字出版论坛、中英国际出版论坛、中国图书馆馆长与国际出版集团高层对话论坛，以及中国与阿盟、美国、德国、阿根廷、新加坡等国家和地区的 6 场 10+10 国际出版人论坛等。同时，为了更好地促进国内外参展出版商的版权洽谈，中图集团将展场的版权贸易洽谈区改为独立的活动区域，面积扩大了一倍（达到 400 平方米）。2005 年以来，为了表彰在介绍中国、翻译和出版中国图书、促进中外文化交流等方面作出重大贡献的外国翻译家、作家和出版家，当时的新闻出版总署设立了中华图书特殊贡献奖，已经举办了 7 届，其中有很多获奖者都是汉学家或从事学术出版的出版家。

今后，中图集团将根据中外学术出版交流的特点，不断创新会展形式，为中国学术出版的国际推广搭建更有针对性的平台。

3. 学术出版实物出口通道

实物出口方面，中图集团年出口量约占全国的 35%。其中在海外大学图书馆和公共图书馆，占有很大比重。目前，中图集团已经与美国国会图书馆、大英图书馆等公共图书馆，以及欧美很多大学中的"东亚图书馆"建立了良好的合作关系。针对国外公共和专业图书馆的采购特点，中图集团建立了完善的书目信息库，能在第一时间将国内最新的学术出版物出口到国外的专业机构。

4. 本土化外向型出版通道

在海外出版方面，中图集团近年来发展较快，通过独资和合资的 8 家海外出版社，以及与国际出版商的合作，实行以进代出，每年输出版权和合作出版的图书都超过 200 种。

近年，中图集团更加注重学术出版在海外的推广营销。比如近期，中图集团与上海交大出版社和中央编译出版社合作，历时三年翻译审校完成了江泽民同志《论中国信息技术产业发展》和《中国能源问题研究》的泰文版，即将在泰国曼谷举行首发仪式。

借此机会，我们希望，中图集团能在数字化、会展、实物出口和海外合作出版等方面，与国内学术出版机构开展更有深度的合作，为中国学术出版物的国际营销提供渠道、开拓市场，为提高我国学术出版物的国际影响力作出更大贡献！

出版之道与筑梦之旅★
——《书业寻道》的启示

　　中华民族终于迎来了自己伟大复兴的新时代。"实现中华民族伟大复兴，就是中华民族近代以来最伟大的梦想。"这个梦想，就是习近平总书记概括的"中国梦"。"中国梦"的实质，就是国力强盛、文化昌盛、人民幸福。

　　文化昌盛，既是国力强盛的内涵与表征，也是人民幸福的要义与源泉。文化，对于弘扬民族精神、凝聚民族力量、实现民族复兴的梦想，有着巨大的促进作用。我国历史上，举凡文景、贞观、康乾等国力强盛时期，也都是文化昌明繁盛时期。

　　文化的涵义非常宽泛，大到社会意识形态、社会制度、民族精神，小到社会风尚、生活习俗、娱乐方式。

　　出版既是文化的重要组成部分，也是传播思想精神、道德学术、文学艺术、习俗风尚等其他文化的重要途径。出版业作为古

★　为《书业寻道》（翟德芳著，中国大百科全书出版社 2014 年版）作序。

老的行业，在新的时代，及时适应现代社会人们对各种知识与文化的渴求、适应网络信息技术的发展要求，获得了更大的发展生机。出版的要素包括作者、作品、出版机构、编辑和读者等。把这些要素连接在一起的，是编辑。编辑是出版工作的主体和灵魂。

优秀编辑的作用，我以为主要体现在三个方面。

第一是选择。选择的过程，就是发现作者、遴选作品、发掘市场的过程。好的作者与作品，是好的编辑开发出来的；市场的需求，也是好的编辑发掘出来的。一般编辑追踪市场需求，一流编辑创造市场需求，这个意思，苹果公司的乔布斯就说过，他说，"需求是创造出来的"。德芳同志在《浅议选题策划的若干问题》一文中谈到策划的"5个入手""4个把握""10个步骤"以及要避免的"8种陷阱"，在《成功的选题是如何运作的》一文中总结的选题运作要素，为我们提供了很好的选择经验。《家庭医疗指南》的引进，《温家宝总理诗文引句例解》的出版，则都是选择、策划选题的成功案例。

第二是优化。优化的过程，就是把作者提供的原始稿件，加工打磨成更具有阅读性、欣赏性、收藏性的过程，更具有市场适应性、社会传递性的过程。没有一部书稿是完美无瑕的。优化，就是要为书稿"把脉、诊断、看病、开方"，不断提高其水准和价值。优化从大处着眼，就是审稿，主要是解决稿件的思想性、政治性、科学性、艺术性、知识性、独创性等问题，由此决定稿件的取舍、修改原则和基本品质；优化从小处着力、技术着手，就是编辑加工、校对、设计、印制复制、上网上线，以及协同处理文字、图片、声音、影像等，目的是改正错讹、改进表达、改善质量、提高可读性。德芳同志从业 30 余年，编辑和审读过许多书稿，有的是学术著作，有的是普及读物，更有卷帙浩繁、编纂体例复杂的百科全书。从中，他积累了丰富的审读和编辑加工经验，练就了处理各种复杂书稿的技巧，也在"问稿"中"问学"，涵养了自身的学识。不熟知中国文化史，就难以发现书稿中"山谷巾"释义的错误；不纵览中外古今，就难以区分"防闲"与"防备"、"欧西各国"与"西欧各国"；不练就政策的敏锐性，就难以把握好"成员国"与"成员"、"弱智"与"智障"、"穆斯林世界"与"伊斯兰世界"的精准表述。从这个意义上说，编辑工作，是技术的，也是艺术的与学术的；是严谨的，也是颇具智慧与情趣的。

第三是传播。传播的过程，就是发行、发布、宣传、广告、营销和取得效益的过程，也是一个协调各方关系、优化资源配置的过程。为了让出版物传播成功，编辑出版者必须运筹好各种社会资源，统筹好媒体、读者、作者、广告商、渠道商、发行商之间的各种关系，努力实现传播半径、读者群体、文化贡献、社会影响、经济效益的最大化。德芳同志是编辑，也是出版管理者，先后主持过知识出版社、香港中华书局及三联韬奋书店的工作。对于出版过程中的成本与利润、分销与促销、经营策略与出版流程、机构设置与运营机制，对于内地、香港、东亚及至出版行业的状况，对于网络时代出版业所面临的挑战与因应，德芳同志都颇有体察与心得。在《书业寻道》中，我们可以分享最多的，正是这方面的经验体会。

德芳同志的编辑出版生涯是从中国大百科全书出版社起步的。百科社是在改革开放元年亦即1978年组建的，早期进社的人员，不少是功名已就的学者、专家、领导，大多有学问、有才干。作为"文革"后毕业的"新三届"大学生，身处当时的"职场"，社内，常能得高人指点，社外，常能就教于名家，自是受益匪浅。德芳同志本来功底就好，加之勤勉有恒，很快就脱颖而出，成了同辈中最早获任编辑部主任的佼佼者之一。此后，德芳同志长期孜孜矻矻，"寻道"于出版事业。现在，他把自己几十年的编辑经验、出版心得、文化情怀存放在《书业寻道》之中，对于同道，我想是颇有借鉴意义的。孟老夫子说，"立志苟坚、执事苟专"，方能日益增进。透过《书业寻道》，我们或可进一步体味这个道理。

"先王寄理于竹帛。""夫子既卒，门人相与辑而论篹，故谓之《论语》。"先秦诸子的著作，几乎都是其弟子及后人汇编而成的。中华民族灿烂的历史文化，多是依靠图书文献、依靠编辑出版人保存下来的。当前，我们正在进行着民族复兴的大业，民族复兴是与文化振兴紧密关联的，筑梦之旅是与出版之道紧密关联的。作为出版人和文化从业者，生逢其时、参与筑梦，我们很幸运。

筑梦需有技艺。我们要有所担当、有所作为，要筑好梦，就当有
所研究、有所借鉴。《书业寻道》，或能让我们得益其中。

　　作为德芳同志的同事和朋友，能够先睹为快、最先得益，我
很荣幸。

　　是为序。

坚持政治导向　引领社会潮流★

　　经过两天、三个阶段紧张而有效的评审，集团第7届出版奖名单即将出炉。感谢各位领导、各位专家不辞辛苦地工作，感谢大家严格、认真、公正、公平地对待每一部参评的出版物。

　　中国出版集团出版奖在集团13年来的发展过程中起到了非常积极的作用。我本人主管出版业务多年，也多次直接参与集团出版奖的评审工作。纵观这7届评奖工作，我有一个明显的感受，就是我们这个集团在内容生产上，始终保持着开放的心态，始终保持着改革的决心，始终保持着充分的自信心。本届评奖工作，我们首次外聘评委，邀请了出版界的老领导、学术界的专家学者、读书界的知名书评人、新闻界的知名媒体人，组织了这样一个评委会。一方面，意在向专家、向读者、向社会，汇报两年来我们集团出版主业的工作成绩；另一方面，是想通过大家的评选，将代表出版国家队水准的出版物推出来，以期在引导政治导向、文

★　2015年10月29日，在中国出版集团第7届出版奖复评会议上的总结讲话。

化导向、学术导向，引领社会潮流、行业标准等方面发挥更加积极的作用。

大家都知道，就在 2015 年 9 月，中央下发了《关于推动国有文化企业把社会效益放在首位、实现社会效益和经济效益相统一的指导意见》，这对我们以内容生产为主业的文化企业来说，是令人振奋的。我们集团的核心竞争力就在于优质的内容资源，在于文以载道、商以传道，从而以文化人。我们正在积极筹备上市，上市之前我们一直专注内容生产，上市之后我们将利用好资本的力量，更加重视内容，更加专注内容，更加注重用企业的方式、用市场的手段传播优秀文化。这是我们"十三五"时期的重要工作。

集团"十三五"规划正在制定之中，具体到出版主业上，我们初步设计了三个指标体系，即社会效益指标体系、市场指标体系和结构指标体系，力图进一步压缩发行量在 5000 册以内的图书的占比，进一步保持在文学、艺术、学术、语言等板块的优势，进一步做开做大教育、少儿、经管、生活等类图书，保持并扩大集团在国内图书零售市场占有率的领先优势，保持在各类国家级奖项、国家级资金项目、重要社会图书评奖中的领先地位。

为实现这三个指标体系，我们提出了十项重大举措，并正在遴选一百个集团级重点项目。"十三五"时期对于建设社会主义文化强国至关重要，对于我们建成国际著名出版集团至关重要，如何制定规划，如何设计目标，采取哪些重大举措，在哪些项目上重点着力等问题，还恳请大家为我们献计献策。

　　最后，再次感谢各位领导、各位专家对集团的厚爱。我们将继续努力，牢记出版国家队的使命，打造更多的精品出版物，为读者奉上更优秀的精神食粮，为弘扬社会主义核心价值观、实现中华民族伟大复兴的中国梦贡献力量！

让美术滋养心灵★

　　我今天主要讲三点：中央的新要求，集团的新期待，美术社的新诉求。我们的选题计划，要围绕这三点来布局，来设计，来抓住重点板块和重点项目。

一、中央的新要求

　　举世瞩目的十九大，对文化产业发展提出了新的更高要求，对我国社会和各项事业发展提出了新的目标。大家一定要认真学通吃透十九大精神，并结合具体工作，做到融会贯通、落地生根。

　　十九大报告对新时代的社会主要矛盾做出了全新表述，其内涵是丰富而深刻的，与文化事业、文化产业的发展有很大的关系。反映在文化产业上，我们要明白人民对精神产品的需求层次在提高，对精神产品的需求品类在丰富，这就需要我们进一步研究需

★　2017 年 11 月 23 日，在中国美术出版总社 2018 年选题论证会上的讲话。

求、研究市场，找到制约我们发展不平衡不充分的主要制约因素是什么，破解这些制约因素的途径有哪些，更好地满足人民对美好生活的需要，更好地促进我国文化产业的发展和繁荣。

二、集团的新期待

集团对美术社有六点期待。

一是在打造国际著名出版集团的总体战略中，美术社要成为专业出版的方面军。要能够在美术出版这一领域内独当一面，首屈一指，同时成为专业人才培养的方面军。在美术出版领域，要能够推出伟大产品，记录伟大时代。

二是在集团"调结构"的战略中，美术社要成为教育出版的主力军。在集团的各大出版板块中，学术类、社科类、工具书类、古籍图书类都是传统优势板块，但在经管类、少儿类和教育类图书领域还存在短板，亟待加强。美术社在美术教育方面有优势，要用好优势，进一步做强做优做大，成为集团图书结构调整的一个重要力量。要通过优秀产品塑造人民美好心灵，塑造美好生活方式，引导美好鉴赏潮流。

三是在集团"促融合"的战略中，美术社要成为跨界经营的生力军。要实现出版界、美术界和教育界"三界融合"，实现图书、期刊和教材"三板融合"，实现传统媒体、数字媒体"两体融合"。

四是在集团积极投入的书香社会建设工程中，美术社要成为国民终身阅读活动的生力军。这不仅是一个出版企业社会责任的体现，更是出版人必须具备的文化理想与使命追求。美术社要在美术领域做到幼有所育（美育）、长有所教（教材）、老有所养（艺术欣赏）。

五是在集团的国际化战略中，美术社要成为"走出去"的生力军。美术作为视觉艺术，相比其他出版品类更能打破语言的障碍，因此在"走出去"方面更具优势。一定要找到、培育、用好这种特殊优势。

六是在集团的改革发展中，美术社要成为快速发展的主力军。美术社 2016 年实现收入 2.14 亿元，同比增长 15.3%；实现利润 2000 万，同比增长 25%。虽然增幅不小，但在总量上看，无论与集团内部的龙头企业相比，还是与国际国内的其他同类出版企业相比，都还有很大的增长空间。

三、美术社的新诉求

美术社提出要建设"四个人美"，即出版的人美、教育的人美、美术的人美和数字的人美。这是美术社的新诉求，符合时代精神，符合集团战略。实现了这一目标，美术社就无愧中国美术出版重镇的称号。

从另外一个角度看，我希望你们能够做到"三美"共建和八个互动。

"三美"共建：一是学术的美术，这方面要做到荟萃美术成就，促进美术创作，引领美术风尚；二是教育的美术（美育），要做到塑造美丽心灵，培养审美能力；三是技术的美术，要做到引导审美情趣、指导美术创作、丰富美好生活。

八个互动：一是书刊互动，尤其要在期刊方面做到改革有突破，大胆创新经营模式，积极引入战略投资者，真正用好手头的期刊资源及其背后的作者资源；二是纸媒与数媒互动，要把精力放在融合发展上来，美术出版的形式最适合出版新业态，要加大投入力度，找到适合自己的逻辑和模式；三是课堂与社会互动，既要占领美术教育课堂，占领美术院校，也要开门做出版，走进基层、走进社会，满足业外人士的美术需求；四是国内与国际互动，积极推动中国美术走出去；五是界内与界外互动，实现艺术家、出版人与读者的互动，专业与大众的互动；六是学术提高与艺术普及的互动，要把满足最广大人民群众的美术需求作为一项重要的任务，要更加重视大众出版，把大众出版与专业出版放在同样重要的地位；七是动力机制与生产机制的互动，体制机制创新要贯通出版全流程，做好顶层设计；八是产品线与产业链的互动，把握好整体布局、战略步骤与战术安排。

通过"三美"共建和八个互动，优化出版，繁荣美术，滋养心灵，为建设富强民主文明和谐美丽的社会主义现代化强国作出应有贡献。

让外向型成为特色　抓品牌书做出影响★

一、主要感受

听了大家的发言，看了中译出版社 2018 年的选题计划，我主要有以下几点感受。

1. 努力开拓，成绩显著。我这里主要指的是出版成绩，而不是经营成绩。中国对外翻译出版公司分立为出版与翻译两家机构以来，尤其是集团公司给了中译出版社明确定位以来，中译出版社取得了不错的成绩：一是形成了 7 大系列的国际文化产品，如中国报告系列、外国人写中国史系列、中国少数民族文学海外推广计划系列、中国当代文学经典外译系列、中国著名企业家与企业系列、中国当代学术经典外译系列、中国百年少儿文学精品外译工程等等。二是国际合作方面推动有力，收获有望。无论是主题出版、专题出版方面，还是杂志出版方面，都有新进展。三是

★　2017 年 12 月 11 日，在中译出版社 2018 年选题论证会上的讲话。

少儿图书渐成特色，双效明显。

2. 发挥优势，规划思路开阔。中译社重视国际渠道合作，重视国际编辑合作，重视国家政策支持，重视本社优势，重视集团优势，重视社会资源优势。在发挥优势的前提下，初步体现了集团领导关于中译社要办成走出去、国际合作的专业名社的要求。

二、希望和建议

1. 吃透中央精神，适应文化强国建设要求

党的十九大对文化产业发展提出了新的更高要求，我们要认真吃透十九大精神，把中央的新要求贯彻到出版工作中。

要认真把握好几个关键问题。一是把握国家新的三步走战略，从中找到自己的定位和方向。二是把握中国特色社会主义文化内涵的表述，将之作为出版的主要方向。三是把握"一带一路"等倡议安排，与自己的出版"走出去"工作结合起来，跟着国家政策走。四是把握关于人类命运共同体的表述，用以指导中译社的"走出去"工作。五是把握关于新时代社会主要矛盾的全新表述，这个表述的内涵是丰富而深刻的，与文化事业、文化产业的发展有很大的关系。反映在文化产业上，我们要明白人民对精神产品的需求层次在提高，对精神产品的需求品类在丰富，这就需要我们进一步研究需求、研究市场，找到制约我们发展不平衡不充分的主要制约因素是什么，破解这些制约因素的途径有哪些，更好

地满足人民对美好生活的需要，更好地促进我国文化产业的发展和繁荣。

2. 把握集团布局，满足出版国际化的期待

首先要把握中国出版集团的战略目标，就是建成国际著名出版集团。这就要求集团在国际业务上有一定的比重，在海外市场有相当的文化影响，这就要求集团要成长为国际化的企业，成为一家跨国企业。中译社作为集团"走出去"的主力军，就要率先实现这些目标，率先在海外市场有所斩获。

其次要把握集团调整出版结构、实现转型发展的新要求。在今后的发展中，中译社要更加注重资本运营，更加注重资源聚集，更加注重数字出版，更加注重海外业绩。

最后还要把握集团对各企业提出的专业化要求。中译社要打造一支专业化的队伍，做出一批具有鲜明特色和竞争力的产品，真正形成"走出去"方面的特色和优势。

3. 立足中译社自身定位和优势，做足外向型出版、特色出版的文章

一是要一心"向外"求发展，有所为有所不为。引进固然重要，但要谨记引进是为了更好地向外发展，是为了更好地输出。二是要突出重点，点（重点出版物）重才能线（产品线）粗。有了系列化的、清晰的产品线布局，才能够优中显优，显出重点。没有重点带动，没有品牌产品、明星产品拉动，就不可能产生大的国际影响，就不可能带动一系列产品"走出去"，就只能埋没

在一堆统计数字背后。三是要偏重当代。在这一点上，各个出版社在同一起跑线上，我们没有劣势。要深刻领会十九大报告关于中国特色社会主义文化的内涵表述。四是要原创与合作并举。针对原创和合作，制定不同的战略和规划，分头推进。五是要借台唱戏，用好五种舞台：政府改革搭的台，如"一带一路"、孔子学院等等；国际组织搭的台，如大使馆的翻译资助、WIPO 等等；行业组织搭的台，如 BIBF、FBF 等等；教育科研机构搭的台；以及自己搭建的舞台。

总而言之，要用足政策、用好资源、用心做事，争取用三年左右的时间形成特色，用五年左右的时间做出大的影响。